Pocket in back

BARRON'S

FOREIGN

D1118087

FRENCH
Idioms

SECOND EDITION

By

David Sices, Ph.D.
Professor Emeritus of French and Italian
Dartmouth College

Jacqueline B. Sices
Former Senior Lecturer, French
Dartmouth College

François Denoeu
Former Professor Emeritus of French
Dartmouth College

BARRON'S

All inquiries should be addressed to:
Barron's Educational Series, Inc.
250 Wireless Boulevard
Hauppauge, New York 11788
www.barronseduc.com

ISBN-13: 978-0-7641-3558-3
ISBN-10: 0-7641-3558-9

Library of Congress Control No: 2006042675

Library of Congress Cataloging-in-Publication Data

Sices, David.
    French idioms / David Sices, Jacqueline B. Sices, François Denoeu.—2nd ed.
        p. cm.
    Rev. ed. of: French idioms / François Denoeu, David Sices, Jacqueline B. Sices. 1996.
    Includes index.
    ISBN-13: 978-0-7641-3558-3
    ISBN-10: 0-7641-3558-9
    1. French language—Idioms—Dictionaries. 2. French language—
Conversation and phrase books—English. I. Sices, Jacqueline B. II. Denoeu,
François, 1898–1975 French idioms. III. Title.

PC2640.D425 2006
443'.21—dc22
                                                                    2006042675

PRINTED IN CHINA
9 8 7 6 5 4 3 2 1

Contents

Contents

Preface

Words do not live alone; they are closely knit together; they are interdependent. Words form natural clusters of speech called, more or less synonymously, expressions, locutions, phrases, or idioms. These are not always, or even usually, understandable from the meaning of the successive individual words. Most students know that the worst thing they can do is to translate an English sentence word for word into another language. The result will be "fractured" and incorrect, even incomprehensible, to the native speaker.

Generally speaking, it is not a simple task to find these expressions in desk dictionaries of French, especially under high-frequency entries like *avoir, être, dire, faire,* etc. Pocket dictionaries, on the other hand, normally pack in as many separate words as they can, leaving little room for idioms. Presenting current idiomatic phrases, this dictionary is much easier to consult than the desk size and more complete than the pocket size. It is intended primarily for the use of North Americans and other English speakers interested in French for the purpose of study or travel in France or other French-speaking countries. But it can also be used by French speakers who wish to learn English idiomatic expressions by looking up a French expression and finding its English equivalent.

For the purposes of this edition, an "idiom" is normally understood to be almost any expression that (1) consists of at least two words in the target language and (2) is expressed differently in the two languages. A few expressions are also included that are similar in the two languages, where it seemed to us this might be useful.

Main French entry words themselves are followed by their principal equivalents in English. Within each entry, the order is alphabetical according to the first important word. Parentheses within idiomatic expressions can indicate either optional or alternative material. For example, "it's (just) one of those things" implies that the expression can be either "it's one of those things" or "it's just one of those things"; but "at (to) one side" implies that the expression can be either "at one side" or "to one side." Each idiom is followed by a complete illustrative sentence—more than one where it has differing usages or meanings.

To make this dictionary more practical for the traveler, a French-English index and lists of common abbreviations and tables of weights and measures in both languages have been included.

François Denoeu
Former Professor of French, Emeritus
Dartmouth College

Co-authors' Note

We undertook the task of revising and completing the manuscript of this dictionary more than thirty years ago, following François Denoeu's death, at the request of his family, who were anxious to see this project, along with some other monuments to Professor Denoeu's long and prolific scholarly career, come to fruition. The second edition of *French Idioms,* ten years after the previous one, has involved extensive revision, including elimination of outmoded idioms and addition of new ones along with illustrative sentences, and modification of the definitions of earlier idioms and of the original illustrative sentences. In addition, we have updated, supplemented, and streamlined the French-English abbreviations and Index, always with the intention of making this dictionary more useful and convenient for its readers.

In carrying out our revision, we have made use of our long personal experience in teaching the French language and civilization to Americans as well as living and working in France and reading French and Francophone periodical, literary, and cultural materials. We have consulted a wide range of modern lexical materials in both English and French, and examined numerous recent issues of contemporary periodicals such as *L'Express, Le Point, VSD, Le Nouvel Observateur,* etc., which have proven especially useful for the composition of our illustrative sentences.

David Sices
Professor Emeritus of French and Italian
Dartmouth College
Jacqueline B. Sices
Former Senior Lecturer, French
Dartmouth College

Idiotismes français (French Idioms)

à—*to, at, in*

  à ce que—*from what; as far as*

  A ce que je vois, elle n'a pas compris. *From what (as far as) I can see, she has not understood.*

  à la—*in the manner of; in the style of*

  Elle se coiffe à la Pompadour. *She does her hair in the manner (the style) of Madame Pompadour.*

---

abandon—*desertion, abandonment*

  à l'abandon—*neglected, in a state of neglect*

  Le parc était à l'abandon. *The park was neglected (in a state of neglect).*

---

abattre—*to knock down, to cut down*

  abattre de la besogne—*to work fast*

  Pour finir à temps, il nous faudra abattre de la besogne. *To finish in time, we'll have to work fast.*

  abattre son jeu—*to show one's hand*

  Quand le dictateur a enfin abattu son jeu, il était trop tard pour l'arrêter. *When the dictator finally showed his hand, it was too late to stop him.*

---

abois—*baying*

  aux abois—*in desperate straits*

  Le banquier, menacé de banqueroute, était aux abois. *The banker, threatened with bankruptcy, was in desperate straits.*

---

abonder—*to abound*

abonder dans le sens de—*to be entirely in agreement with*

Tous les participants ont abondé dans son sens. *All the participants were entirely in agreement with him.*

abord—*approach*

d'abord—*(at) first*

D'abord, je ne connaissais personne. *(At first, I didn't know anyone.)*

abreuver—*to water*

abreuver de compliments (d'injures)—*to shower (to heap) compliments (insults) on*

Ses anciens collègues l'abreuvaient de compliments (d'injures). *His former colleagues showered (heaped) compliments (insults) on him.*

accent—*accent*

avoir l'accent de la vérité—*to ring true*

Votre histoire est étrange, mais elle a l'accent de la vérité. *Your story is strange, but it rings true.*

accord—*agreement, chord, harmony*

D'accord!—*Okay! All right!*

accorder—*to tune*

accorder ses violons—*to come to an agreement*

Il faudra que vous accordiez vos violons avant la réunion. *You'll have to come to an agreement before the meeting.*

accuser—*to accuse*

accuser réception de—*to acknowledge receipt of*

Le bureau a accusé réception de notre lettre. *The office acknowledged receipt of our letter.*

accuser son âge—*to look (to show) one's age*

Cet acteur commence à accuser son âge. *That actor is beginning to look (to show) his age.*

acheter—*to buy*

  acheter chat en poche—*to buy a pig in a poke*

  Vous essayez de me faire acheter chat en poche. *You're trying to make me buy a pig in a poke.*

  acheter les yeux fermés—*to buy sight unseen*

  Il a acheté ce lot les yeux fermés. *He bought that consignment sight unseen.*

  s'acheter une conduite—*to go straight*

  Depuis cette histoire avec la police, il s'est acheté une conduite. *Since that incident with the police, he's gone straight.*

acquis—*acquired*

  être acquis à—*to be sold on (won over to)*

  Il est dorénavant acquis à l'idée du partage. *He has now been sold on (won over to) the idea of sharing.*

  être (une) chose acquise—*to be a sure thing*

  Le contrat est (une) chose acquise maintenant. *The contract is a sure thing now.*

  Prendre (tenir) quelque chose pour acquis—*to take something for granted*

  Le conseil prend notre accord pour acquis. *The board takes our agreement for granted.*

acquit—*receipt, release*

  par acquit de conscience—*to set one's mind at rest*

  J'ai téléphoné à ma mère par acquit de conscience. *I called my mother to set my mind at rest.*

acte—*act, deed, action*

  dont acte—*(duly) noted*

  Le patron promet une prochaine augmentation: dont acte. *The boss promises a raise soon: duly noted.*

  faire acte d'autorité—*to put one's foot down*

  S'il insiste pour discuter, il faut que vous fassiez acte d'autorité. *If he insists on arguing, you'll have to put your foot down.*

faire acte de présence—*to put in an appearance*
Le maire a fait acte de présence à la réunion. *The mayor put in an appearance at the meeting.*

---

actif—*assets*

à l'actif de quelqu'un—*to someone's credit*
On peut dire à son actif qu'il a fait de son mieux. *One can say to his credit that he has done his best.*

---

action—*stock*

Ses actions sont en baisse (en hausse). *He is losing (gaining) influence.*

---

adresse—*address*

à l'adresse de—*for the benefit of*
Elle n'écoute pas les compliments qu'on multiplie à son adresse. *She doesn't listen to the compliments that they keep making for her benefit.*

---

advenir—*to occur*

advienne que pourra—*come what may*
Je vais tenter le coup, advienne que pourra. *I'm going to give it a try, come what may.*

---

affaire—*business, deal*

avoir affaire à quelqu'un—*to have to deal with someone*
Si vous continuez à le taquiner, vous aurez affaire à moi. *If you keep teasing him, you'll have to deal with me.*

avoir l'affaire de quelqu'un—*to have just the thing someone needs*
Si vous cherchez une bonne occasion, j'ai votre affaire. *If you're looking for a bargain, I have just the thing you need.*

Ce n'est pas une affaire.—*There's nothing to it.*

C'est mon affaire.—*Leave it to me.*

être l'affaire d'une heure (d'une minute, etc.)—*to take (only) an hour (a minute, etc.)*
Réparer ce moteur, c'est l'affaire d'une heure. *It will take (only) an hour to fix this motor.*

4

faire des affaires d'or—*to do a land-office business; to rake in the money*
Les avocats font des affaires d'or en ce moment. *Lawyers are doing a land-office business (are raking in the money) now.*
faire l'affaire—*to do the trick; to fill the bill; to serve the purpose*
Je crois que cette rondelle fera l'affaire. *I think this washer will do the trick (will fill the bill; will serve the purpose).*
faire son affaire à—*to bump off*
Les gens du milieu lui ont fait son affaire. *People in the underworld bumped him off.*
La belle affaire!—*So what! Big deal!*
L'affaire est dans le sac.—*The deal is all sewed up. It's in the bag.*

affiche—*billboard, poster*
à l'affiche—*running (for show, etc.)*
Sa pièce est restée à l'affiche pendant toute une année. *His play kept running for an entire year.*

afficher—*to advertise, to post*
s'afficher—*to flaunt oneself*
La jeune femme s'affichait partout avec son riche amant. *The young woman flaunted herself everywhere with her rich lover.*

affilé—*planted in a row*
d'affilée—*at a stretch; on end*
Ils ont travaillé douze heurs d'affilée. *They worked for twelve hours at a stretch (on end).*

affranchir—*to free, to liberate, to stamp*
affranchir quelqu'un sur—*to let someone know about*
Tu devrais l'affranchir sur ce que fait son amie. *You should let him know about his girlfriend's doings.*

âge—*age*

d'un âge avancé—*well on in years*

Sa mère est d'un âge avancé maintenant. *His mother is well on in years now.*

d'un certain âge—*middle-aged, getting on in years*

La jeune actrice était accompagnée d'un homme d'un certain âge. *The young actress was accompanied by a middle-aged man (a man who was getting on in years).*

l'âge ingrat—*the awkward age*

Il est encore à l'âge ingrat, mais il s'annonce déjà beau garçon. *He is still at the awkward age, but he already shows promise of becoming a handsome young man.*

agir—*to act*

agir en dessous—*to act underhandedly*

Au lieu de m'en parler franchement, ils ont agi en dessous. *Instead of talking frankly of it to me, they acted underhandedly.*

s'agir de—*to be a question of; to have to do with*

Il s'agit de connaître les règlements. *It's a question of knowing the rules.*
Dans ce roman, il s'agit de la révolution. *This novel has to do with the revolution.*

aide—*aid, help*

A l'aide!—*Help!*

à l'aide de—*with the aid of*

Il a atteint le tableau à l'aide d'un escabeau. *He reached the picture with the aid of a stepladder.*

aigle—*eagle*

Ce n'est pas un aigle.—*He's no great shakes.*

aimer—*to like, to love*

aimer autant—*would (had) just as soon*

J'aime autant partir tout de suite. *I'd just as soon leave right away.*

aimer la table—*to like good food*

C'est un bon vivant qui aime beaucoup la table. *He is a high-living man who likes good food very much.*

aimer mieux—*would (had) rather*

J'aime mieux lire que regarder la télé. *I'd rather read than watch TV.*

ainsi—*thus*

ainsi que—*(just) as; as well as*

Ainsi que je l'avais prévu, il a démissionné. *(Just) as I had foreseen, he resigned.* Il suit le cours d'anglais, ainsi que celui de maths. *He is taking the English class as well as math.*

Ainsi soit-il.—*So be it. Amen.*

et ainsi de suite—*and so on, and so forth; and what have you*

Il a fallu y aller, les féliciter, et ainsi de suite. *We had to go there, congratulate them, and so on, and so forth (and what have you).*

pour ainsi dire—*so to speak*

C'est pour ainsi dire un bohémien. *He's a bohemian, so to speak.*

air—*air*

avoir l'air (de)—*to appear, to seem*

Elle a l'air fatiguée. *She seems tired.* Elle a l'air d'y croire. *She appears (seems) to believe it.*

dans l'air—*in the wind*

Il y a quelque chose de mystérieux dans l'air. *There is something mysterious in the wind.*

en l'air—*empty, idle*

Ce sont des menaces en l'air. *Those are empty (idle) threats.*

un air de famille—*a (family) resemblance*

Je trouve que ces deux propositions ont un air de famille. *I think that these two proposals have a (family) resemblance.*

aise—*comfort, ease*

A votre aise!—*Suit yourself!*

être à l'aise—*to be comfortable, to be well off*

Ils étaient tous à l'aise dans ce climat. *They were all comfortable in that climate.* Avec leurs deux salaires, ils étaient à l'aise. *With their two incomes, they were well off.*

J'en suis fort aise!—*I'm delighted (to hear it)!*

algèbre—*algebra*

C'est de l'algèbre pour moi.—*It's all Greek to me.*

---

aller—*to go*

aller au-devant de—*to go and meet; to anticipate*

Nous sommes allés au-devant de nos invités qui arrivaient. *We went and met our guests who were arriving.*

Ils vont toujours au-devant de mes vœux. *They always anticipate my wishes.*

aller bien (mal)—*to be (to feel) well (ill)*

Son grand-père va très bien aujourd'hui. *His grandfather is (feeling) very well today.*

aller bien (mal) à—*to fit, to suit, well (badly)*

Sa nouvelle veste lui va très bien. *His new coat fits (suits) him very well.*

aller chercher—*to go (and) get*

Allez chercher le médecin tout de suite. *Go (and) get the doctor right away.*

aller de mal en pis—*to get (take a turn for the) worse*

Son état allait de mal en pis. *His condition was getting (was taking a turn for the) worse.*

aller planter ses choux—*to go out to pasture*

C'est fini pour moi; je n'ai qu'à aller planter mes choux. *It's all over for me; I can just go out to pasture.*

aller son train—*to go along at one's own rate.*

Pendant que les autres se démenaient, il allait son train. *While the others struggled, he went along at his own rate.*

Allez-y!—*Go ahead! Go on! Go to it!*

Allons donc!—*Come on! You don't mean it!*

Cela va de soi.—*It goes without saying. It stands to reason.*

Il en va de même de …—*It's the same thing with …*

il en (y) va de …—*it's a question of …*

Faites vite; il en (y) va de la vie ou de la mort de nos amis. *Do it quickly; it's a question of life or death for our friends.*

ne pas y aller avec le dos de la cuiller—*not to pull one's punches*

Elle n'y va pas avec le dos de la cuiller en nous critiquant. *She doesn't pull her punches when she criticizes us.*

ne pas y aller de main morte—*not to pull one's punches*

Le juge n'y est pas allé de main morte; il les a condamnés à trois années ferme. *The judge didn't pull his punches; he sentenced them to three years without parole.*

ne pas y aller par quatre chemins—*not to beat about the bush*

Il n'y est pas allé par quatre chemins pour leur annoncer la mauvaise nouvelle. *He didn't beat about the bush in giving them the bad news.*

s'en aller—*to go away*

Va-t-en; tu me déranges! *Go away; you're bothering me!*

Va te faire cuire un oeuf!—*Go fly a kite! Go jump in the lake!*

---

allonger—*to lengthen, to stretch*

allonger une claque à—*to give a smack to*

Ce garnement m'a allongé une claque en passant. *That rascal gave me a smack as he passed by.*

---

alors—*then*

Et alors?—*So what?*

âme—*soul*

avoir l'âme chevillée au corps—*to have as many lives as a cat*

Ils croyaient s'être débarrassés de lui, mais il a l'âme chevillée au corps. *They thought they were rid of him, but he has as many lives as a cat.*

comme une âme en peine—*like a lost soul*

Quand je l'ai trouvée, elle errait comme une âme en peine. *When I found her, she was wandering like a lost soul.*

l'âme damnée de—*a henchman*

Méfiez-vous de lui; c'est l'âme damnée de votre adversaire. *Watch out for him; he's your opponent's henchman.*

---

amende—*fine*

faire amende honorable—*to make amends*

Le coupable fit amende honorable avant de mourir. *The guilty man made amends before he died.*

---

amener—*to bring, to lead*
   s'amener—*to turn up*
   Ils se sont enfin amenés à minuit. *They finally turned up at midnight.*

ami—*friend*
   Ils sont amis comme cochons.—*They're as thick as thieves.*

amiable—*amicable*
   à l'amiable—*out of court*
   Ils ont réglé leur différend à l'amiable. *They settled their dispute out of court.*

amitié—*friendship*
   Mes amitiés à …—*My regards to …*

amour—*love*
   pour l'amour de—*for the sake of*
   Laisse-moi tranquille, pour l'amour de Dieu! *Leave me alone, for God's sake!*

amuser—*to amuse*
   amuser la galerie—*to keep the crowd entertained*
   Il essayait d'amuser la galerie en faisant des tours de magie. *He tried to keep the crowd entertained by doing magic tricks.*
   s'amuser—*to have fun; to have a good time*
   Amusez-vous bien, les enfants! *Have fun, children!* Nous nous sommes amusés à votre soirée. *We had a good time at your party.*

ancien—*ancient, former*
   un ancien élève—*an alumnus*
   C'est un ancien élève de l'Ecole de médecine de Paris. *He is an alumnus of the School of Medicine in Paris.*

âne—*ass, donkey*

comme l'âne de Buridan—*unable to make up one's mind*

Il hésitait entre les deux partis, comme l'âne de Buridan. *He hesitated between the two choices, unable to make up his mind.*

faire l'âne pour avoir du son—*to play dumb (in order to get what one is after)*

Cet avocat fait l'âne pour avoir du son. *This lawyer is playing dumb (to get what he is after).*

ange—*angel*

aux anges—*(just) delighted*

Marie a obtenu une promotion, elle est aux anges. *Mary has gotten a promotion, so she is (just) delighted.*

anguille—*eel*

Il y a anguille sous roche.—*There's a catch in it. I smell a rat. There's a snake in the grass.*

année—*year*

avec les années—*over the years*

Elle a changé avec les années. *She has changed over the years.*

annoncer—*to announce*

annoncer la couleur—*to lay one's cards on the table*

Les députés de l'opposition lui ont demandé d'annoncer la couleur (de sa politique). *The opposition congressmen asked him to lay his (political) cards on the table.*

s'annoncer bien (mal)—*to look promising (bad)*

La récolte s'annonce bien (mal). *The harvest looks promising (bad).*

antenne—*antenna*

à l'antenne—*on the air*

A l'antenne ce soir, une discussion sur l'Internet. *On the air this evening, a discussion of the Internet.*

avoir des antennes—*to have a sixth sense; to have contacts*

Elle devait avoir des antennes, pour déjouer tous ces complots. *She must have had a sixth sense, to foil all those plots.* Ce reporter a des antennes à la Maison Blanche. *That reporter has contacts in the White House.*

antichambre—*antechamber, anteroom*
   faire antichambre—*to wait patiently for a hearing (meeting)*
   Les députés faisaient antichambre pour voir le ministre. *The representatives were waiting patiently to see the minister for a hearing (a meeting).*

aplatir—*to flatten*
   s'aplatir devant—*to grovel before*
   Ne t'aplatis pas devant cet arrogant. *Don't grovel before that arrogant fellow.*

appareil—*apparatus, outfit*
   à l'appareil—*on the line (phone)*
   Qui est à l'appareil, s'il vous plait? *Who is on the line (phone), please?*
   sans appareil—*simple, unpretentious*
   Elle voulait un mariage dans l'intimité, sans appareil. *She wanted a simple (unpretentious) wedding, among family and friends.*

appartenir—*to belong*
   ne plus s'appartenir—*to be beside oneself*
   Devant leur trahison, il ne s'appartenait plus. *Seeing their treachery, he was beside himself.*

appel—*appeal, call*
   faire l'appel—*to call the roll*
   Elle était absente quand le professeur a fait l'appel. *She was absent when the teacher called the roll.*
   faire appel à—*to appeal to*
   Nous avons essayé de faire appel à leur sens de la justice. *We tried to appeal to their sense of fairness.*

appeler—*to call (for)*

   appeler un chat un chat—*to call a spade a spade*

   Dans leur famille on insiste toujours pour appeler un chat un chat. *In their family, they always insist on calling a spade a spade.*

   en appeler à—*to appeal to*

   J'en ai appelé à son sens de la justice. *I appealed to his sense of justice.*

   s'appeler—*to be called (named)*

   Comment vous appelez-vous? *What is your name?*

   Voilà qui s'appelle …—*That's what I call …*

---

apprendre—*to learn, to teach*

   apprendre à vivre à quelqu'un—*to teach somebody a lesson*

   Cette expérience leur apprendra à vivre. *That experience will teach them a lesson.*

   Vous ne m'apprenez rien!—*Don't I know it!*

---

après—*after*

   aboyer (crier) après—*to bark (yell) at*

   Tous les chiens du quartier aboyaient après nous. *All the dogs in the neighborhood were barking at us.*

   d'après—*according to*

   D'après lui, il va pleuvoir ce soir. *According to him, it is going to rain this evening.*

   d'après—*next*

   L'instant d'après, il était parti. *The next moment, he was gone.*

   Et après?—*So what? And then what?*

---

araignée—*spider*

   avoir une araignée au plafond—*to have a screw loose*

   Si vous croyez cela, vous avez une araignée au plafond. *If you believe that, you have a screw loose.*

---

arme—*arm, weapon*

   à armes égales—*on equal terms*

13

Les deux joueurs luttaient à armes égales. *The two players were vying on equal terms.*

---

arracher—*to tear, to pull*

On se l'arrache.—*He (she, it) is all the rage.*

arranger—*to arrange*

Cela m'arrange.—*That works out fine for me.*

Cela n'arrange rien.—*That doesn't help at all.*

s'arranger—*to work out (all right)*

Ne t'inquiète pas; les choses s'arrangeront. *Don't worry; things will work out (all right).*

s'arranger pour—*to see to it*

Arrange-toi pour être à l'heure. *See to it that you are on time.*

---

arriver—*to arrive, to happen*

arriver à—*to manage to*

Je n'arrive pas à résoudre ce problème. *I can't manage to solve this problem.*

arriver bon premier (dernier)—*to be an easy winner (dead last)*

Son cheval est arrivé bon premier (dernier). *His horse was an easy winner (dead last).*

arriver dans un fauteuil—*to win hands down*

Il avait reçu une si bonne préparation qu'il est arrivé dans un fauteuil. *He had had such good preparation that he won hands down.*

en arriver là—*to come to this*

Il est triste que notre amitié en soit arrivée là. *It's sad for our friendship to have come to this.*

il arrive à quelqu'un de—*someone (happens to) ... once in a while*

Il m'arrive de chanter. *I (happen to) sing once in a while.*

ne pas arriver à la cheville de—*not to be in the same league with, not to hold a candle to*

Ce romancier écrivait bien, mais il n'arrivait pas à la cheville de Flaubert. *That novelist wrote well, but he was not in the same league with (didn't hold a candle to) Flaubert.*

arroser—*to water*

arroser une promotion (ses galons)—*to celebrate a promotion (one's stripes) with a drink*

Allons au café arroser tes galons. *Let's go to the café to celebrate your stripes with a drink.*

article—*article*

être à l'article de la mort—*to be at death's door*

Elle était si malade qu'on la croyait à l'article de la mort. *She was so ill that they thought she was at death's door.*

faire l'article—*to boost, to push*

Le vendeur faisait l'article pour ses ouvre-boîtes. *The salesman was boosting (pushing) his can openers.*

as—*ace*

Ce n'est pas un as.—*He's not so hot.*

(ficelé, fichu) comme l'as de pique—*sloppily (dressed)*

Il est allé à la réception ficelé (fichu) comme l'as de pique. *He went to the reception sloppily dressed.*

assiette—*plate, sitting position*

l'assiette au beurre—*a plum job, sinecure*

Son poste au ministère était l'assiette au beurre. *His position in the ministry was a plum job (sinecure).*

ne pas être dans son assiette—*to be under the weather, not to be up to par*

Excusez-moi; je ne suis pas dans mon assiette aujourd'hui. *Excuse me; I'm under the weather (not up to par) today.*

assurer—*to assure, to ensure*

s'assurer que—*to make sure that*

Nous nous sommes assurés qu'il était parti. *We made sure that he had left.*

atout—*trump*

avoir un atout en réserve—*to have an ace in the hole*

15

Il s'en est sorti parce qu'il avait un atout en réserve. *He got by because he had an ace in the hole.*

---

attacher—*to attach*

s'attacher aux pas de—*to dog the steps of*

L'agent de police s'attachait aux pas du suspect. *The policeman dogged the suspect's steps.*

---

attaque—*attack*

d'attaque—*going strong; up to it*

Elle a quatre-vingts ans et elle est toujours d'attaque. *She is eighty and still going strong.*

Commencez sans moi; je ne me sens pas d'attaque en ce moment. *Start without me; I don't feel up to it right now.*

---

attendre—*to await, to wait for*

Attendez voir.—*Wait and see.*

en attendant—*meanwhile*

En attendant, tâche de t'occuper. *Meanwhile, try to keep busy.*

Je vous attendais là!—*That's what I thought you'd say!*

s'attendre à—*to expect*

Je m'attends à ce qu'il parte ce soir. *I expect him to leave this evening.*

se faire attendre—*to be long in coming*

Le redressement promis se fait attendre. *The promised recovery is long in coming.*

---

attention—*attention*

Attention!—*Watch out! Careful!*

faire (prêter) attention à—*to pay attention to, to mind*

Ne faites (prêtez) pas attention à ce qu'elle dit. *Don't pay attention to (don't mind) what she says.*

---

attirer—*to attract*

s'attirer les foudres de quelqu'un—*to bring down someone's wrath upon oneself*

16

La secrétaire s'est attiré les foudres du patron en parlant à la presse. *The secretary brought her boss's wrath down upon herself by talking to the press.*

---

attraper—*to catch*

attraper la cadence—*to hit one's stride*

Il finira le travail facilement maintenant qu'il a attrapé la cadence. *He'll finish the job easily now that he's hit his stride.*

attraper le coup—*to get the hang (knack; swing) of something*

Se servir de cette machine n'est pas facile, mais vous finirez par attraper le coup. *Using this machine isn't easy, but you'll end up getting the hang (knack; swing) of it.*

---

aucun—*no, none*

d'aucuns—*some (people)*

D'aucuns prétendent que le roi est déjà mort. *Some (people) claim that the king has already died.*

---

au-dessous—*below*

au-dessous de tout—*beneath contempt*

Son geste est au-dessous de tout. *His action is beneath contempt.*

---

aune—*ell (measure)*

à l'aune de—*by the yardstick of*

Il faut mesurer notre succès à l'aune de ce que nous avons accompli. *Our success has to be measured by the yardstick of what we have accomplished.*

---

autant—*as much (many), so much (many)*

autant (+ inf.)—*(one) might as well (& verb)*

Ne perds pas ta salive: autant parler à un sourd. *Don't waste your breath: you might as well talk to a deaf man.*

d'autant mieux (plus, moins)—*all the better (more, less)*

Je comprends d'autant moins son attitude que je sais qu'il est intéressé à l'affaire. *I understand his attitude all the less, since I know he has an interest in the case.*

pour autant—*for all that*

Il est riche, mais il ne vous aidera pas pour autant. *He is rich, but he won't help you for all that.*

---

auto—*car*

faire de l'auto-stop—*to hitch (to thumb) a ride*

Ils ont fait de l'auto-stop pour venir ici. *They hitched (thumbed) a ride to come here.*

---

autre—*other*

A d'autres!—*Tell it to the marines!*

C'est un autre son de cloche.—*That's another story (another way of looking at it).*

C'est une autre paire de manches.—*That's a horse of a different color.*

d'autre part—*on the other hand, then again*

Elle est très dépensière, mais d'autre part elle est riche. *She spends a lot, but on the other hand (then again) she is rich.*

de l'autre côté de la rue—*across the street*

La maison de l'autre côté de la rue est à louer. *The house across the street is for rent.*

J'ai d'autres chats à fouetter.—*I have other fish to fry.*

nous (vous) autres Américains (Français, etc.)—*we (you) Americans (French, etc.)*

Vous autres Américains, vous avez un pays immense. *You Americans have a huge country.*

---

autrement—*otherwise*

autrement [plus]—*a lot ([very] much) more*

Cette épreuve était autrement [plus] dure que je ne croyais. *That test was a lot ([very] much) harder than I thought it would be.*

---

avaler—*to swallow*

  avaler des couleuvres—*to swallow insults*

  Il avait si peur d'eux qu'il avalait des couleuvres sans rien dire. *He was so afraid of them that he swallowed insults without saying a word.*

  avaler le morceau—*to bite the bullet*

  Le président a dû avaler le morceau et signer le projet de loi. *The president had to bite the bullet and sign the bill.*

  avaler sa salive—*to keep one's peace*

  Au lieu d'avouer ce qu'il pensait de leurs idées, l'employé a avalé sa salive. *Instead of admitting what he thought of their ideas, the employee kept his peace.*

---

avance—*advance, lead*

  à l'avance—*ahead of time*

  Il faut payer ces marchandises à l'avance. *You have to pay for those goods ahead of time.*

  d'avance—*in advance, before one starts*

  Ils se sentaient vaincus d'avance. *They felt beaten in advance (before they started).*

  en avance—*early, ahead of schedule*

  Le train de Paris est arrivé en avance. *The train from Paris arrived early (ahead of schedule).*

  La belle avance!—*A lot of good that will do!*

---

avancer—*to advance*

  A quoi cela m'avance-t-il?—*What good does that do me?*

  avancer de—*to be … fast*

  Votre montre avance de trois minutes. *Your watch is three minutes fast.*

  ne pas en être plus avancé—*to be no better off (for that)*

  J'ai vu le directeur, mais je n'en suis pas plus avancé. *I saw the director, but I'm no better off (for that).*

---

avant—*ahead, before*

  avant peu—*before long*

  Je le verrai certainement avant peu. *I'll surely see him before long.*

avant tout—*above all*

N'oubliez pas avant tout de nous écrire. *Above all, don't forget to write us.*

En avant!—*Forward! Let's go!*

---

avec—*with*

d'avec—*from*

Il faut distinguer l'utile d'avec l'agréable. *You have to tell what is useful from what is agreeable.*

Et avec cela, Madame? (Monsieur?)—*(Do you want) anything else, Madam? (Sir?)*

---

avenant—*pleasant, seemly*

à l'avenant—*accordingly*

Les enfants étaient très bien habillés et se tenaient à l'avenant. *The children were very well dressed and behaved accordingly.*

---

avenir—*future*

d'avenir—*up-and-coming*

C'est un jeune avocat d'avenir. *He is an up-and-coming young lawyer.*

---

aventure—*adventure, chance*

à l'aventure—*aimless(ly)*

Les trois garçons erraient à l'aventure dans la forêt. *The three boys wandered aimlessly through the forest.*

---

avis—*advice, opinion, notice*

Avis aux amateurs!—*A word to the wise!*

(il) m'est avis que—*to my mind*

(Il) m'est avis que la bataille est perdue. *To my mind, the battle is lost.*

sauf avis contraire—*unless one hears to the contrary*

Sauf avis contraire, le colis sera expédié vendredi. *Unless you hear to the contrary, the package will be sent on Friday.*

---

avoir—*to have*

avoir à l'arraché—*just to manage to snatch up*

Leur compagnie a eu le contrat à l'arraché. *Their company just managed to snatch up the contract.*

avoir … ans—*to be … (years old)*

Lorsque j'avais vingt ans, j'étais plus optimiste. *When I was twenty (years old), I was more of an optimist.*

avoir chaud (froid)—*to be (to feel) hot (cold)*

Si tu as trop chaud (froid), change d'habits. *If you are (you feel) too hot (cold), change your clothes.*

avoir dans la peau—*to have got under one's skin*

Elle l'avait dans la peau et ne pouvait pas l'oublier. *She had got him under her skin and couldn't forget him.*

avoir … de haut (de long, de large, etc.)—*to be … high (long, wide, etc.)*

Le mur extérieur a trois mètres de haut (de long, de large). *The outside wall is three meters high (long, wide).*

avoir lieu—*to take place*

Le match aura lieu demain à trois heures. *The game will take place tomorrow at three o'clock.*

avoir quelqu'un—*to catch (to get) someone; to pull a fast one on someone*

Voilà, je t'ai eu! *There, I caught (I got) you!* Ces escrocs ont essayé de m'avoir. *Those swindlers tried to pull a fast one on me.*

en avoir après (contre)—*to have it in for*

Elle en a après (contre) lui à cause de son retard. *She has it in for him because he was late.*

en avoir assez (marre, plein les bottes, plein le dos, plein son sac, ras le bol, soupé)—*to have had it, to be fed up*

J'en ai assez (marre, plein les bottes, plein le dos, plein mon sac, ras le bol, soupé) de son insolence. *I've had it (I'm fed up) with his insolence.*

en avoir le coeur net—*to get to the bottom of it*

Il y a eu un malentendu et je veux en avoir le coeur net. *There has been a misunderstanding and I want to get to the bottom of it.*

en avoir pour—*to need, for it to take*

J'en ai pour une heure, pour faire ce travail. *I need (It will take me) an hour to do this job.*

en avoir pour son argent—*to get one's money's worth*

Cela a coûté cher, mais nous en avons eu pour notre argent. *It cost a lot, but we got our money's worth.*

n'avoir que faire de—*to have no use for*

Je n'ai que faire d'une aide si tardive. *I have no use for such belated help.*

ne pas avoir froid aux yeux—*to have pluck, guts*

Les anciens Normands n'avaient pas froid aux yeux. *The old Norsemen had pluck (guts).*

Qu'as-tu? (Qu'avez-vous?)—*What's the matter (with you)?*

bagage—*baggage, luggage*

faire ses bagages—*to pack (one's bags)*

Je vais faire mes bagages juste avant de partir. *I'm going to pack (my bags) just before leaving.*

un bagage intellectuel—*a fund (stock) of knowledge*

Ce conférencier a un bagage intellectuel remarquable. *This lecturer has a tremendous fund (stock) of knowledge.*

baguette—*rod, stick*

mener (faire marcher) à la baguette—*to boss around, to rule with an iron hand*

Le ministre menait (faisait marcher) ses aides à la baguette. *The minister bossed his staff around (ruled his staff with an iron hand).*

sous la baguette de—*under the baton (direction) of*

L'orchestre était sous la baguette de Toscanini. *The orchestra was under the baton (the direction) of Toscanini.*

bail—*lease*

cela fait un bail—*it's been ages*

Cela fait un bail que nous ne l'avons pas vu! *It's been ages since we've seen him!*

bain—*bath*

dans le bain—*in the know (in the swim); in trouble*

Je m'excuse de cette gaffe; je ne suis pas encore dans le bain. *I'm sorry for that blunder; I'm not yet in the know (in the swim).*

Il ne fallait pas faire cela; maintenant nous voilà dans le bain! *You shouldn't have done that; now we're in trouble!*

baisser—*to lower*

baisser les bras (pavillon)—*to give up*

J'avoue que j'ai dû baisser les bras (pavillon) devant son ignorance. *I admit I had to give up in the face of his ignorance.*

baisser le ton—*to lower one's voice; to tone down*

Devant le malade les médecins baissèrent le ton. *In the patient's presence, the doctors lowered their voices.* Il a fait baisser le ton à cet arrogant. *He made that arrogant fellow tone down.*

balayer—*to sweep*

balayer devant sa porte—*to clean one's (own) house*

Nos élus devraient balayer devant leur porte au lieu d'accuser les médias. *Our elected officials ought to clean their (own) house, instead of accusing the media.*

bande—*band, gang*

faire bande à part—*to go it alone*

Ne pouvant pas s'entendre avec les autres ils faisaient toujours bande à part. *Since they couldn't get along with others, they would always go it alone.*

barbe—*beard*

à la barbe de quelqu'un—*under someone's (very) nose*

Il se moquait des conservateurs à leur barbe. *He made fun of the conservatives under their (very) nose.*

La barbe!—*What a nuisance (pain in the neck)!*

barque—*(row) boat*

   bien mener (conduire) sa barque—*to handle one's affairs right*

   Le voilà président; il a bien mené (conduit) sa barque. *He is president now; he's handled his affairs right.*

---

barre—*bar, tiller*

   avoir barre sur quelqu'un—*to get the edge (the jump) on someone*

   En faisant cette offre généreuse nous aurons barre sur lui. *By making this generous offer we'll get the edge (the jump) on him.*

   C'est de l'or en barre!—*It's a gold mine!*

---

bas—*low*

   à bas—*down with*

   A bas la tyrannie! *Down with tyranny!*

   au bas mot—*at the very least*

   Cette table ancienne vous coûtera mille euros au bas mot. *This antique table will cost you a thousand euros at the very least.*

   en bas—*below, downstairs*

   J'ai cru entendre un bruit en bas. *I thought I heard a noise below (downstairs).*

   en bas âge—*little, young*

   Il faut laisser les enfants en bas âge à la maison. *Little (young) children must be left at home.*

---

bât—*pack (saddle)*

   C'est là où (que) le bât le blesse. *That's where the shoe pinches.*

---

bataille—*battle*

   en bataille—*disheveled*

   L'enfant avait les cheveux en bataille. *The child's hair was disheveled.*

---

bâtir—*to build*

   bâti à chaux et à sable—*made of solid rock*

   C'était un homme bâti à chaux et à sable. *The man was made of solid rock.*

   bâtir des châteaux en Espagne—*to build castles in the air*

Tâche de travailler, au lieu de bâtir des châteaux en Espagne. *Try working, instead of building castles in the air.*

---

bâton—*stick*

à bâtons rompus—*of this and that*

En attendant le lever du rideau ils parlaient à bâtons rompus. *While waiting for the curtain to rise, they talked of this and that.*

Il a son bâton de maréchal.—*He has risen as far as he can.*

le bâton de vieillesse—*a support in old age*

Cet enfant sera plus tard votre bâton de vieillesse. *This child will be your support in old age later on.*

---

battre—*to beat*

battre à plate couture (comme plâtre)—*to crush, to beat to a pulp (hands down)*

Leur équipe nous a battus à plate couture (comme plâtre). *Their team crushed us (beat us to a pulp [hands down]).*

battre de l'aile—*to be in bad shape*

Son entreprise bat de l'aile maintenant. *His business is in bad shape now.*

battre en brèche—*to assail, to lambaste*

Le parti socialiste battait en brèche la réforme fiscale proposée. *The socialist party assailed (lambasted) the proposed fiscal reform.*

battre froid à quelqu'un—*to be cool toward someone, to give someone the cold shoulder (the deep freeze)*

Depuis quelque temps elle me bat froid. *She has been cool toward me (has been giving me the cold shoulder, the deep freeze) for some time.*

battre la campagne—*to be delirious*

Ne l'écoutez pas; il bat la campagne. *Don't listen to him; he's delirious.*

battre le pavé—*to walk (up and down) the streets*

Ils ont battu le pavé toute la journée à la recherche d'un travail. *They walked (up and down) the streets all day looking for a job.*

battre les cartes—*to shuffle the cards*

C'est à celui qui donne de battre des cartes. *It's up to the dealer to shuffle the cards.*

battre pavillon—*to fly a flag*

Le cargo bat pavillon français. *The freighter is flying the French flag.*

battre son plein—*to be at its height (in full swing)*

Le fête battait son plein quand nous sommes arrivés. *The celebration was at its height (in full swing) when we arrived.*

Il ferait battre des montagnes.—*He's a troublemaker.*

Je m'en bats l'oeil!—*I don't give a rap (a hoot)!*

se battre les flancs—*to wear oneself out for nothing*

Ils se sont aperçus trop tard qu'ils se battaient les flancs. *They realized too late that they were wearing themselves out for nothing.*

---

baver—*to drool*

en faire baver—*to give a run for one's money (to make one sweat)*

Leur équipe nous en a fait baver avant de perdre. *Their team gave us a run for our money (made us sweat) before losing.*

---

beau, belle—*beautiful, fine, handsome*

au beau milieu—*right (smack) in the middle*

Je suis tombé au beau milieu de leur bagarre. *I fell right (smack) in the middle of their brawl.*

avoir beau faire quelque chose—*no matter how (much) one does something*

Il a beau le nier, je sais que c'est vrai. *No matter how much he denies it, I know it's true.*

avoir beau jeu—*to have the upper hand*

Vous avez beau jeu contre cette grand société. *You have the upper hand against that big company.*

avoir beau jeu de (pour)—*to have an easy time*

Ils ont beau jeu de (pour) s'unir contre vous. *They have an easy time uniting against you.*

avoir le beau rôle—*to come off best*

C'est elle qui avait le beau rôle et moi qui faisais le travail. *She was the one who came off best and I did the work.*

bel et bien—*altogether, really*

Il nous a bel et bien échappé. *He got away from us altogether (really got away from us).*

dans de beaux draps—*in a fix*

Grâce à ta bêtise, nous sommes dans de beaux draps! *Thanks to your foolishness, we're in a fix!*

de plus belle—*more (harder, faster, etc.) than ever*

Elle se mit à pleurer de plus belle. *She began to cry harder than ever.*

en faire de belles—*to be up to fine things*

Vous en avez fait de belles pendant mon absence! *You have been up to fine things while I was gone!*

faire le beau—*to sit up and beg*

Leur chien fait le beau pour avoir des gourmandises. *Their dog sits up and begs to get sweets.*

Il y a belle lurette.—*It's been a long, long while.*

La belle affaire (histoire)!—*So what!*

---

beaucoup—*much, many*

C'est un peu beaucoup!—*That's going (a bit) too far!*

de beaucoup—*by far, far and away*

C'est de beaucoup le meilleur coureur de l'équipe. *He is by far (far and away) the best racer on the team.*

---

bercer—*to rock*

se bercer d'illusions (de rêves)—*to fool (to kid) oneself*

Vous vous bercez d'illusions (de rêves) si vous croyez que cette loi sera votée. *You're fooling (kidding) yourself if you think that law will be voted in.*

---

besoin—*need, want*

au besoin—*if need be, in a pinch*

Nous pourrions au besoin venir vous aider. *We could come and help you, if need be (in a pinch).*

avoir besoin de—*to need*

Les finances ont besoin d'argent. *The treasury needs money.*

faire ses besoins—*to relieve oneself*

Je vais sortir le chien pour qu'il fasse ses besoins. *I'm going to take the dog out so he can relieve himself.*

---

bête—*stupid*

    C'est bête comme chou.—*It's as easy as pie.*

    Pas si bête!—*Not if I can help it!*

bête—*animal, beast*

    la bête noire—*a pet peeve*

    Les maths sont sa bête noire. *Math is his pet peeve.*

beurre—*butter*

    C'est du beurre!—*It's a pushover (a cinch)!*

    faire son beurre—*to make a (one's) pile*

    Maintenant qu'il a fait son beurre, il se la coule douce. *Now that he's made a (his) pile, he takes life easy.*

bidon—*can, barrel*

    C'est du bidon!—*That's a bunch of rubbish! It's a fake!*

bien—*well, very*

    bien de—*much, many (a)*

    Je l'ai vue bien des fois. *I've seen her many times (many a time).*

    bien en chair—*plump*

    C'est une jeune femme bien en chair. *She is a plump young woman.*

    bien lui (vous, etc.) en a pris de—*he (you, etc.) did well to*

    Bien lui en a pris de nous écouter. *He did well to listen to us.*

    C'est bien fait pour lui (vous, etc.)!—*It serves him (you, etc.) right!*

    C'est bien de lui (vous, etc.).—*That's just like him (you, etc.).*

    être bien dans sa peau—*to feel great (very good about oneself)*

    Ce jeune homme très équilibré est bien dans sa peau. *This well-balanced young man feels great (very good about himself).*

    être bien en cour—*to enjoy favor*

    Il est bien en cour grâce à ses relations. *He enjoys favor thanks to his connections.*

bien—*good, property*

    avoir du bien au soleil—*to own land*

On le croyait pauvre, mais il avait du bien au soleil. *He was thought to be poor, but he owned land.*

en tout bien, tout honneur—*with only the highest intentions*

Je vous dis cela en tout bien, tout honneur. *I tell you that with only the highest intentions.*

un homme (des gens) de bien—*a decent man (decent people)*

J'adresse cette requête à tous les gens de bien. *I address this request to all decent people.*

---

bientôt—*soon*

C'est bientôt dit!—*That's easier said than done!*

---

bile—*bile, gall*

se faire de la bile—*to stew*

Ne vous faites pas de bile pour si peu de chose! *Don't stew over such a small matter!*

---

billard—*billiard game, table*

C'est du billard!—*It's a piece of cake! It's as easy as pie!*

monter (passer) sur le billard—*to go under the knife*

Il évitait d'aller voir le médecin de peur d'avoir à monter (passer) sur le billard. *He avoided going to see the doctor for fear of having to go under the knife.*

---

blague—*joke*

Sans blague!—*No fooling (kidding)!*

---

bleu—*blue*

en être (en rester) bleu—*to be struck dumb*

Devant la déclaration du ministre, le public en était (en restait) bleu. *Hearing the minister's declaration, the audience was struck dumb.*

---

bloc—*block, lump*

gonflé (serré) à bloc—*pumped (tightened) up hard; keyed up*

La vis est serrée à bloc. *The screw is tightened up hard.* Le pneu est gonflé
à bloc. *The tire is pumped up hard.* Les joueurs sont gonflés à bloc. *The
players are all keyed up.*

---

boire—*to drink*

boire comme un trou—*to drink like a fish*

Depuis son accident il s'est mis à boire comme un trou. *Since his accident
he has started to drink like a fish.*

boire du (petit) lait—*to drink it up*

En entendant ces paroles flatteuses, il buvait du (petit) lait. *Hearing those
flattering words, he drank it up.*

boire en Suisse—*to drink by oneself, to be a solitary drinker*

Venez vous asseoir avec moi; je n'aime pas boire en Suisse. *Come sit down
with me; I don't like to drink by myself (to be a solitary drinker).*

boire la goutte—*to take a nip*

Ce n'est pas un ivrogne, mais il boit la goutte de temps à autre. *He's no
drunkard, but he takes a nip from time to time.*

boire la tasse—*to gulp down water (while swimming)*

Renversé par la vague, l'enfant a bu la tasse. *Knocked down by the wave,
the child gulped down some water.*

boire sec—*to drink hard*

Il mangeait bien et buvait sec. *He ate well and drank hard.*

boire un bouillon—*to go under, to go broke*

Malgré les prêts qu'on lui a faits, il a bu un bouillon. *Despite the loans that
were made to him, he went under (went broke).*

boire un coup—*to take a drink*

Boire un petit coup, c'est agréable. *To take a little drink is very pleasant.*

Ce n'est pas la mer à boire.—*It's not such a big deal (job).*

Il y a à boire et à manger là-dedans.—*You have to take it with a grain of
salt.*

---

bois—*wood*

de quel bois on se chauffe—*what one is made of*

Je vais lui montrer de quel bois je me chauffe! *I'll show him what I'm
made of!*

---

bon—*good*

à bon compte—*cheap*

J'ai eu ce meuble à bon compte. *I got this piece of furniture cheap.*

à bon droit—*with good reason*

Il est fâché, et à bon droit. *He is angry, and with good reason.*

à bonne enseigne—*on good authority*

J'ai appris cette nouvelle à bonne enseigne. *I learned that bit of news on good authority.*

à bon port—*in safety*

Nous sommes rassurés; notre fils est arrivé à bon port. *We are relieved; our son has arrived in safety.*

à bon titre—*rightfully*

Il a réclamé ce poste à bon titre. *He laid claim to that job rightfully.*

A la bonne heure!—*Fine! That's great!*

à son bon plaisir—*according to one's whim*

Il distribuait les notes à son bon plaisir. *He gave out grades according to his whim.*

aux bons soins de—*(in) care of*

Envoyez-lui la lettre aux bons soins de sa mère. *Send him the letter (in) care of his mother.*

avoir bonne mine—*to look well; (ironic) to look like a sucker*

Après ses vacances en Floride, elle a bonne mine. *After her vacation in Florida, she looks well.* S'il ne tient pas sa promesse, tu auras bonne mine. *If he doesn't keep his promise, you'll look like a sucker.*

bon an, mal an—*year in, year out*

Bon an, mal an, on a réussi à faire marcher l'entreprise. *Year in, year out, we've managed to make a go of the business.*

Bon débarras!—*Good riddance!*

bon gré, mal gré—*willy-nilly (whether one likes it or not)*

Ils seront obligés de nous suivre, bon gré, mal gré. *They'll have to follow us, willy-nilly (whether they like it or not).*

bon teint—*dyed-in-the-wool*

C'est un républicain bon teint. *He's a dyed-in-the-wool Republican.*

C'est bon!—*That will do! Enough said!*

C'est de bonne guerre (lutte).—*It's all in the game. It's fair play.*

de bon cœur—*readily, willingly*

Il m'a aidé de bon coeur. *He helped me readily (willingly).*

de bon matin—*early in the morning*

Je me lève de bon matin pour aller au travail. *I get up early in the morning to go to work.*

de bonne heure—*early*

Nous sommes arrivés de bonne heure pour avoir de meilleures places. *We arrived early to get better seats.*

Elle est bonne, celle-là!—*That's a good one! That's a bit too much!*

faire bonne chère—*to eat well*

Après notre long voyage, nous avons fait bonne chère à l'auberge. *After our long trip, we ate well at the inn.*

Il a bon dos!—*That's it, put the blame on him!*

le bon sens—*common sense*

Le bon sens est la chose la mieux partagée du monde. *Common sense is the most widely shared thing in the world.*

Si bon vous semble.—*If you see fit.*

une bonne femme—*an old woman*

La place était pleine de bonnes femmes qui tricotaient. *The square was full of old women knitting.*

une bonne fois pour toutes—*once and for all*

Je te le dis une bonne fois pour toutes, je n'y vais pas. *I'm telling you once and for all, I'm not going.*

---

bond—*bounce, jump, leap*

au bond—*right off*

Il a saisi l'idée au bond. *He grasped the idea right off.*

---

bondir—*to leap*

bondir (de colère)—*to hit the ceiling*

Son père a bondi (de colère) quand il a reçu la facture. *His father hit the ceiling when he got the bill.*

---

bonheur—*good fortune, happiness, success*

par bonheur—*fortunately*

Par bonheur sa mère est arrivée à temps. *Fortunately, his mother arrived in time.*

---

bonnet—*cap*

C'est bonnet blanc et blanc bonnet.—*It's six of one and half a dozen of the other.*

---

bord—*edge*

à bord (de)—*on board*

Il n'y avait personne à bord du bateau. *There was no one on board the ship.*

sur les bords—*a shade, a touch*

L'inventeur était cinglé sur les bords. *The inventor was a shade (a touch) nutty.*

---

bouche—*mouth, spout*

Bouche cousue!—*Button your lip! Keep it under your hat! Mum's the word!*

de bouche à oreille—*by word of mouth*

La nouvelle s'est répandue de bouche à oreille. *The news spread by word of mouth.*

avoir (faire) la bouche en coeur—*to simper, to smile affectedly*

Elle a (fait) la bouche en coeur quand on la regarde. *She simpers (smiles affectedly) when people look at her.*

---

bouchée—*mouthful*

ne faire qu'une bouchée de—*to make short work of*

Leur équipe n'a fait qu'une bouchée de leurs adversaires. *Their team made short work of their opponents.*

pour une bouchée de pain—*for a song*

Il a eu la maison pour une bouchée de pain. *He got the house for a song.*

---

boucher—*to plug, to stop (up)*

Ça lui en a bouché un coin!—*That shut him up!*

Il est bouché à l'émeri!—*He's got a thick skull!*

---

boucler—*to buckle*

    Boucle-la!—*Shut your trap!*

    boucler une affaire—*to clinch (to wrap up) a deal*

    Les deux directeurs ont bouclé l'affaire au cours d'un bon dîner. *The two executives clinched (wrapped up) the deal over a good dinner.*

bouillir—*to boil*

    faire bouillir la marmite—*to bring home the bacon*

    Il travaillait de longues heures pour faire bouillir la marmite. *He worked long hours to bring home the bacon.*

boule—*ball, globe*

    être (se mettre) en boule—*to be (to get) furious*

    Fais attention, le patron se met en boule facilement. *Watch out, the boss gets furious easily.*

    faire boule de neige—*to snowball*

    Leur idée a fait boule de neige. *Their idea snowballed.*

bouquet—*aroma, bouquet*

    C'est le bouquet!—*That's the last straw! That's the limit! That takes the cake!*

bourrer—*to stuff*

    bourrer le crâne à—*to give false ideas to*

    Ses camarades lui ont bourré le crâne et il ne voit plus ses limites. *His friends have given him false ideas and he no longer knows his limitations.*

bourse—*pouch, purse, stock exchange*

    sans bourse délier—*without spending a cent*

    Vous pouvez avoir ce livre sans bourse délier. *You can get this book without spending a cent.*

bout—*bit, end, tip*

    à bout—*all in*

Je n'en peux plus; je suis à bout. *I can't go on any longer; I'm all in.*

à bout de souffle—*out of breath*

Il avait tant couru qu'il était à bout de souffle. *He had run so much that he was out of breath.*

à bout portant—*point-blank*

Il a tiré sur le voleur à bout portant. *He fired at the thief point-blank.*

au bout de son rouleau—*at the end of one's rope*

Il était au bout de son rouleau et ne savait plus quoi faire. *He was at the end of his rope and didn't know what to do anymore.*

au bout du compte—*in the final analysis*

Au bout du compte, cela m'est égal. *In the final analysis, it doesn't matter to me.*

du bout des lèvres—*without conviction*

Elle riait, mais seulement du bout des lèvres. *She laughed, but really without conviction.*

être à bout de—*to have run out of*

Nous sommes à bout d'idées. *We have run out of ideas.*

---

bouteille—*bottle*

avoir (prendre) de la bouteille—*to be (to grow) mellow; to be (to get to be) an old-timer.*

On attend que ce vin prenne de la bouteille. *We're waiting for this wine to grow mellow.* Cet ouvrier a (prend) déjà de la bouteille. *This worker is (is getting to be) an old-timer.*

C'est la bouteille à l'encre.—*It's as clear as mud.*

---

branler—*to shake*

branler dans le manche—*to be shaky (tottering)*

L'entreprise branle dans le manche. *The business is shaky (tottering).*

---

bras—*arm*

à bras le corps—*bodily*

Le maître-nageur l'a saisi à bras le corps. *The swimming instructor seized him bodily.*

à bras raccourcis—*with all one's might*

La brute le frappait à bras raccourcis. *The bruiser was hitting him with all his might.*

avoir le bras long—*to have pull*

Attention; il a le bras long et pourrait te causer des ennuis. *Watch out; he has pull and could make trouble for you.*

bras dessus, bras dessous—*arm in arm*

Ils se promenaient le long de la rivière bras dessus, bras dessous. *They walked along the river bank arm in arm.*

C'est mon bras droit.—*He's my right-hand man.*

le bras de fer—*arm wrestling, struggle for dominance*

On assiste à un bras de fer entre le premier ministre et le président. *We are witnessing arm wrestling (a struggle for dominance) between the prime minister and the president.*

Les bras m'en tombent!—*I'm dumbfounded! I can't believe it!*

sur les bras—*on one's hands*

Depuis son divorce, j'ai mon frère sur les bras. *Since my brother's divorce, I have had him on my hands.*

---

brasser—*to brew, to stir*

brasser des affaires—*to wheel and deal*

C'était un homme énergique qui brassait toujours des affaires. *He was an energetic man, always wheeling and dealing.*

---

brave—*brave, good*

C'est un brave homme (une brave femme).—*He's a nice fellow (she's a nice woman).*

faire le brave—*to swagger*

Malgré sa défaite, il continue à faire le brave. *Despite his defeat, he continues to swagger.*

---

brebis—*ewe, sheep*

la brebis galeuse—*the black sheep*

Son frère était la brebis galeuse de la famille. *His brother was the black sheep of the family.*

---

brèche—*breach, gap*
  sur la brèche—*on the go*
  Notre député est toujours sur la brèche. *Our congressman is always on the go.*

---

bride—*bridle*
  à bride abattue—*at full gallop (speed)*
  L'officier se rendit au combat à bride abattue. *The officer went into battle at full gallop (speed).*

---

briller—*to shine*
  briller par son absence—*to be conspicuous by one's absence*
  Pendant le gros du travail, le chef brillait par son absence. *While the work was at its height, the chief was conspicuous by his absence.*

---

brisées—*traces, tracks*
  aller (marcher) sur les brisées de quelqu'un—*to tread on someone's territory*
  N'essayez pas d'aller (de marcher) sur les brisées de ce collègue. *Don't try to tread on that colleague's territory.*

---

brouiller—*to mix up, to scramble*
  brouiller les cartes—*to cloud the issue*
  Votre explication ne fait que brouiller les cartes. *Your explanation only clouds the issue.*

---

broyer—*to crush, to pulverize*
  broyer du noir—*to be down in the dumps, to have the blues*
  Il broyait du noir depuis son divorce. *He had been down in the dumps (had had the blues) since his divorce.*

---

bruit—*noise*
  le bruit court—*rumor has it*
  Le bruit court qu'elle s'est remariée. *Rumor has it that she has married again.*

---

brûler—*to burn*

  brûler (d'envie) de—*to be eager to; to be spoiling for*

  Je brûle (d'envie) de faire ce travail. *I am eager to do this job.* Nous pouvions voir qu'il brûlait (d'envie) de se battre. *We could see he was spoiling for a fight.*

  brûler une étape—*to skip a stage*

  Dans son désir de finir vite il brûlait toutes les étapes. *In his desire to finish quickly he skipped as many stages as he could.*

  brûler un feu (rouge)—*to run a (red) light*

  L'ambulance a brûle tous les feux rouges en allant à l'hôpital. *The ambulance ran all the red lights on its way to the hospital.*

  se brûler la cervelle—*to blow one's brains out*

  Il s'est brûlé la cervelle par désespoir d'amour. *He blew his brains out for unrequited love.*

  Tu brûles!—*You're getting warm (close)!*

---

but—*aim, goal, object*

  de but en blanc—*point-blank*

  Elle m'a posé la question de but en blanc. *She asked the question of me point-blank.*

ça—*that*

  Ça alors!—*How do you like that! I'll be darned!*
  Ça y est!—*I've got it! It's done!*

---

cachet—*seal, stamp*

  avoir du cachet—*to have style*

  Cette bague ancienne a beaucoup de cachet. *This antique ring has a lot of style.*

---

cachette—*hiding place*

en cachette—*on the sly*

Il allait voir ses copains en cachette. *He would go and see his pals on the sly.*

---

cadeau—*gift, present*

ne pas faire de cadeau—*not to let off lightly*

L'autre équipe n'était pas bien forte, mais elle ne leur a pas fait de cadeau. *The other team was not very strong, but it did not let them off lightly.*

---

cadet—*junior*

C'est le cadet de mes soucis!—*I couldn't care less! That's the least of my worries!*

---

cafard—*cockroach*

avoir le cafard—*to be down in the dumps, to have the blues, to be blue*

Il avait le cafard à cause du départ de son amie. *He was down in the dumps (had the blues, was blue) because of his girlfriend's departure.*

---

caresser—*to caress*

caresser une idée—*to toy with an idea*

Nous caressons l'idée d'aller vivre en Floride. *We are toying with the idea of going to live in Florida.*

---

carotte—*carrot*

Les carottes sont cuites!—*Your (Our, etc.) goose is cooked! You're (We're, etc.) done for!*

---

carte—*card, map*

avoir (donner) carte blanche—*to have (to give) a free hand*

Le président vous donne carte blanche dans cette affaire. *The president gives you a free hand in this matter.*

C'est la carte forcée.—*You (we, etc.) have no choice.*

le dessous des cartes—*what goes on behind the scenes*

Je ne connais pas le dessous des cartes dans cette histoire. *I don't know what goes on behind the scenes in that business.*

---

cas—*case, instance*

    faire peu de (grand) cas de—*to make little (much) of, to take little (great) notice of*

Le ministre fait peu de cas de notre opposition. *The minister makes little (takes little notice of) our opposition.*

    le cas échéant—*if need be*

Le cas échéant, nous sommes prêts à démissionner. *If need be, we are ready to resign.*

---

casser—*to break*

    Ça m'a cassé bras et jambes!—*That was the last straw for me!*

    casser du sucre sur le dos (la tête) de—*to run down behind someone's back*

Elle casse du sucre sur le dos (la tête) de sa belle-fille. *She runs her daughter-in-law down behind her back.*

    casser la croûte—*to have a bite*

Ils se sont arrêtés un instant en route pour casser la croûte. *They stopped awhile on the way to have a bite.*

    casser la figure à quelqu'un—*to knock someone's block off (knock someone silly)*

Si tu touches à mon petit frère, je te casse la figure. *Keep your hands off my little brother or I'll knock your block off (knock you silly).*

    casser les pieds à—*to be a pain in the neck*

Va-t'en; tu me casses les pieds avec tes plaintes. *Get out; you're a pain in the neck with your complaints.*

    casser les reins à—*to break somebody (somebody's back)*

Le coup d'état a cassé les reins à l'opposition. *The coup d'état broke (the back of) the opposition.*

    casser sa pipe—*to kick the bucket*

Le père Michel a cassé sa pipe. *Old man Michel has kicked the bucket.*

    Ça ne casse rien.—*It's no great shakes.*

    se casser la figure—*to take a (bad) spill*

Le trottoir était si glacé qu'elle s'est cassé la figure. *The sidewalk was so icy that she took a (bad) spill.*

se casser la tête—*to rack one's brains*

Je me casse la tête pour trouver une réponse. *I'm racking my brains to find an answer.*

se casser le nez—*to have no luck; to get no answer*

J'ai essayé de lui parler, mais je me suis cassé le nez. *I tried to speak to her, but I had no luck (I got no answer).*

se casser les dents sur quelque chose—*to be unable to deal with something*

Le maire s'est cassé les dents sur le problème du logement. *The mayor has been unable to deal with the housing problem.*

---

cause—*cause, case*

en cause—*in question*

Son honnêteté n'est pas en cause, seulement ses capacités. *His honesty is not in question, only his abilities.*

Et pour cause!—*And for good reason!*

---

causer—*to chat, to talk*

Cause toujours!—*Go on, I'm not interested!*

---

cavale—*mare*

en cavale—*on the run*

Le prisonnier s'était évadé et était en cavale. *The prisoner had escaped and was on the run.*

---

cavalier—*horseman, rider*

faire cavalier seul—*to go it alone*

Certains membres du parti ont décidé de faire cavalier seul. *Some members of the party have decided to go it alone.*

---

céder—*to yield*

céder du terrain—*to back off, to give ground*

Ses interlocuteurs l'ont obligé à céder du terrain avant de se mettre d'accord. *The people he spoke to made him back off (give ground) before coming to an agreement.*

céder le pas—*to give way*

Les enfants doivent céder le pas aux personnes âgées. *Children have to give way to elderly people.*

ne (le) céder à personne—*to be second to none*

Pour le talent il ne le cède à personne. *As far as talent is concerned, he is second to none.*

cent—*hundred*

aux cent coups—*frantic*

Elle était aux cent coups en attendant de tes nouvelles. *She was frantic waiting for news from you.*

faire les cent pas—*to pace up and down, to walk the floor*

Son mari faisait les cent pas en attendant la naissance de leur enfant. *Her husband paced up and down (walked the floor) waiting for the birth of their child.*

cesse—*cease, respite*

n'avoir de cesse que—*not to rest until*

Elle n'avait de cesse que son fils fût retrouvé. *She would not rest until her son was found again.*

chacun—*each (one)*

Chacun son goût.—*To each his own. There's no accounting for taste.*

Chacun pour soi!—*Every man for himself!*

chair—*flesh, meat*

Ce n'est ni chair ni poisson.—*It's neither fish nor fowl.*

en chair et en os—*in the flesh*

Nous avons vu le Pape en chair et en os! *We saw the Pope in the flesh!*

la chair de poule—*gooseflesh (goose bumps)*

Ce roman policier m'a donné la chair de poule. *That detective story gave me gooseflesh (goose bumps).*

champ—*field*

Le champ est libre.—*The coast is clear.*

sur le champ—*right away, immediately*

Tous sont partis sur le champ. *Everyone left right away (immediately).*

---

changer—*to change*

changer d'avis (d'idée)—*to change one's mind*

Ils ne veulent plus l'acheter parce qu'ils ont changé d'avis (d'idée). *They don't want to buy it any longer because they have changed their minds.*

changer de langage—*to change one's tune*

Quand ils entendront nos raisons, ils changeront de langage. *When they hear our argument, they'll change their tune.*

changer son fusil d'épaule—*to switch parties (to change one's allegiance)*

Le candidat a changé son fusil d'épaule après avoir perdu l'élection. *The candidate switched parties (changed his allegiance) after losing the election.*

se changer—*to change (clothes)*

Donne-moi le temps de me changer après le match. *Give me time to change (clothes) after the game.*

---

chanson—*song*

Chansons que tout cela!—*That's a lot of nonsense!*

---

chanter—*to sing*

chanter faux—*not to be able to carry a tune, to sing flat (off-key)*

Elle aime la musique, mais elle chante faux. *She loves music, but she can't carry a tune (she sings flat, off-key).*

faire chanter—*to blackmail*

Ses anciens associés le faisaient chanter. *His former associates were black-mailing him.*

Qu'est-ce que vous me chantez là?—*What's that you're handing me?*

si ça vous chante—*if you feel like it*

Allez vous amuser, si ça vous chante. *Go and have a good time if you feel like it.*

---

chapeau—*hat*

 Chapeau (bas)!—*Congratulations! Hats off!*

charbon—*coal*

 sur des charbons ardents—*on pins and needles*

 Nous étions sur des charbons ardents en attendant la décision des juges. *We were on pins and needles, waiting for the judges' decision.*

charge—*burden, charge, load*

 à charge de revanche—*on the condition of a return (match, offer, etc.)*

 J'accepte votre hospitalité, à charge de revanche. *I accept your hospitality, on the condition of a return on my part.*

 à la charge de quelqu'un—*dependent on someone*

 La vieille femme ne voulait pas être à la charge de son fils. *The old woman didn't want to be dependent on her son.*

charger—*to charge, to load*

 Je m'en charge.—*Leave it to me.*

chat—*cat*

 Il n'y avait pas un chat.—*There wasn't a soul about.*

 J'ai un chat dans la gorge.—*I have a frog in my throat.*

chaud—*hot, warm*

 au chaud—*in a warm place*

 J'aime avoir les pieds bien au chaud. *I like to have my feet in a nice warm place.*

 J'ai eu chaud!—*I had a close call!*

 un chaud et froid—*a chill*

 Tu vas attraper un chaud et froid si tu restes près de la porte. *You'll catch a chill if you stay near the door.*

chauffer—*to heat*

 Ça chauffe!—*Things are getting hot!*

 chauffer à blanc—*to fire up*

44

Le discours du chef les a chauffés à blanc. *The leader's speech fired them up.*

---

chemin—*path, road, way*

chemin faisant—*along the way*

Chemin faisant nous avons bavardé de choses et d'autres. *Along the way, we chatted about one thing and another.*

faire son chemin—*to gain ground; to be going places (getting up in the world)*

Cette idée commence à faire son chemin. *That idea is beginning to gain ground.* Je suis sûr que ce jeune homme ambitieux fera son chemin. *I am sure that ambitious young man will be going places (getting up in the world).*

---

chercher—*to look for, to seek, try*

chercher des poux dans la tête de—*to try to make trouble for*

Il continue à chercher des poux dans la tête de son ancien camarade. *He keeps on trying to make trouble for his former schoolmate.*

chercher la petite bête—*to pick holes, to split hairs*

Cessons de chercher la petite bête et venons-en aux choses sérieuses. *Let's stop picking holes (splitting hairs) and get down to serious business.*

chercher midi à quatorze heures—*to look for difficulties where there are none*

Acceptons ses explications, et ne cherchons pas midi à quatorze heures. *Let's accept his explanations and not look for difficulties where there are none.*

chercher querelle—*to pick a fight*

C'est un mauvais coucheur; il cherche querelle à tout le monde. *He's a troublemaker; he picks fights with everyone.*

---

cheval—*horse*

à cheval sur—*astride; a stickler for*

Il se tenait à cheval sur la barrière. *He was sitting astride the gate.*

Notre professeur est très intéressant, mais il est à cheval sur la discipline. *Our teacher is very interesting, but he's a stickler for discipline.*

un cheval de retour—*a jailbird (a recidivist)*

Les policiers se sont aperçus qu'ils avaient affaire à un cheval de retour.
The police realized that they were dealing with a jailbird (a recidivist).

---

cheveu—*hair*

avoir un cheveu sur la langue—*to lisp*

Ce comédien joue bien, mais il a un cheveu sur la langue. *That actor acts
well, but he lisps.*

C'était à un cheveu!—*It was nip and tuck!*

comme un cheveu sur la soupe—*irrelevant, out of place*

Ses remarques tombaient comme un cheveu sur la soupe. *Her observations
seemed irrelevant (out of place).*

---

chic—*elegance, style*

avoir du chic—*to be stylish*

Elle n'est pas belle mais elle a du chic. *She's no beauty but she is stylish.*

de chic—*offhand*

Il a fait ce dessin de chic. *He drew this picture offhand.*

---

chien—*dog*

avoir du chien—*to have style, sex appeal*

Cette actrice n'est pas très belle, mais elle a du chien. *That actress isn't
very beautiful, but she has style (sex appeal).*

Chien méchant!—*Beware of the dog!*

en chien de fusil—*curled up*

D'habitude il dormait en chien de fusil. *Normally he slept curled up.*

entre chien et loup—*at twilight*

Beaucoup d'accidents ont lieu entre chien et loup. *Many accidents occur at
twilight.*

---

choix—*choice*

au choix—*as one wishes*

Prenez les pulls ou les gilets au choix, au même prix. *Take the sweaters or
the cardigans as you wish, at the same price.*

de choix—*choice*

Nous avons plusieurs articles de choix ici. *We have several choice items here.*

---

chose—*thing*

  chose curieuse (étonnante, etc.)—*strangely (surprisingly, etc.) enough*
  Chose curieuse (étonnante), il n'a pas demandé sa monnaie. *Strangely (surprisingly) enough, he didn't ask for his change.*
  (Dites) bien des choses de ma part à …—*(Give) my best regards to …*

---

chou—*cabbage*

  C'est chou vert et vert chou.—*It's six of one and half a dozen of the other.*
  dans les choux—*in a fix*
  Tu es allé trop loin et maintenant on est dans les choux! *You went too far and now we're in a fix!*
  faire chou blanc—*to draw a blank*
  Nous l'avons poursuivi, mais nous avons fait chou blanc. *We went after him, but we drew a blank.*
  faire ses choux gras de—*to be only too glad about*
  La droite faisait ses choux gras du désarroi de la gauche. *The Right was only too glad about the Left's confusion.*
  Mon (petit) chou!—*My (little) sweetheart!*

---

ciel—*heaven, sky*

  à ciel ouvert—*in the open*
  On exploite cette mine à ciel ouvert. *This mine is being worked in the open.*

---

cinq—*five*

  en cinq sec—*in three shakes of a lamb's tail*
  Le travail sera fini en cinq sec. *The work will be finished in three shakes of a lamb's tail.*

---

circonstance—*case, circumstance*

  de circonstance—*to suit the occasion*

Le maire a fait un discours de circonstance. *The mayor made a speech to suit the occasion.*

---

cirer—*to wax*

cirer les bottes à quelqu'un—*to be an apple-polisher, to kowtow*

Tu peux être poli envers ce monsieur sans lui cirer les bottes. *You can be polite toward that man without being an apple-polisher (kowtowing).*

---

civil—*civil, civilian*

en civil—*in plain clothes*

Il y avait deux agents en civil à la porte. *There were two policemen in plain clothes at the door.*

---

clair—*bright, clear, light*

clair comme de l'eau de roche—*crystal clear*

Ses intentions étaient claires comme de l'eau de roche pour ceux qui le connaissaient. *His intentions were crystal clear to those who knew him.*

le clair de lune—*the moonlight*

Dans ce clair de lune on y voyait comme en plein jour. *In that moonlight you could see as if it were broad daylight.*

le plus clair de—*the greater part of*

Ce garçon passe le plus clair de son temps à songer. *That boy spends the greater part of his time dreaming.*

---

clé, clef—*key*

à la clé—*to cap it all*

L'inflation va s'emballer, avec à la clé toute une série de dévaluations. *Inflation is going to run wild, with a series of devaluations to cap it all.*

clefs en main—*ready for occupancy (for the road)*

Quel est le prix de la maison (de l'auto) clefs en main? *What is the price of the house ready for occupancy (of the car ready for the road)?*

sous clé—*under lock and key*

Il faut garder ces documents sous clé. *These documents must be kept under lock and key.*

---

clin—*wink*

  en un clin d'oeil—*in the twinkling of an eye*

  Il a disparu en un clin d'oeil. *He disappeared in the twinkling of an eye.*

clou—*nail, tack*

  Des clous!—*No soap! Nothing doing!*

  le clou du spectacle—*the main attraction*

  Les éléphants dansants devaient être le clou du spectacle. *The dancing elephants were to be the main attraction.*

clouer—*to nail*

  clouer le bec à quelqu'un—*to shut someone up*

  Ma réponse lui a cloué le bec. *My answer shut him up.*

coeur—*heart*

  à contre-coeur—*reluctantly, unwillingly*

  Il a fait comme nous demandions, mais de toute évidence c'était à contre-coeur. *He did as we asked, but obviously it was reluctantly (unwillingly).*

  avoir du coeur à l'ouvrage—*to work with a will*

  Allons-y, les gars; il faut avoir du coeur à l'ouvrage! *Let's go to it, guys; we have to work with a will!*

  avoir le coeur sur la main—*to be big-hearted*

  Cet homme vous aidera toujours; il a le coeur sur la main. *That man will always help you out; he is big-hearted.*

  avoir le coeur sur les lèvres—*to wear one's heart on one's sleeve*

  Ce pauvre Roger a le coeur sur les lèvres. *Poor Roger wears his heart on his sleeve.*

  avoir un coeur d'artichaut—*to be flighty*

  Il est jeune encore; il a un coeur d'artichaut. *He is still young; he is flighty.*

  A vous de coeur.—*Yours affectionately.*

  ne pas avoir le coeur à—*not to be in the mood to*

  Pardon, je n'ai pas le coeur à rire. *Excuse me, I'm not in the mood to laugh.*

  si le coeur vous en dit—*if you (really) feel like it.*

  Allez vous amuser, si le coeur vous en dit. *Go and have a good time, if you (really) feel like it.*

coiffé—*wearing (hair or hat)*
  être coiffé de—*to be infatuated with*
  Il est coiffé de sa voisine. *He is infatuated with the girl next door.*

coiffer—*to dress (hair), to put on (a hat)*
  avoir coiffé Sainte-Catherine—*to be over 25 and unmarried*
  Sa tante a coiffé Sainte-Catherine. *Her aunt is over 25 and unmarried.*
  se faire coiffer au poteau—*to be edged out*
  Notre candidat s'est fait coiffer au poteau par le favori. *Our candidate was edged out by the favorite.*

coin—*corner, wedge*
  frappé (marqué) au coin de—*bearing the stamp of*
  Cet argument est frappé (marqué) au coin du bon sens. *That argument bears the stamp of common sense.*
  les coins et recoins—*the ins and outs*
  Il connaît les coins et recoins de l'université. *He knows the ins and outs of the university.*

colère—*anger*
  être (entrer) dans une colère noire—*to see red*
  Quand on lui a parlé de leur impertinence, il est entré dans une colère noire. *When he was told about their impertinence, he saw red.*

coller—*to glue, to stick*
  Ça colle.—*That fits. That works.*

collet—*collar, snare*
  collet monté—*stiff-necked*
  Ne plaisante pas avec elle; elle est très collet monté. *Don't joke with her; she is very stiff-necked.*

collimateur—*collimator*
  avoir dans le collimateur—*to have in one's sights, to take aim at*

Le Sénat a l'immigration dans le collimateur. *The Senate has immigration in its sights (is taking aim at immigration).*

comble—*attic, summit*

au comble de—*at the height (in the depths) of*

J'étais au comble de la joie (du désespoir) en apprenant le résultat des élections. *I was at the height of joy (in the depths of despair) on learning the results of the election.*

C'est le (un) comble!—*That's the last straw! That takes the cake!*

pour comble de malheur—*to cap (to crown) it all*

Pour comble de malheur, ils m'ont mis à la porte. *To cap (to crown) it all, they fired me.*

commande—*control, order*

de commande—*feigned*

Elle avait une expression soucieuse de commande. *She wore a feigned expression of concern.*

commander—*to order*

Cela ne se commande pas.—*That can't be helped.*

comme—*as, like*

C'est tout comme.—*It amounts to the same thing.*

comme ci, comme ça—*so-so*

Elle se porte comme ci, comme ça. *She is feeling so-so.*

comme de juste—*as might be expected*

Comme de juste, son équipe a été choisie pour le tournoi. *As might be expected, his team was chosen for the tournament.*

comme il faut—*correct, respectable*

C'est une dame très comme il faut. *She is a very correct (respectable) lady.*

comme il se doit—*as it should be*

Nous avons témoigné notre respect, comme il se doit. *We showed out respect, as it should be.*

comme qui dirait—*so to speak*

C'est comme qui dirait un bohémien. *He is a bohemian, so to speak.*

comment—*how*

Comment faire?—*What's to be done?*

Et comment!—*You bet (your life)!*

commerce—*business, commerce*

d'un commerce agréable—*pleasant company*

Son grand-père est un homme cultivé, d'un commerce agréable. *Her grandfather is a cultured man and pleasant company.*

commun—*common, ordinary*

d'un commun accord—*unanimously*

Ils ont accepté son offre d'un commun accord. *They accepted his offer unanimously.*

peu commun—*unusual*

C'est un nom peu commun. *It's an unusual name.*

composition—*composition*

amener (venir) à composition—*to bring (to come) to terms*

Nous les avons enfin amenés (nous sommes enfin venus) à composition. *We finally brought them (we finally came) to terms.*

de bonne composition—*easygoing*

C'est une personne de bonne composition. *He (She) is an easygoing person.*

comprendre—*to comprise, to understand*

comprendre à demi-mot—*to take a hint*

Il l'a comprise à demi-mot et il est parti sans faire de bruit. *He took her hint and left without a sound.*

comprendre la plaisanterie—*to be able to take a joke, to be a good sport*

On peut la taquiner; elle comprend la plaisanterie. *You can tease her; she can take a joke (she is a good sport).*

n'y comprendre goutte—*to be all at sea, not to understand a thing*

J'avoue que je n'y comprends goutte à ce qu'elle dit. *I confess I'm all at sea about what she is saying (I don't understand a thing she says).*

compris—*included, understood*

   y compris—*including*

   Le repas coûte cent euros, y compris le service. *The meal costs a hundred euros, including tip.*

---

compte—*account*

   à ce compte-là—*in that case (at that rate)*

   A ce compte-là, je ne crois pas que ce soit possible. *In that case (At that rate), I don't think it is possible.*

   Son compte est bon (il a eu son compte).—*He's done for. He's in for it. He's a dead duck.*

---

compter—*to count*

   à compter de—*as of*

   Le bureau sera ouvert à compter du premier juillet. *The office will be open as of July 1.*

   compter pour du beurre—*not to count*

   La première partie compte pour du beurre. *The first game doesn't count.*

---

concert—*concert*

   de concert—*together*

   Tout le monde savait qu'ils agissaient de concert. *Everyone knew that they were acting together.*

---

condamner—*to condemn*

   condamner une porte (une pièce etc.)—*to close off a door (a room, etc.)*

   Pour économiser le mazout, ils ont condamné la porte principale de la maison. *To save oil, they closed off the main door of the house.*

   Il a condamné sa porte.—*He refuses to see visitors.*

---

confiance—*confidence, trust*

   faire confiance à—*to have faith in, to trust*

   Vous pouvez faire confiance à son fils. *You can have faith in (you can trust) his son.*

---

confondre—*to confound, to confuse*

Il s'est confondu en excuses.—*He apologized profusely.*

congé—*leave, vacation*

donner son congé à quelqu'un—*to give someone notice*

Après quinze ans de service, on lui a donné son congé. *After fifteen years of service, he has been given notice.*

connaissance—*acquaintance, knowledge*

en connaissance de cause—*with full understanding (of the consequences)*

Il a pris sa décision de partir en connaissance de cause. *He made his decision to leave with full understanding (of the consequences).*

sans connaissance—*unconscious*

On a ramené plusieurs blessés sans connaissance. *Several wounded men were brought back unconscious.*

connaître—*to know*

Ça me connaît.—*I know all about it. That's my meat.*

connaître comme sa poche—*to know like the back of one's hand*

Je connais Paris comme ma poche; j'y suis né. *I know Paris like the back of my hand; I was born there.*

connaître la musique—*to know the score*

Ce n'est pas la peine de m'expliquer tout cela; je connais la musique. *Don't bother explaining all that to me; I know the score.*

connaître sur le bout du doigt—*to have at one's fingertips*

Heureusement le conseiller du président connaît les faits sur le bout du doigt. *Fortunately, the president's adviser has the facts at his fingertips.*

connaître les ficelles—*to know (all) the angles*

Il paye peu d'impôts parce que son comptable connaît les ficelles. *He pays little tax because his accountant knows (all) the angles.*

en connaître un rayon—*to know a thing or two about it*

Les maths? elle en connaît un rayon. *Math? She knows a thing or two about it.*

Il connaît tous les dessous.—*He has inside information.*

s'y connaître en—*to know a lot about*

Elle s'y connaît en voitures. *She knows a lot about cars.*

connu—*known*

Il est connu comme le loup blanc.—*He is known all over.*

conserve—*preserve*

de conserve—*hand in hand*

Les deux homes ont agi de conserve dans la conspiration. *The two men acted hand in hand in the conspiracy.*

constituer—*to constitute*

se constituer prisonnier—*to turn oneself in*

Le suspect s'est constitué prisonnier. *The suspect turned himself in.*

conter—*to recount, to tell*

conter fleurette à—*to flirt with*

Le jeune homme contait fleurette à son amie. *The young man was flirting with his girlfriend.*

en conter à—*to deceive*

Il ne s'en laisse pas conter facilement. *He doesn't let himself be easily deceived.*

contre—*against*

à contre-courant—*against the grain*

Vous n'y arriverez jamais en allant à contre-courant. *You will never get anywhere by going against the grain.*

par contre—*on the other hand*

Il manque d'expérience, par contre il est intelligent. *He is inexperienced, but on the other hand he is intelligent.*

coq—*rooster*

C'est le coq du village.—*He's the cock of the walk.*

comme un coq en pâte—*in clover*

Il vivait comme un coq en pâte. *He was living in clover.*

cor—*horn*

  à cor et à cri—*with hue and cry*

  Ils l'ont réclamé à or et à cri. *They requested it with hue and cry.*

corde—*cord, rope*

  C'est dans mes cordes.—*It's right up my alley.*

  être sur la corde raide—*to be in a tight spot, to walk the tightrope*

  Je me rendais bien compte que j'étais sur la corde raide dans cette compagnie. *I realized fully that I was in a tight spot (I was walking the tightrope) in that company.*

  Il pleut (il tombe) des cordes.—*It's raining cats and dogs.*

corps—*body, corps*

  à corps perdu—*headlong*

  Il s'est jeté à corps perdu dans la mêlée. *He threw himself headlong into the fray.*

  à son corps défendant—*against one's will*

  Je porterai votre message, mais je le ferai à mon corps défendant. *I'll carry your message, but I'll be doing it against my will.*

  corps à corps—*at close quarters, hand to hand*

  Les deux armées se battaient corps à corps. *The two armies fought at close quarters (hand to hand).*

cote—*assessment, quota*

  avoir la cote—*to be well thought of*

  Les deux candidats avaient la cote auprès des électeurs. *The two candidates were well thought of by the voters.*

côte—*coast, hill, rib*

  à la côte—*on the rocks*

  Maintenant son enterprise est à la côte. *Now his business is on the rocks.*

  côte à côte—*side by side*

  Nous roulions à bicyclette côte à côte. *We were riding our bicycles side by side.*

côté—*side*

    à côté—*nearby, next door; off target*

    Le restaurant français est à côté. *The French restaurant is nearby (next door).* Votre remarque tombe à côté. *Your remark is off target.*

    à côté de—*next to*

    Elle était assise à côté de lui. *She was sitting next to him.*

    de côté et d'autre—*here and there; on both sides*

    Ils ramassaient des fleurs de côté et d'autre. *They picked flowers here and there.* Il y a eu abus de côté et d'autre. *There was fault on both sides.*

    de son côté—*for one's part*

    De mon côté j'inviterai les Durand. *For my part, I'll invite the Durands.*

    du côté de—*in the direction*

    Ils sont parties du côté de chez Swann. *They left in the direction of Swann's house.*

couche—*couch, layer*

    en avoir (tenir) une couche—*to be wood from the neck up*

    Ne cherchez pas à lui expliquer cette règle; il en a (tient) une couche. *Don't try to explain that rule to him; he's wood from the neck up.*

coucher—*to lay down, to put to bed*

    coucher avec—*to sleep with*

    On dit qu'elle couche avec lui. *They say that she is sleeping with him.*

    coucher en joue—*to aim (one's gun) at*

    La sentinelle a couché en joue l'éclaireur. *The sentry aimed (his gun) at the scout.*

    coucher par écrit—*to set down in writing*

    Je veux coucher notre accord par écrit. *I want our agreement set down in writing.*

    Pouvez-vous me coucher?—*Can you put me up (for the night)?*

    Va te coucher!—*Get lost!*

coudre—*to sew*

    cousu de fil blanc—*easy to see through*

    Son histoire est cousue de fil blanc. *His story is easy to see through.*

cousu d'or—*filthy rich*

Il n'est pas beau, mais il est cousu d'or. *He isn't handsome, but he's filthy rich.*

---

couler—*to flow, to run*

couler de source—*to flow freely; to follow naturally*

Le style de ce romancier coule de source. *This novelist's style flows freely.*

Ces conséquences coulent de source. *These consequences follow naturally.*

se la couler douce—*to have (to take) it easy*

Depuis qu'il a eu son héritage il se la coule douce. *Since he got his inheritance he's had it (been taking it) easy.*

---

couleur—*color, paint*

sous couleur de—*under the pretense of*

Ils ont saisi le premier minister sous couleur de le protéger. *They seized the prime minister under the pretense of protecting him.*

---

coup—*blow, cut, shot, stroke, thrust*

à coups de—*by using*

Elle a traduit le texte à coups de dictionnaire. *She translated the text by using the dictionary.*

à coup sûr—*without fail*

Il m'a dit qu'il viendrait à coup sûr. *He told me he would come without fail.*

après coup—*after the fact*

Il a modifié sa réponse après coup. *He modified his answer after the fact.*

avoir le coup de barre (de pompe)—*to be exhausted*

En arrivant en haut de la côte, le cycliste a eu le coup de barre (de pompe). *Upon arriving at the top of the hill, the cyclist was exhausted.*

du coup—*as a result*

Il est tombé malade, et du coup il n'a pas pu partir. *He fell ill, and as a result he wasn't able to leave.*

en coup de vent—*quick(ly)*

Ses amis sont passés en coup de vent. *Her friends stopped by quickly.*

faire coup double—*to kill two birds with one stone*

Ce nouveau plan a l'avantage de faire coup double. *This new plan has the
advantage of killing two birds with one stone.*

le coup de foudre—*love at first sight*

Quand on les a présentés, ça a été le coup de foudre. *When they were intro-
duced, it was love at first sight.*

le coup de l'étrier—*one for the road*

Prenons le coup de l'étrier avant la fermeture du bar. *Let's have one for the
road before the bar closes.*

sur le coup—*at the time*

Sur le coup, on n'a pas compris l'étendue des dégâts. *At the time, they
didn't understand the extent of the damage.*

un bon coup de fourchette—*a hearty appetite*

Cela fait plaisir de le voir manger; il a un bon coup de fourchette. *It's a
pleasure to see him eat; he has a hearty appetite.*

un coup d'arrêt—*a sharp check*

Le gouvernement a enfin donné un coup d'arrêt à l'inflation. *The government has finally given a sharp check to inflation.*

un coup de chance (de veine)—*a break*

Après des années difficiles, elle a enfin eu un coup de chance (de veine).
After some hard years, she finally got a break.

un coup de collier—*a final effort*

Nous aurons bientôt fini si tout le monde donne un coup de collier. *We'll be
finished soon if everyone makes a final effort.*

un coup de coude—*a poke in the ribs*

Il m'a donné un coup de coude pour que je me taise. *He gave me a poke in
the ribs so I would shut up.*

un coup de fer—*a little ironing*

Un coup de fer et votre chemise sera prête. *A little ironing and your shirt
will be ready.*

un coup de feu—*a shot; a busy time*

Je suis sûr qu'on a entendu un coup de feu. *I'm sure we heard a shot.* A
midi il y a toujours le coup de feu au café. *At noon the café always has
a busy time.*

un coup de fil—*a phone call*

Nous vous donnerons un coup de fil en arrivant à Paris. *We'll give you a
phone call when we get to Paris.*

un coup de fouet—*a shot in the arm*

Votre soutien a été le coup de fouet dont j'avais besoin. *Your support was the shot in the arm that I needed.*

un coup de fusil—*an outrageous price*

Si tu vas à ce restaurant, attention au coup de fusil. *If you go to that restaurant, watch out for their outrageous prices.*

un coup de main—*a helping hand; a raid*

Les voisins nous ont donné un coup de main pour finir le travail. *The neighbors lent us a helping hand to finish the job.* Les rebelles ont fait un coup de main et ont pris la station de télévision. *The rebels took over the television station in a raid.*

un coup d'épée dans l'eau—*a futile act*

Essaie toujours, mais ce sera un coup d'épée dans l'eau. *You can try, but it will be a futile act.*

un coup d'oeil—*a (quick) look*

Donnez un coup d'oeil à ce que j'ai écrit. *Take a (quick) look at what I've written.*

un coup de pied—*a kick*

Elle donnait des coups de pied aux pneus de la voiture. *She kept kicking the car's tires.*

un coup de poing—*a punch*

Il a un coup de poing terrible. *He packs a terrific punch.*

un coup de pouce—*a push (in the right direction)*

On a dû lui donner un coup de pouce pour qu'il réussisse à l'examen. *They had to give him a push (in the right direction) so he would pass the exam.*

un coup de soleil—*a sunburn*

Je vois que vous avez eu un coup de soleil sur la plage. *I see you got a sunburn on the beach.*

un coup d'essai—*a trial balloon*

Ce n'était qu'un coup d'essai pour voir leur réaction. *That was only a trial balloon to see their reaction.*

un coup de tabac—*a sudden squall*

Ils ont été surpris par un coup de tabac. *They were surprised by a sudden squall.*

un coup de tête—*an impulse*

Notre ami est parti sur un coup de tête. *Our friend left on an impulse.*

un coup fourré—*a treacherous blow*

La défection de son ami était un coup fourré. *His friend's defection was a treacherous blow.*

un coup monté—*a put-up job*

Vous n'allez pas nous dire que ce compte-rendu n'était pas un coup monté? *You're not going to tell us that review wasn't a put-up job?*

---

coupe—*cup, cut*

des coupes sombres—*slashes*

L'assemblée a fait des coupes sombres dans le budget. *The house of representatives made slashes in the budget.*

sous sa coupe—*in one's clutches*

A cause de mes dettes, il m'a sous sa coupe. *Because of my debts, he has me in his clutches.*

---

couper—*to cut*

couper bras et jambes à—*to take the starch out of, to leave someone limp*

La mauvaise nouvelle lui a coupé bras et jambes. *The bad news took the starch out of him, (left him limp).*

couper la poire en deux—*to split the difference*

Le seul moyen de vider notre querelle c'est de couper la poire en deux. *The only way to settle our dispute is for us to split the difference.*

couper les cheveux en quatre—*to split hairs*

Cessons de couper les cheveux en quatre et mettons-nous d'accord. *Let's stop splitting hairs and come to an agreement.*

couper ses effets à quelqu'un—*to steal someone's thunder*

J'ai voulu leur apporter la nouvelle, mais il m'a coupé mes effets. *I tried to bring them the news, but he stole my thunder.*

couper le sifflet à quelqu'un—*to shut someone up*

Mon accusation inattendue lui a coupé le sifflet. *My unexpected accusation shut him up.*

couper le souffle à quelqu'un—*to take someone's breath away*

Leur réponse m'a coupé le souffle. *Their answer took my breath away.*

couper les ponts—*to cut off (to sever) relations*

J'ai coupé les ponts avec lui depuis sa trahison. *I've cut off (severed) relations with him since his betrayal.*

couper l'herbe sous le pied—*to cut the ground from under, to pull the rug out from under*

Son initiative prématurée m'a coupé l'herbe sous le pied. *His premature initiative cut the ground from under me (pulled the rug out from under me).*

se couper—*to contradict onself*

Il s'est coupé à plusieurs points de son récit. *He contradicted himself at several points in his story.*

cour—*court, yard*

faire la cour à—*to court*

Son oncle faisait la cour à une dame du pays. *His uncle was courting a local lady.*

courage—*courage*

prendre son courage à deux mains (n'écouter que son courage, rassembler son courage)—*to summon up one's courage*

Prenant son courage à deux mains (N'écoutant que son courage, Rassemblant son courage), il est allé se battre. *Summoning up his courage, he went off to fight.*

courant—*current*

être au courant de—*to be abreast of (in the know about, up on)*

Nous avons essayé de savoir s'il était au courant de leurs activités. *We tried to find out whether he was abreast of (in the know about, up on) their activities.*

courir—*to run*

C'est couru!—*It's a sure thing!*

courir à un échec (à sa perte)—*to be riding for a fall, to be heading for disappointment*

Ils étaient trop pleins de confiance et ils couraient à un échec (à leur perte).
  They were too full of confidence and they were riding for a fall (they
  were heading for disappointment).
courir deux lièvres à la fois—*to try to do two (too many) things at once*
Avec ce projet compliqué vous courez deux lièvres à la fois. *With this com-*
  plicated plan you're trying to do two (too many) things at once.
courir le cotillon (le jupon, les filles)—*to chase skirts*
Malgré son âge il court toujours le cotillon (le jupon, les filles). *In spite of*
  his age, he's still chasing skirts.
courir les rues—*to be common knowledge; to be commonplace*
Cette histoire scandaleuse court les rues. *That scandalous story is common*
  knowledge. Un pareil courage ne court pas les rues. *Courage like that*
  isn't commonplace.
Tu peux toujours courir!—*Go chase yourself! You can whistle for it!*

---

cours—*course, rate, run*
  avoir cours—*to be in current use*
Ces billets n'ont plus cours. *Those bills are no longer in current use.*
  en cours—*in progress*
Le comité a rendu compte du travail en cours. *The committee reported on*
  work in progress.
  en cours de—*in the process of*
Le magasin est en cours de rénovation. *The store is in the process of being*
  renovated.
  en cours de route—*on (along) the way*
En cours de route nous avons bavardé de choses et d'autres. *On (along) the*
  way we chatted about one thing and another.

---

course—*errand, race*
  faire les courses—*to do the (to go) shopping*
Nous avons fait les courses ce matin pour éviter la foule. *We did the (we*
  went) shopping this morning to avoid the crowds.

---

court—*short*

  court sur pattes—*low-slung*

  Son chien, un teckel, est court sur pattes. *His dog, a dachshund, is low-slung.*

  être à court de—*to run short of*

  Elle finirait d'écrire le livre, mais elle est à court d'idées. *She would finish writing the book, but she has run short of ideas.*

  la courte échelle—*a boost (a hand up, a leg up)*

  Fais-moi la courte échelle, que je cueille cette pomme. *Give me a boost (a hand up, a leg up) so I can pick that apple.*

couteau—*knife*

  à couteaux tirés—*at daggers drawn, at swords' points*

  Le directeur est à couteaux tirés avec son adjoint. *The director is at daggers drawn (at swords' points) with his assistant.*

coûter—*to cost*

  coûter cher—*to be expensive*

  La viande coûte de plus en plus cher. *Meat is more and more expensive.*

  coûter les yeux de la tête—*to cost an arm and a leg*

  Ce tableau de Whistler m'a coûté les yeux de la tête. *This painting by Whistler cost me an arm and a leg.*

  coûte que coûte—*at all costs (at any cost), come hell or high water*

  Il faut le faire coûte que coûte. *It must be done at all costs (at any cost, come hell or high water).*

couver—*to incubate, to sit (on)*

  couver du regard (des yeux)—*to gaze fondly at*

  Elle couvait son fils du regard (des yeux). *She was gazing fondly at her son.*

couvrir—*to cover*

  à couvert—*covered*

  Je n'ai pas peur; je suis à couvert dans cette affaire. *I am not worried; I'm covered in this deal.*

se couvrir—*to dress (up); to put on one's hat*

Couvrez-vous bien; il fait froid. *Dress (up) warmly; it's cold out.* Couvrez-vous après la bénédiction. *Put your hat on after the benediction.*

sous (le) couvert—*under the pretext*

Ils ont passé la loi sous (le) couvert de favoriser la sécurité. *They passed the law under the pretext of fostering order.*

---

cran—*notch*

à cran—*on edge*

Il a manqué un rendez-vous important et il est à cran. *He missed an important appointment and he is on edge.*

avoir du cran—*to have guts*

Pour lutter seul contre vingt hommes, il devait avoir du cran. *To fight alone against twenty men, he had to have guts.*

---

crêper—*to crimp, to frizz*

se crêper le chignon—*to make the fur fly, to tear hair out*

Les deux femmes en colère se sont crêpé le chignon. *The two angry women made the fur fly (tore each other's hair out).*

---

creuser—*to dig, to hollow*

se creuser la cervelle—*to rack one's brains*

Je me creuse la cervelle pour trouver une réponse à cette question. *I am racking my brains to find an answer to that question.*

---

creux—*hollow*

avoir un creux (dans l'estomac)—*to be hungry*

J'ai un creux (dans l'estomac). *I'm hungry.*

être dans le creux de la vague—*to be at one's lowest point*

Après son échec, elle était dans le creux de la vague. *After her failure, she was at her lowest point.*

---

crever—*to burst, to croak*

crever la (de) faim—*to starve*

Autrefois, pendant les grèves les ouvriers crevaient la (de) faim. *Formerly, during strikes the workers would starve.*

crever les yeux—*to be obvious*

Mais la vérité de ce qu'il dit crève les yeux! *The truth of what he is saying is obvious!*

---

crin—*(horse) hair*

à tout crin (à tous crins)—*out-and-out*

C'est un républicain à tout crin (à tous crins). *He's an out-and-out Republican.*

---

crochet—*hook*

faire un crochet—*to make a detour*

Nous avons fait un crochet pour éviter Nice. *We made a detour to avoid Nice.*

---

croire—*to believe*

croire savoir que—*to understand that*

Nous croyons savoir que l'essence va augmenter. *We understand that there is going to be a rise in gas prices.*

Croyez-m'en!—*You can take my word for it!*

Qu'est-ce que tu te crois?—*Who do you think you are?*

se croire sorti de la cuisse de Jupiter—*to think one is God's gift to mankind*

Parce qu'elle a gagné un prix littéraire, elle se croit sortie de la cuisse de Jupiter. *Because she won a literary prize, she thinks she is God's gift to mankind.*

---

croître—*to grow, to increase*

Ça ne fait que croître et embellir.—*It's getting worse and worse.*

---

croix—*cross*

C'est la croix et la bannière.—*It's a pain in the neck, harder than hell.*

faire une croix sur—*to give up hope of*

Quant à ce prix, vous pouvez faire une croix dessus. *As for that prize, you may as well give up hope of it.*

croquer—*to sketch*
à croquer—*as a picture*
Elle est mignonne à croquer. *She's as pretty as a picture.*

cru—*vintage*
de son cru—*of one's own (invention)*
Il racontait des plaisanteries de son cru. *He was telling jokes of his own (invention).*

cuire—*to cook*
C'est du tout cuit!—*It's a cinch!*
dur à cuire—*a hard nut to crack*
Nous avons essayé de le convaincre sans succès; c'est un dur à cuire. *We tried to convince him, but couldn't; he's a hard nut to crack.*
Il vous en cuira!—*You'll be sorry (for that)!*

cuisiner—*to cook*
cuisiner quelqu'un—*to give someone (to put someone to) the third degree*
Les agents de police ont cuisiné le suspect. *The police gave the suspect (put the suspect to) the third degree.*

cul—*ass, bottom*
Cul sec!—*Bottoms up!*
être comme cul et chemise—*to be as thick as thieves*
Ces deux jeunes sont inséparables; ils sont comme cul et chemise. *Those two young people are inseparable; they are as thick as thieves.*

culbute—*tumble*
faire la culbute—*to take a dive*
Son enterprise a fait la culbute à cause de la récession. *His business took a dive because of the recession.*

cuver—*to age, to ferment*

    cuver son vin—*to sleep it off*

    Après la fête, il est rentré cuver son vin. *After the party, he went home to sleep it off.*

dam—*harm*

    au (grand) dam de—*to the detriment (displeasure) of*

    Il l'a fait, au (grand) dam de ses adversaires. *He did it, to the detriment (displeasure) of his opponents.*

damer—*to crown (in checkers)*

    damer le pion à—*to go one better, to outwit*

    En achetant tous les terrains disponibles, ils ont voulu nous damer le pion. *They tried to go us one better (to outwit us) by buying up all the available lots.*

danger—*danger*

    Pas de danger!—*Don't you worry! Not a chance!*

dans—*in*

    dans les—*in the neighborhood of*

    Cela coûtera dans les cinquante mille euros. *It will cost in the neighborhood of fifty thousand euros.*

    dans les coulisses (en coulisse)—*behind the scenes*

    C'est elle qui dirige tout dans les coulisses (en coulisse). *She is the one who controls everything behind the scenes.*

danser—*to dance*

    danser devant le buffet—*to go hungry, to go without supper*

Une ou deux fois par semaine ils devaient danser devant le buffet. *Once or twice a week they would have to go hungry (go without supper).*

faire danser l'anse du panier—*to pad the bill*

Ils n'envoient plus leur cuisinière au marché parce qu'elle faisait danser l'anse du panier. *They no longer send their cook shopping because she padded the bills.*

---

date—*date*

Cela fera date.—*That will mark an era.*

le premier (le dernier) en date—*the earliest (the latest) (one)*

L'immigration est devenue le dernier sujet en date. *Immigration has become the latest topic.*

---

dater—*to date*

à dater de—*starting with (from), as of*

A dater de demain, nous ne ferons plus d'exceptions. *Starting with (from; As of) tomorrow, we won't make any more exceptions.*

dater de loin—*to go back a long way*

La haine entre les deux familles date de loin. *The hatred between the two families goes back a long way.*

---

débarrasser—*to clear, to rid*

débarrasser le plancher—*to clear out*

Débarrassez-moi le plancher; je ne veux plus vous voir! *Clear out; I don't want to see you any more!*

---

déboutonner—*to unbutton*

se déboutonner—*to let one's hair down*

Il a fini par se déboutonner, et me dire toute l'histoire. *He finally let his hair down, and told me the entire story.*

---

débrouiller—*to unravel, to untangle*

se débrouiller—*to manage (to shift) for oneself*

Maintenant que tu es grand, il faut que tu apprennes à te débrouiller. *Now that you're grown up, you have to learn to manage (to shift) for yourself.*

---

décharge—*release, relief, unloading*
 à la décharge de—*in defense of*
 Il faut dire à sa décharge qu'on ne l'avait pas prévenu du danger. *It must be said in his defense that he had not been forewarned of the danger.*

déclaration—*declaration*
 faire sa déclaration—*to propose*
 Le jeune homme a enfin trouvé le courage de faire sa déclaration. *The young man finally got up the courage to propose.*

déclarer—*to declare*
 se déclarer—*to break out*
 Un incendie s'est déclaré au premier étage du magasin. *A fire broke out on the second floor of the store.*

décor—*decor, scenery*
 entrer dans le décor—*to leave the road*
 Elle a perdu le contrôle de sa voiture, qui est entrée dans le décor. *She lost control of her car, which left the road.*

découvert—*uncovered*
 à découvert—*(caught) short; openly*
 On lui a demandé le remboursement au moment où il se trouvait à découvert. *They asked him for repayment at a time when he was (caught) short.*
 Après une période d'activité clandestine, les rebelles commencent à agir à découvert. *After a period of clandestine activity, the rebels are beginning to act openly.*

découvrir—*to discover, to uncover*
 découvrir le pot aux roses—*to get to the bottom of things (of the mystery)*
 Après une longue enquête, la police a fini par découvrir le pot aux roses. *After a long investigation, the police finally got to the bottom of things (of the mystery).*
 découvrir son jeu—*to show one's hand*

L'escroc a trop parlé, et il a découvert son jeu. *The swindler talked too much, and he showed his hand.*

se découvrir—*to take off one's hat; to dress less warmly*

Découvrez-vous, Messieurs, voilà le drapeau! *(Take your) hats off, gentlemen, here is the flag!* En avril, ne te découvre pas d'un fil. *In April, don't dress a stitch less warmly.*

---

décrocher—*to take down, to unhook*

décrocher une victoire—*to pull off a victory*

Leur équipe, bien qu'inexpérimentée, a décroché une victoire étonnante. *Their team, although inexperienced, pulled off a surprising victory.*

---

défaire—*to undo*

se défaire de—*to get rid of*

Il s'est enfin défait de sa vieille voiture. *He finally got rid of his old car.*

---

défaut—*defect, fault, lack*

à défaut de cela, le mieux—*the next best thing*

Faisons un pique-nique; à défaut de cela, le mieux serait de manger en ville. *Let's have a picnic; the next best thing would be to eat in town.*

faire défaut à—*to fail*

Le courage lui a fait défaut le moment venu. *His courage failed him when the time came.*

---

défendre—*to defend, to forbid*

se défendre—*to take care of (to watch out for) oneself*

Ne vous inquiétez pas, elle sait se défendre sans notre aide. *Don't worry, she can take care of (watch out for) herself without our help.*

se défendre de faire—*to help doing*

Elle ne pouvait pas se défendre de rire en y pensant. *She couldn't help laughing when she thought of it.*

---

défense—*defense, prohibition*

Défense de ...—*No ...*

Défense d'afficher (d'entrer, de fumer, de stationner, etc.). *Post no bills (Do not enter, No smoking, No parking, etc.).*

---

définitif—*definitive*

en définitive—*in the final analysis*

En définitive vous ne regretterez pas votre décision. *In the final analysis, you won't regret your decision.*

---

défrayer—*to defray*

défrayer la chronique—*to be the talk of the town*

Leur liaison a défrayé la chronique pendant des semaines. *Their affair was the talk of the town for weeks.*

---

dégager—*to clear, to emit, to disengage*

d'un air (d'un ton) dégagé—*casually*

Elle fait les pires accusations d'un air (d'un ton) dégagé. *She makes the most terrible accusations casually.*

---

dégonfler—*to deflate*

se dégonfler—*to chicken out*

Ils l'ont menacée, mais ensuite ils se sont dégonflés. *They threatened her, but then they chickened out.*

---

dehors—*outside*

en dehors de—*apart (aside) from*

Je n'ai rien trouvé d'intéressant en dehors de cela. *I didn't find anything interesting apart from (aside from) that.*

---

déjà—*already*

C'est déjà ça.—*At least that's something.*

---

déjeuner—*breakfast, lunch*

C'est un déjeuner de soleil.—*It won't last.*

demander—*to ask (for), to require*

demander à faire quelque chose—*to ask to be allowed to do something*

Je vais demander à sortir. *I'm going to ask to be allowed to go out.*

demander à quelqu'un de faire quelque chose—*to ask someone to do something*

Je vais demander à ma mère de venir. *I'm going to ask my mother to come.*

demander des comptes—*to call to account*

Elle leur demandera assurément des comptes de leurs actes. *She will surely call them to account for their actions.*

demander satisfaction à—*to challenge (to a duel)*

Le lieutenant a demandé satisfaction de cette injure au capitaine. *The lieutenant challenged the captain (to a duel) for that insult.*

Je ne te demande pas l'heure qu'il est!—*Mind your own business!*

ne demander qu'à (ne pas demander mieux que de)—*to ask nothing better than to (to be all for)*

Ils ne demandent qu'à (ils ne demandent pas mieux que de) rester ici à travailler. *They ask nothing better than to stay here and work (They are all for staying here and working).*

ne pas demander son reste—*not to wait for one's change, to leave suddenly*

En nous voyant entrer, elle est partie sans demander son reste. *Seeing us enter, she left without asking for her change (she left suddenly).*

---

démarrer—*to start (off)*

démarrer en flèche—*to start off with a bang*

Sa campagne électorale a démarré en flèche. *His electoral campaign started off with a bang.*

---

déménager—*to move*

déménager à la cloche de bois—*to skip out on the rent*

Etant sans argent, ils ont dû déménager à la cloche de bois. *Since they had no money, they had to skip out on the rent.*

---

demeure—*residence, stay*

à demeure—*permanent(ly)*

Ils se sont installés chez nous à demeure! *They have come to stay permanently in our house!*

mettre en demeure—*to order*

On l'a mise en demeure de payer la facture. *She was ordered to pay the bill.*

---

démonter—*to dismount, to take apart*

se laisser démonter—*to get flustered*

Il ne s'est pas laissé démonter devant le public. *He didn't get flustered by the audience.*

---

démordre—*to let go (with one's teeth)*

ne pas en démordre—*to stand pat, to stick to one's guns*

Malgré leurs protestations, l'arbitre n'en démordait pas. *In spite of their protests, the referee stood pat (stuck to his guns).*

---

dent—*tooth*

à belles dents—*with an appetite; with gusto*

Il a croqué la pomme à belles dents. *He bit into the apple with an appetite.*
Les critiques ont déchiré sa pièce à belles dents. *The critics tore his play apart with gusto.*

avoir la dent dure—*to have a sharp tongue*

Je n'aime pas discuter avec elle; elle a la dent dure. *I don't like to argue with her; she has a sharp tongue.*

avoir les dents longues—*to be ambitious (greedy)*

Méfiez-vous; ce petit commis a les dents longues. *Watch out; that little clerk is ambitious (greedy).*

avoir une dent contre—*to have it in for*

Elle a une dent contre lui à cause de son retard hier soir. *She has it in for him because he was late last night.*

sur les dents—*all nerves*

Il a tant à faire encore qu'il est sur les dents. *He still has so much to do that he is all nerves.*

---

dépasser—*to go beyond, to pass*
    Cela dépasse la mesure (les bornes).—*That's going too far. That's the limit.*
    Cela me dépasse!—*It's beyond me! It's over my head!*

dépens—*cost, expense*
    à ses (propres) dépens—*the hard way*
    J'ai appris cela à mes (propres) dépens. *I learned that the hard way.*

dépit—*spite, vexation*
    en dépit du bon sens—*very badly, stupidly*
    Il a fait la réparation en dépit du bon sens. *He did the repair work very badly (stupidly).*

déplaire—*to displease*
    Ne vous (en) déplaise!—*With all (due) respect! With your permission!*

déposer—*to deposit, to set down*
    déposer quelqu'un—*to drop someone off*
    Je vous déposerai au coin de la rue. *I'll drop you off at the corner.*

depuis—*since*
    depuis le départ—*from the start, from the word go*
    Il faut avouer que nous étions sceptiques depuis le départ. *It must be admitted that we were doubtful from the start (from the word go).*

dernier—*last*
    à la derniére extrémité—*on the point of death*
    Croyant qu'il était à la dernière extrémité, ils ont appelé un prêtre. *Thinking he was on the point of death, they called for a priest.*
    avoir le dernier mot—*to have the last laugh*
    Contre toute attente, c'est nous qui avons eu le dernier mot. *Contrary to all expectations, we had the last laugh.*
    C'est le dernier cri.—*It's the last word (the latest thing). It's quite the thing.*

C'est le dernier des hommes (le dernier des derniers).—*He's the lowest
   of the low. He's the scum of the earth.*
C'est ma dernière planche de salut.—*It's my last hope.*
C'est mon dernier mot.—*And that's final. Take it or leave it.*

---

dérober—*to rob, to steal*

se dérober à—*to shy away from*
Il s'est dérobé aux remerciements de la famille. *He shied away from the
   family's thanks.*

---

derrière—*behind*

avoir quelque chose derrière la tête—*to have something in the back of
   one's mind*
Je me demande ce qu'il a derrière la tête quand il dit cela. *I wonder what
   idea he has in the back of his mind when he says that.*

---

descendre—*to descend*

descendre à (chez)—*to stay at (with)*
Nous avons décidé de descendre à l'hôtel (chez mes parents). *We decided
   to stay at a hotel (with my parents).*
descendre dans la rue—*to take to the streets (in protest)*
En apprenant la réforme, les étudiants sont descendus dans la rue. *On hearing about the reform, the students took to the streets (in protest).*

---

désespoir—*despair*

en désespoir de cause—*as a last resort*
Il a fait un dernier effort, en désespoir de cause. *He made one more try, as
   a last resort.*

---

désirer—*to desire*

se faire désirer—*to be long in coming*
Le candidat rêvé se fait désirer. *The ideal candidate is long in coming.*
Vous désirez?—*May I help you? (in a store)*

---

dessein—*design, plan*

à dessein—*on purpose*

Ce n'était pas un accident; il l'a fait à dessein. *It was no accident; he did it on purpose.*

---

desserrer—*to unlock*

ne pas desserrer les dents—*not to utter a word*

Notre invité n'a pas desserré les dents de la soirée. *Our guest didn't utter a word all evening.*

---

dessous—*under(neath)*

le dessous de l'affaire (de l'histoire)—*the hidden side of the matter*

Nous ne saurons jamais le dessous de l'affaire (de l'histoire). *We'll never know the hidden side of the matter.*

le dessous de table—*(something paid) under the table*

J'ai dû payer une forte somme en dessous de table pour avoir l'appartement. *I had to pay a large amount under the table to get the apartment.*

---

dessus—*above, upon*

avoir (prendre) le dessus—*to be top dog, to come out on top, to get the best of, to get (to have) the upper hand*

Il a fini par avoir (prendre) le dessus dans sa lutte avec ses adversaires. *He finally was top dog (came out on top; got, had, the upper hand) in his struggle with his opponents (got the best of his opponents).*

là-dessus—*thereupon*

Là-dessus il est revenu me voir. *Thereupon he came back to see me.*

le dessus du panier—*the cream of the crop, the pick of the pack*

Arrivant tôt, nous avons pu choisir le dessus du panier. *Arriving early, we were able to take the cream of the crop (the pick of the pack).*

---

destination—*destination*

à destination de—*(leaving) for*

Le train à destination de Lyon est à quai. *The train (leaving) for Lyons is in (the station).*

---

détacher—*to detach*

se détacher—*to stand out*

Il se détachait du reste du groupe par sa taille. *He stood out from the rest of the group by his height.*

---

dételer—*to unhitch*

sans dételer—*without letting up*

Elles ont fait tout ce travail en un jour, sans dételer. *They did all this work in one day, without letting up.*

---

détourner—*to divert, to turn away*

détourner le regard—*to look away*

Il a dû détourner le regard de ce triste spectacle. *He had to look away from that sad sight.*

---

détour—*bend, detour, roundabout means*

faire des détours—*to meander, to twist about*

La route faisait des détours à travers la vallée. *The road meandered (twisted about) through the valley.*

---

deuil—*mourning*

faire son deuil de—*to give up hope of, to write off*

Quant au poste, tu peux en faire ton deuil. *As for the job, you may as well give up hope of it (write it off).*

---

deux—*two*

à deux doigts de—*within an ace (an inch) of*

Nous avons été à deux doigts de la catastrophe. *We were within an ace (an inch) of catastrophe.*

à deux pas—*just a stone's throw*

L'école est à deux pas de notre maison. *The school is just a stone's throw from our house.*

avoir deux poids deux mesures—*to use a double standard*

Il a deux poids deux mesures pour juger les pauvres et les riches. *He uses a double standard to judge the poor and the rich.*

Cela fait deux!—*That's two different things!*
Ce sont deux têtes sous le même bonnet.—*They are hand in glove together.*
de deux choses l'une—*(it's) one way or the other*
De deux choses l'une: ou il s'enfuit ou il se fait arrêter. *It's one way or the other: either he runs away or he gets arrested.*
Les deux font la paire.—*They are two of a kind.*

---

devoir—*duty*
se faire un devoir de—*to make a point of*
Il se fait toujours un devoir de rendre visite à sa grand-mère. *He always makes a point of visiting his grandmother.*

---

devoir—*to owe, must*
Cela devait arriver.—*It was bound to happen.*
devoir une fière chandelle à—*to be deeply indebted to*
Il doit une fière chandelle à ceux qui ont inventé cette méthode! *He is deeply indebted to the people who invented that method!*

---

diable—*devil*
au diable (vert, vauvert)—*way out (in the sticks)*
Sa maison de campagne est au diable (vert, vauvert). *His country home is way out (in the sticks).*
avoir le diable au corps—*to be possessed*
Il courait comme s'il avait le diable au corps. *He ran as if he was possessed.*
c'est bien le diable si…—*one is damned if…*
C'est bien le diable si je comprends ce qu'il veut dire. *I'm damned if I understand what he means.*
du diable (de tous les diables)—*devilish(ly), hell of a*
Nous avons eu un mal du diable (de tous les diables) à les trouver. *We had a devilish (a hell of a) time finding them.*
faire le diable à quatre—*to kick up a rumpus*
Ils ont fait le diable à quatre quand on les a fait sortir du bar. *They kicked up a rumpus when they were made to leave the bar.*

Que diable!—*What on earth!*

diapason—*tuning fork*

au diapason—*in tune*

Nous avons toujours essayé de rester au diapason de la situation. *We have always tried to stay in tune with the situation.*

dindon—*turkey*

être le dindon de la farce—*to be the goat, to play the fool (the sucker)*

Trouve quelqu'un d'autre; je ne veux pas être le dindon de la farce. *Find someone else; I don't want to be the goat (play the fool; sucker).*

dire—*to say, to tell*

A qui le dites-vous? (Je ne le vous fais pas dire!)—*You're telling me!*

Ça me dit.—*That appeals to me.*

Ça me dit quelque chose.—*It rings a bell (for me).*

Cela ne me dit pas grand'chose.—*I don't think much of that.*

ce n'est pas pour dire, mais—*just the same*

Ce n'est pas pour dire, mais je préfère ne pas y aller du tout. *Just the same, I'd rather not go there at all.*

C'est dit (Voilà qui est dit)!—*It's decided!*

dire ce qu'on a sur le cœur—*to get something off one's chest*

Il faut que je te dise ce que j'ai sur le cœur, une fois pour toutes. *I have to get something off my chest to you, once and for all.*

dire en bon français—*to tell it straight*

Je vous le dis en bon français: Allez-vous-en. *I'll tell it to you straight: Get out of here.*

dire pis que pendre de—*to say awful things about*

Depuis leur divorce elle dit pis que pendre de son ex-mari. *Since their divorce she has been saying awful things about her ex-husband.*

dire que—*to think that*

Dire que nous étions si heureux ensemble! *To think that we were so happy together!*

dire ses quatre vérités à quelqu'un—*to tell someone (where to get) off*

Un jour je vais dire ses quatre vérités à ce parasite! *One of these days I'm going to tell that free-loader (where to get) off!*

dire son fait à—*to give a piece of one's mind to*

Perdant enfin patience, elle lui a dit son fait. *Losing patience finally, she gave him a piece of her mind.*

Dites donc!—*Hey (say), there!*

en dire long sur—*to speak volumes about*

Son refus de prendre une position nette dans cette affaire en dit long sur son honnêteté. *His refusal to take a clear position in this affair speaks volumes about his honesty.*

Il n'y a pas à dire.—*It (certainly) must be said. I have to admit.*

on dirait (que)—*it feels (looks) like*

On dirait un gros chien. *It looks like a big dog.* On dirait qu'il va pleuvoir. *It feels (looks) like it's going to rain.*

---

disposer—*to dispose, to lay out*

se disposer à—*to make ready to*

Ils se disposent déjà à partir. *They are already making ready to leave.*

Vous pouvez disposer.—*You may go now.*

---

doigt—*finger*

au doigt et à l'oeil—*slavishly*

Il lui obéit au doigt et à l'oeil. *He obeys her slavishly.*

avoir les doigts crochus—*to be tight(-fisted)*

Suzanne a les doigts crochus: elle dépense le moins d'argent possible. *Susan is tight (-fisted): she spends as little money as possible.*

comme les (deux) doigts de la main—*as thick as thieves*

Le chef de la police et le maire sont comme les (deux) doigts de la main. *The police chief and the mayor are as thick as thieves.*

les doigts dans le nez—*easily*

Elle a eu le bac les doigts dans le nez. *She got the baccalaureate easily.*

montrer (désigner) du doigt—*to point at (to)*

Le passant montra (désigna) le bâtiment du doigt. *The passerby pointed at (to) the building.*

---

dommage—*damage*

c'est dommage—*it is too bad, it is a pity, it is a shame*

C'est dommage que vous ne puissiez pas venir chez nous. *It is too bad (It is a pity, It is a shame) that you can't come to our house.*

donner—*to give*

C'est donné.—*It's a bargain (a steal).*

donnant donnant—*even-steven*

C'est donnant donnant, ta montre contre mon collier. *It's even-steven, your watch for my necklace.*

donner à (la police, etc.)—*to sell out to*

Par crainte de la prison, le voleur a donné son complice à la police. *For fear of jail, the thief sold out his accomplice to the police.*

donner dans—*to fall into; to tend toward*

Nous avons donné dans leur piège. *We fell into their trap.* Ce musicien donne dans le sentimental. *That musician tends toward the sentimental.*

donner des coups d'épingle—*to needle*

Je ne peux pas supporter la façon dont il donne des coups d'épingle à tout le monde. *I can't stand the way he needles everybody.*

donner du fil à retordre à—*to give a load of trouble to*

Avant de me quitter pour de bon, elle m'a donné du fil à retordre. *Before leaving me for good, she gave me a load of trouble.*

donner du front contre—*to bump one's head into*

Il a donné du front contre le rebord de la fenêtre. *He bumped his head into the windowsill.*

donner la pièce à—*to give a tip to, to tip*

Avez-vous donné la pièce au concierge? *Have you given a tip to (have you tipped) the doorman?*

donner le bouillon d'onze heures à—*to slip poison to*

On prétend qu'elle a donné le bouillon d'onze heures à son premier mari. *They claim she slipped poison to her first husband.*

donner le change à—*to throw off the scent*

Il était toujours sans bagages pour donner le change aux douaniers. *He always went without luggage to throw the customs agents off the scent.*

donner le la—*to set the tone*

Ce sont les Dupont qui donnent le la aux réunions. *It is the Duponts who set the tone at meetings.*

donner l'éveil à—*to arouse (the suspicions of)*

Ses hésitations ont donné l'éveil aux gardiens. *His hesitation aroused (the suspicions of) the guards.*

donner lieu à—*to give an opportunity for*

Tout ce qu'il faisait donnait lieu à leurs critiques. *Everything he did gave an opportunity for them to criticize him.*

donner prise à—*to give an opening to*

Ta faiblesse donne prise à tes critiques. *Your weakness gives an opening to your critics.*

donner raison (tort) à—*to agree (to disagree) with*

Après l'avoir bien écouté, je ne pouvais pas lui donner raison (tort). *After listening carefully to him, I couldn't agree (disagree) with him.*

donner sa langue au chat—*to give up (guessing)*

Je donne ma langue au chat; dis-moi la solution. *I give up; tell me the answer.*

donner sur—*to look (to open) out on*

Nos fenêtres donnaient sur la forêt. *Our windows looked (opened) out on the forest.*

étant donné—*what with*

Etant donné la concurrence, nous n'avons aucune chance. *What with the competition, we don't stand a chance.*

Je vous en donne mon billet!—*You can take my word for it!*

le donner en mille—*to give a hundred guesses*

Devine qui elle va épouser: je te le donne en mille. *Do you know who she is going to marry? I'll give you a hundred guesses.*

se donner en spectacle—*to make a spectacle of oneself*

Arrête de te donner en spectacle devant tout le monde! *Stop making a spectacle of yourself in front of everyone!*

se donner le mot—*to pass the word*

Ils se sont donné le mot pour ne pas venir en classe. *They passed the word not to come to class.*

se donner les gants de—*to take credit for*

Elle se donne les gants de leur promotion. *She takes credit for their promotion.*

s'en donner à coeur joie—*to have a whale of a time*

A la montagne, les enfants s'en sont donné à coeur joie. *In the mountains, the children had a whale of a time.*

dorer—*to gild*

dorer la pilule—*to sweeten the pill*

Le minister a essayé de dorer la pilule quand il a présenté les coupes dans le budget. *The minister tried to sweeten the pill when he presented the cuts in the budget.*

dormir—*to sleep*

à dormir debout—*farfetched*

Cesse de nous raconter ces histoires à dormir debout! *Stop telling us those farfetched stories!*

dormir à poings fermés—*to sleep like a baby*

Epuisé par ses efforts, il a dormi à poings fermés. *Worn out by his exertion, he slept like a baby.*

dormir comme une souche (un loir, une marmotte)—*to sleep like a log*

J'étais si fatigué après la promenade que j'ai dormi comme une souche (un loir, une marmotte). *I was so tired after the walk that I slept like a log.*

dormir dans les cartons (fichiers)—*to gather dust*

Le rapport de la commission dort dans les cartons (fichiers). *The committee's report is gathering dust.*

dormir sur ses deux oreilles—*to sleep soundly*

Vous n'avez rien à craindre, vous pouvez dormir sur vos deux oreilles. *You have nothing to fear, you can sleep soundly.*

dos—*back*

avoir sur le dos—*to be saddled (stuck) with*

J'ai tous mes parents sur le dos en ce moment. *I'm saddled (stuck) with all my relatives right now.*

faire le dos rond—*to keep a low profile*

Ces employés menacés de licenciement font le dos rond. *Those employees in danger of being fired are keeping a low profile.*

double—*double, dual*

en double (exemplaire)—*in duplicate*

J'ai ces articles en double (exemplaire). *I have those articles in duplicate.*

en double file—*double-parked*

J'ai laissé ma voiture en double file. *I left my car double-parked.*

faire double emploi—*to overlap (be redundant)*

Votre travail fait double emploi avec celui de Jean. *Your work overlaps (is redundant) with John's.*

doubler—*to double, to pass*

doubler (franchir) le cap de—*to go beyond; to turn*

Ce compositeur a doublé (franchi) le cap de sa neuvième symphonie. *This composer has gone beyond his ninth symphony.* Ma grand-mère a doublé (franchi) le cap des soixante-dix ans. *My grandmother has turned seventy.*

doubler le pas—*to walk faster*

Entendant quelqu'un dans la rue derrière elle, elle a doublé le pas. *Hearing someone behind her in the street, she walked faster.*

douceur—*softness, sweetness*

en douceur—*gently, softly*

L'avion s'est posé en douceur. *The airplane landed gently (softly).*

doute—*doubt*

ne pas faire de doute—*to be beyond (all) question*

Leur bonne foi ne fait pas de doute. *Their good faith is beyond (all) question.*

douter—*to doubt*

ne douter de rien—*to have a lot of nerve*

Il m'a demandé de le faire à sa place, il ne doute de rien. *He asked me to do it for him; he has a lot of nerve.*

se douter de—*to suspect*

Il est si préoccupé qu'il ne se doute de rien. *He is so absorbed that he doesn't suspect a thing.*

doux—*gentle, soft, sweet*

en douce—*on the quiet (the Q.T.), on the sly*

Ils ont fait leur réunion en douce. *They had their meeting on the quiet (on the Q.T., on the sly).*

Tout doux!—*Take it easy! Slow down a minute!*

---

drame—*drama*

faire tout un drame de—*to make a big deal out of*

Elle a fait tout un drame de notre absence. *She made a big deal out of our absence.*

---

drapeau—*flag*

sous les drapeaux—*in(to) the service*

Mon frère a été appelé sous les drapeaux. *My brother was called into the service.*

---

dresser—*to erect, to raise*

se dresser sur ses ergots—*to get one's hackles up*

Devant nos accusations il s'est dressé sur ses ergots. *Confronted with our accusations, he got his hackles up.*

---

droit—*right(-hand), straight*

le droit chemin—*the straight and narrow*

Il s'est rangé et il est rentré dans le droit chemin. *He has mended his ways and gone back to the straight and narrow.*

tout droit—*straight ahead*

Sa maison est là; vous n'avez qu'à aller tout droit. *Her house is there; you have only to go straight ahead.*

---

droit—*law, right*

A qui de droit.—*To whom it may concern.*

avoir droit à—*to be entitled to*

Avec chaque achat, vous avez droit à une prime. *With each purchase, you are entitled to a free gift.*

---

drôle—*funny*

un drôle de…—*a strange (an odd),…*

C'est une drôle d'histoire que vous me racontez. *That's a strange (an odd) story you're telling me.*

dur—*hard*

dur d'oreille—*hard of hearing*

Il faut lui parler plus fort; elle est dure d'oreille. *You have to speak louder to her; she's hard of hearing.*

en dur—*stone (brick, concrete)*

Pour leurs maisons les Français préfèrent la construction en dur. *For their houses the French prefer stone (brick, concrete) construction.*

Il est dur à la détente.—*He is tight(-fisted).*

sur la dure—*on the (bare) ground*

Pendant tout notre voyage il a fallu coucher sur la dure. *Throughout our trip we had to sleep on the (bare) ground.*

un dur à cuire—*a hard-boiled person*

Napoléon comptait sur les durs à cuire de son armée. *Napoleon counted on the hard-boiled veterans of his army.*

eau—*water*

à l'eau de rose—*sickly sweet*

Ce magazine publie des romans à l'eau de rose. *This magazine publishes sickly sweet novels.*

(tout) en eau—*in a sweat*

J'étais (tout) en eau après la gymnastique. *I was in a sweat after gym.*

échapper—*to escape*

l'échapper belle—*to have a narrow escape*

Je l'ai échappé belle en traversant l'avenue ce matin. *I had a narrow
  escape crossing the avenue this morning.*

échauffer—*to heat (up)*
  échauffer la bile (les oreilles) à quelqu'un—*to get someone's goat*
  Ne l'écoutez pas; il essaie seulement de vous échauffer la bile (les oreilles).
    Don't listen to him; he's just trying to get your goat.

écho—*echo*
  donner de l'écho à (se faire l'écho de)—*to propagate, to spread*
  Le journaliste n'a pas donné d'écho à (ne s'est pas fait l'écho de) cette
    rumeur. *The journalist did not propagate (spread) that rumor.*

éclairer—*to illuminate, to light*
  éclairer sa lanterne à quelqu'un—*to make someone see the light, to set
    someone straight*
  Il les croyait toujours, mais on lui a enfin éclairé sa lanterne. *He still
    believed them, but people finally made him see the light (set him
    straight).*

éclat—*brightness, burst, flash, splinter*
  faire un éclat—*to create a stir*
  Partez tout de suite sans faire d'éclat. *Leave right away without creating a
    stir.*
  sans éclat—*quietly, discreetly*
  Elle a démissionné sans éclat. *She resigned quietly (discreetly).*

école—*school*
  faire école—*to catch on*
  Ce nouveau style a vraiment fait école. *This new style has really caught on.*
  faire l'école buissonnière—*to play hooky*
  Le petit garnement faisait souvent l'école buissonnière. *The little rascal
    often played hooky.*

économie—*economy, saving*

faire des économies—*to put money aside*

Ils vivent des économies qu'ils ont faites depuis des années. *They are living on the money they have put aside for years.*

faire des économies de bouts de chandelle (ficelle)—*to pinch pennies*

Bien qu'il ait des millions, il fait des économies de bouts de chandelle (ficelle). *Although he has millions, he pinches pennies.*

écouter—*to listen (to)*

écouter de toutes ses oreilles—*to be all ears*

Pendant son discours le public écoutait de toutes ses oreilles. *During his speech the audience was all ears.*

n'écouter que d'une oreille—*to be only half listening*

Son enfant n'écoutait ses admonitions que d'une oreille. *Her child was only half listening to her admonitions.*

si je m'écoutais…—*I have half a mind to*

Si je m'écoutais, j'irais au cinéma. *I have half a mind to go to the movies.*

écraser—*to crush*

Il en écrase.—*He's fast asleep.*

se faire écraser—*to get run over*

Il s'est fait écraser par un chauffard. *He got run over by a hit-and-run driver.*

écrire—*to write*

écrire en toutes lettres—*to spell (to write) out*

Pour être sûr, je vais écrire les instructions en toutes lettres. *In order to be sure, I'm going to spell (to write) out the instructions.*

effacer—*to erase*

s'effacer—*to give way*

Il faut que le virtuose s'efface devant le compositeur. *The performer has to give way to the composer.*

effet—*effect*

  en effet—*indeed*

  En effet, nos invités étaient déjà parties. *Indeed, our guests had already
    left.*

  faire de l'effet—*to work (out)*

  Heureusement, la mesure qu'ils recommandaient a fait de l'effet.
    Fortunately, the measure they recommended worked (out).

  faire l'effet de—*to seem like*

  Cet homme m'a fait l'effet d'un grand savant. *That man seemed like a
    great scientist to me.*

égal—*equal, even*

  à l'égal de—*just like (as much as)*

  Elle admire cette symphonie à l'égal de la neuvième de Beethoven. *She
    admires that symphony just as much as Beethoven's Ninth.*

  Ça m'est égal.—*I don't care.*

  d'égal à égal—*as an equal*

  Malgré la différence de nos âges, je le traitais d'égal à égal. *Despite our
    difference in age, I treated him as an equal.*

égard—*regard, respect*

  eu égard à—*in consideration of, taking into account*

  Eu égard à son âge, on a réduit ses impôts. *In consideration of his age
    (Taking his age into account), they lowered his taxes.*

élever—*to raise*

  élever dans du coton—*to spoil (by coddling)*

  Ils ont élevé leur fils unique dans du coton. *They spoiled their only son (by
    coddling).*

élire—*to elect*

  élire domicile—*to take up residence*

  Après plusieurs années en province, nous avons élu domicile à Paris. *After
    several years in the provinces, we took up residence in Paris.*

---

emballer—*to pack, to wrap*

Ne vous emballez pas!—*Don't get carried away! Hold your horses! Keep your shirt on!*

embarras—*difficulty, obstacle*

dans l'embarras—*in a (on the) spot*

Sa demande d'argent nous a mis dans l'embarras. *His request for money put us in a (on the) spot.*

l'embarras du choix—*a lot to choose from*

Au marché du village, on avait l'embarras du choix. *At the village market we had a lot to choose from.*

emboîter—*to encase, to pack*

emboîter le pas à—*to fall into step with*

Voyant qu'il était inutile de résister, son collègue lui a emboîté le pas. *Seeing it was useless to resist, his colleague fell into step with him.*

empêcher—*to hinder, to prevent*

n'empêche que—*nevertheless, one must admit*

N'empêche qu'elle vous a causé un tas de problèmes. *Nevertheless (you must admit), she caused you a lot of problems.*

empoisonner—*to poison*

empoisonner l'existence à—*to make life miserable for*

Mon petit frère m'empoisonne l'existence avec ses cris. *My little brother makes life miserable for me with his shouting.*

emporter—*to carry away (off)*

à l'emporte-pièce—*incisive(ly)*

On ne pouvait s'empêcher d'être persuadé par sa rhétorique à l'emporte-pièce. *It was hard not to be convinced by his incisive rhetoric.*

emporter le morceau—*to win out, to win the day*

L'éloquence de notre député a emporté le morceau. *Our representative's eloquence won out (won the day).*

l'emporter sur—*to get the better of, to win out over*

Les conservateurs l'ont emporté sur l'opposition dans les dernières élections. *The conservatives got the better of (won out over) the opposition
  in the last elections.*
s'emporter—*to get carried away, to fly into a rage*
Il s'emportait à la moindre difficulté. *He got carried away (flew into a
  rage) at the slightest difficulty.*

encaisser—*to collect, to encase*
  encaisser le(s) coup(s)—*to take it*
  Elle a montré qu'elle peut encaisser les coups. *She has shown that she can
    take it.*

enclume—*anvil*
  entre l'enclume et le marteau—*between the devil and the deep blue sea*
  Quel dilemme! Il se trouvait entre l'enclume et le marteau. *What a
    dilemma! He found himself between the devil and the deep blue sea.*

encore—*again, more, still*
  Et encore!—*And even then (who knows?)! If that!*
  si encore—*if only (at least)*
  Si encore ils voulaient nous aider! *If only (at least) they would help us!*

endroit—*place, side*
  à l'endroit—*right side out*
  Mets ton pull à l'endroit. *Put your sweater on right side out.*
  à l'endroit de—*toward*
  Elle éprouvait une grande tendresse à son endroit. *She felt a great tender-
    ness toward him.*
  par endroits—*here and there*
  L'herbe était encore mouillée par endroits. *The grass was still wet here and
    there.*

enfance—*childhood*
  C'est l'enfance de l'art!—*It's child's play!*

enfant—*child*

Ne faites pas l'enfant!—*Act your age!*

enfin—*finally*

enfin, bref—*the long and the short of it is, to make a long story short*

Enfin, bref, nous sommes fauchés. *The long and the short of it is (To make a long story short), we're broke.*

enfoncer—*to break in, to drive in*

enfoncer le clou—*to drive it home, to hammer it in*

Le ministre a enfoncé le clou en confirmant la nouvelle. *The minister drove it home when he confirmed the news.*

enfoncer une porte ouverte—*to belabor the obvious, to fight a battle that is already won.*

Attaquer la prohibition des alcohols, c'est enfoncer une porte ouverte. *To attack Prohibition is to belabor the obvious (to fight a battle that is already won).*

ennui—*annoyance, boredom, worry*

avoir des ennuis—*to be in trouble*

Il a des ennuis avec les contributions directes. *He is in trouble with the Internal Revenue Service.*

ennuyer—*to annoy, to bore*

Cela vous ennuie-t-il de …?—*Do you mind?*

Cela vous ennuie-t-il de rester ici encore une heure? *Do you mind remaining here another hour?*

s'ennuyer de quelque chose (de quelqu'un)—*to miss something (someone)*

Je m'ennuie beaucoup de ma famille. *I miss my family very much.*

ennuyeux—*annoying, boring*

l'ennuyeux de—*the trouble with*

L'ennuyeux de cette méthode, c'est qu'elle est très longue. *The trouble with that method is that it takes very long.*

enseigne—*sign*

   à telle enseigne que—*so much so that*

   Il veut se faire remarquer, à telle enseigne qu'il emploie des expressions
      recherchées. *He wants people to notice him, so much so that he uses
      affected expressions.*

---

ensemble—*ensemble, set*

   dans l'ensemble—*on the whole*

   Dans l'ensemble, leur entreprise est très solide. *On the whole, their busi-
      ness is very solid.*

   d'ensemble—*overall*

   Je tâche d'avoir une vue d'ensemble du projet. *I'm trying to get an overall
      view of the project.*

---

entendre—*to hear, to understand*

   bien entendu—*of course*

   Bien entendu, nous irons les voir tout de suite. *Of course, we'll go and see
      them right away.*

   Cela s'entend!—*It goes without saying!*

   C'est entendu.—*Agreed. O.K.*

   entendre dire que—*to hear that*

   J'ai entendu dire qu'ils se sont quittés. *I have heard that they have sepa-
      rated.*

   entendre parler de—*to hear about (of)*

   Je n'ai jamais entendu parler de ce peintre. *I have never heard of (about)
      that painter.*

   Il ne l'entend pas de cette oreille.—*He doesn't go along with that.*

   laisser (donner à) entendre—*to let it be understood*

   Le patron a laissé (donné à) entendre qu'il reprendrait tous les ouvriers en
      grève. *The boss let it be understood that he would take back all the
      striking workers.*

   s'entendre bien (mal)—*to get along well (badly)*

   Malgré leur rivalité, les deux vedettes s'entendent très bien. *Despite their
      rivalry, the two stars get along very well.*

   s'entendre comme chien et chat—*not to get along*

Elle et son mari s'entendent comme chien et chat. *She and her husband*
don't get along.

s'entendre comme larrons en foire—*to be as thick as thieves*

Ces commerçants s'entendent comme larrons en foire. *These merchants are*
as thick as thieves.

---

entorse—*sprain*

faire une entorse à—*to bend, to stretch*

Le fonctionnaire a enfin accepté de faire une petite entorse aux règles. *The*
official finally agreed to bend (to stretch) the rules a little.

---

entre—*among, between*

entre deux vins—*half sober*

Quand je l'ai vu, il était entre deux vins. *When I saw him, he was half*
sober.

entre nous—*between you and me (you, me, and the lamppost)*

Entre nous, je crois que cet homme est fou. *Between you and me (you, me,*
and the lamppost), I think that man is crazy.

---

entrée—*entrance, entry*

d'entrée de jeu—*(right) from the start*

Tu as essayé d'avoir tout comme tu le voulais d'entrée de jeu. *You tried to*
have everything your way (right) from the start.

les (grandes et petites) entrées—*free access*

Cet homme a ses (grandes et petites) entrées à l'ambassade. *That man has*
free access to the embassy.

---

entrer—*to enter*

entrer en fonctions—*to take office*

Le président entrera en fonctions au mois de janvier. *The president will*
take office in the month of January.

entrer en lice—*to throw one's hat in the ring*

Le leader des conservateurs a décidé d'entrer en lice. *The leader of the*
conservatives decided to throw his hat in the ring.

entrer en vigueur—*to go into (to take) effect*

La nouvelle loi entre en vigueur mardi. *The new law goes into (takes) effect on Tuesday.*

Entrez sans frapper.—*(Please) walk in.*

faire entrer—*to show in*

James, faites entrer Monsieur Dupont. *James, show Mr. Dupont in.*

On y entre comme dans un moulin.—*It's wide open; anyone can get in.*

---

envers—*back, reverse*

à l'envers—*inside out; upside down*

J'ai mis mon pull à l'envers. *I put my sweater on inside out.* Vous tenez votre livre à l'envers. *You're holding your book upside down.*

---

envers—*to, toward*

envers et contre tous—*against all comers*

Il soutient son idée envers et contre tous. *He upholds his idea against all comers.*

---

envie—*desire, envy*

avoir envie de—*to feel like*

Allons nous coucher; j'ai envie de dormir. *Let's go to bed; I feel like sleeping.*

---

envoyer—*to send*

C'est envoyé!—*That's well said! That's the way to do it!*

envoyer chercher—*to send for*

Nous avons envoyé chercher le médecin d'urgence. *We sent for the doctor immediately.*

envoyer dire à—*to send word to*

Je lui ai envoyé dire que j'arrivais le lendemain. *I sent word to him that I was coming the next day.*

envoyer promener quelqu'un (envoyer quelqu'un au bain, au diable, sur les roses)—*to send someone about his business, to send someone packing*

Si cet escroc essaie de m'avoir, je l'enverrai promener (je l'enverrai au bain, au diable, sur les roses). *If that swindler tries to take me in, I'll send him about his business (packing).*

Je ne le lui ai pas envoyé dire.—*I told him so right to his face.*

épi—*ear (of grain), spike*

    en épi—*at an angle (to the curb)*

    Les voitures doivent stationer en épi ici. *Cars must park at an angle (to the curb) here.*

épouser—*to espouse, to wed*

    épouser la forme de—*to cling to*

    Ce vêtement épouse la forme de votre corps. *This garment clings to your body.*

erreur—*error, mistake*

    sauf erreur—*unless one is mistaken*

    Sauf erreur, nous y sommes. *Unless I'm mistaken, we're there.*

escale—*port of call*

    faire escale—*to stop over*

    L'avion que nous prenons fait escale à Dakar. *The plane we're taking stops over in Dakar.*

espèce—*kind, species*

    espèce de …—*you …*

    Espèce d'idiot, tu l'as gâché! *You idiot, you've ruined it!*

esprit—*mind, spirit, wit*

    avoir bon (mauvais) esprit—*to be cooperative (uncooperative)*

    Ce groupe de jeunes a très bon (mauvais) esprit. *This group of young people is very cooperative (uncooperative).*

    avoir l'esprit de clocher—*to be narrow-minded*

    Il a trop l'esprit de clocher pour être sénateur. *He is too narrow-minded to be a senator.*

avoir l'esprit mal tourné—*to have an evil (a dirty) mind*

Vous m'avez compris de travers parce que vous avez l'esprit mal tourné.
   You misunderstood me because you have an evil (a dirty) mind.

faire de l'esprit—*to (try to) be witty*

A leurs soirées tout le monde fait de l'esprit. *At their parties everyone is*
   (tries to be) witty.

l'esprit de l'escalier—*belated wit*

Il avait l'esprit de l'escalier, trouvant toujours ses ripostes après coup. *He*
   had belated wit, always thinking of his comebacks afterward.

---

essuyer—*to wipe, to undergo*

essuyer les plâtres—*to deal with the teething problems*

Ce sera à nous d'essuyer les plâtres de la nouvelle réforme. *We're the ones*
   who will have to deal with the teething problems of the new reform.

---

estomac—*stomach*

à l'estomac—*by bluff*

Ils ont essayé de nous avoir à l'estomac. *They tried to get us by bluff.*

avoir l'estomac creux (dans les talons)—*to be famished*

Allons dîner tout de suite; j'ai l'estomac creux (dans les talons). *Let's go*
   have dinner right away; I'm famished.

état—*condition, shape, state*

en état de marche—*in working order*

Cette machine n'est plus en état de marche. *This machine is no longer in*
   working order.

en tout état de cause—*in any case*

La réforme aura eu en tout état de cause le mérite de constituer une assemblée représentative. *The reform will in any case have had the merit of*
   constituting a representative assembly.

faire état de—*to take into account*

L'avocat a demandé à la cour de faire état de la pauvreté de son client. *The*
   lawyer asked the court to take his client's poverty into account.

été—*summer*

    l'été de la Saint-Martin—*Indian summer*

    L'été de la Saint-Martin a été particulièrement beau cette année. *Indian summer was particularly beautiful this year.*

étendre—*to stretch*

    étendre raide—*to knock out (cold)*

    Le coup de son adversaire l'a étendu raide. *His opponent's blow knocked him out (cold).*

étranger—*foreigner, stranger*

    à l'étranger—*abroad*

    Ils habitent à l'étranger cette année. *They are living abroad this year.*

être—*to be*

    Ça a été?—*Was everything all right? Did you like it (the food)?*

    être à—*to belong to, to be someone's*

    Cette montre est à moi. *This watch belongs to me (is mine).*

    être à la coule—*to know the ropes*

    Il est déjà à la coule dans son nouveau travail. *He already knows the ropes in his new job.*

    être à quelqu'un de—*to be someone's turn to*

    C'est à vous de parler maintenant. *It's your turn to speak now.*

    Il en est ainsi.—*That's the way it is.*

    Il n'en est rien.—*Nothing of the sort.*

    Je n'y suis pas.—*I don't get it.*

    Je n'y suis pour rien.—*I had nothing to do with it. I am no party to it.*

    Où en êtes-vous?—*How far (along) are you?*

étroit—*narrow*

    à l'étroit—*cramped (for space)*

    Nous ne pouvons pas travailler ici; nous sommes trop à l'étroit. *We can't work here; we're too cramped (for space).*

étude—*study*

être à l'étude—*to be under study*

Le projet est à l'étude. *The plan is under study.*

faire ses études à—*to go to (a university), to study at*

Elle a fait ses études à l'Université de Caen. *She went to (studied at) the University of Caen.*

évident—*evident, obvious*

Ce n'est pas évident!—*It's harder than you think! It's no easy matter!*

examiner—*to examine*

examiner sur toutes les coutures—*to take a hard look at*

Il faut que nous examinions leur proposition sur toutes les coutures. *We have to take a hard look at their proposal.*

exécuter—*to execute*

s'exécuter—*to comply*

Malgré ses réserves, elle s'est exécutée de bonne grâce. *Despite her reservations, she complied graciously.*

exemple—*example, instance*

Par exemple!—*Of all things! Well, I never! You don't say!*

exercice—*exercise*

dans l'exercice de ses fonctions—*in one's official capacity*

Le maire agissait dans l'exercice de ses fonctions. *The mayor was acting in his official capacity.*

en exercice—*active*

Le professeur était encore en exercice. *The teacher was still active.*

expression—*expression*

d'expression—*speaking*

Les représentants de tous les pays d'expression française se réunirent à Québec. *Representatives of all the French-speaking countries assembled in Quebec.*

extinction—*extinction, extinguishing*

avoir une extinction de voix—*to lose one's voice*

Ayant une extinction de voix, le candidat n'a pas pu faire son discours.
Because he had lost his voice, the candidate was unable to make his speech.

extrême—*extreme*

à l'extrême—*extremely*

Elle est têtue à l'extrême. *She is extremely stubborn.*

fable—*fable*

la fable du quartier (de la ville)—*a laughingstock*

Elle a refusé de le faire parce qu'elle ne voulait pas être la fable du quartier
(de la ville). *She refused to do it because she didn't want to be a laughingstock.*

fabriquer—*to fabricate, to manufacture*

Qu'est-ce que tu fabriques là?—*What (the heck) are you up to?*

face—*face*

de face—*head-on*

Les deux camions se sont heurtés de face. *The two trucks collided head-on.*

en face (de)—*facing, opposite*

Le bureau de poste est en face de la gare. *The post office is facing (is opposite) the station.*

face à—*facing*

Nous avons loué une maisonnette face à la mer. *We rented a cottage facing the sea.*

faire face à—*to face (up to)*

Vous devrez faire face à cette nouvelle difficulté. *You will have to face (up to) this new difficulty.*

---

fâcher—*to anger*

se fâcher tout rouge—*to get boiling mad*

Il s'est fâché tout rouge en voyant que le travail n'était pas encore fini. *He got boiling mad on seeing that the work was not yet done.*

---

facile—*easy*

C'est facile comme bonjour.—*It's as easy as pie.*

être facile à vivre—*to be easy to get along with*

Ce garçon est brillant, mais il n'est pas facile à vivre. *That fellow is brilliant, but he isn't easy to get along with.*

---

façon—*fashion, manner, way*

de façon à—*so as to*

Il a tourné le vase de façon à cacher son défaut. *He turned the vase so as to hide the defect.*

de sa façon—*of one's own devising (making)*

Elle nous a servi un alcool de sa façon. *She served us a liquor of her own devising (making).*

faire des façons—*to make a fuss*

Ne fais plus tant de façons et accepte leur offer. *Stop making such a fuss and accept their offer.*

sans façon—*unpretentious(ly)*

Elle nous a reçus gentiment mais sans façon. *She greeted us nicely but unpretentiously.*

---

fagot—*bundle (of twigs), faggot*

comme un fagot—*badly (dressed)*

Sa femme était habillée comme un fagot. *His wife was badly dressed.*

de derrière les fagots—*one of one's best*

Il a offert à ses invités une bouteille de derrière les fagots. *He offered his guests one of his best bottles of wine.*

---

faible—*feeble, weak*

un faible pour—*a soft spot (in one's heart) for*

Je te pardonne, puisque j'ai toujours eu un faible pour toi. *I'll forgive you,
since I've always had a soft spot (in my heart) for you.*

---

faim—*hunger*

avoir faim (grand'faim, une faim de loup)—*to be hungry (very hungry,
as hungry as a bear)*

Je n'ai rien mangé de la journée, alors j'ai une faim de loup. *I haven't
eaten a thing all day, so I'm as hungry as a bear.*

---

faire—*to do, to make*

avoir fait son temps—*to have had one's day*

Ce style a fait son temps et ne se vend plus. *This style has had its day and
doesn't sell any more.*

Ça ne fait rien.—*It's all right. It doesn't matter.*

Ça ne me fait ni chaud ni froid.—*I don't care one way or the other.*

C'en est fait de lui (de nous, etc.).—*His (our, etc.) game is up. It's all up
with him (us, etc.).*

C'est bien fait!—*It serves you (him, etc.) right!*

en faire son affaire—*to take care of it*

Ne vous inquiétez pas, j'en fais mon affaire. *Don't worry, I'll take care of
it.*

faire bon marché de—*to take little account of*

Il fait bon marché de notre opinion. *He takes little account of our opinion.*

faire bon (mauvais) ménage—*to get along well (badly)*

L'un dans l'autre, notre canari et notre chat font bon ménage. *All in all, our
canary and our cat get along well.*

faire bonne (grise, mauvaise) mine à—*to greet with a smile (a scowl)*

L'hôtesse m'a fait grise mine en voyant que j'étais mal habillé. *The hostess
greeted me with a scowl when she saw that I was improperly dressed.*

faire de l'oeil à—*to give the eye to, to make eyes at*

Je te dis que ce garçon te faisait de l'oeil! *I tell you, that boy was giving
you the eye (making eyes at you)!*

faire des ménages—*to do housecleaning (housework)*

Avant son mariage, elle faisait des ménages pour gagner sa vie. *Before her marriage, she did housecleaning (housework) to make a living.*

faire des siennes—*to be up to one's old tricks*

Ce vieux farceur a fait encore des siennes! *That old joker has been up to his old tricks again!*

faire de vieux os—*to live to a ripe old age*

A ce rythme-là, il ne fera sûrement pas de vieux os. *If he keeps up that pace, he certainly won't live to a ripe old age.*

faire du lèche-vitrines—*to go window-shopping*

On n'a pas d'argent, mais on peut faire du lèche-vitrines. *We don't have any money, but we can go window-shopping.*

faire faire quelque chose à quelqu'un—*to have (to make) someone do something, to have something done by someone.*

Je lui ai fait laver la voiture. *I had him (made him) wash the car (I had the car washed by him).*

faire le poireau—*to be left standing around*

Il a fait le poireau une heure; puis il est parti. *He was left standing around for an hour; then he went away.*

faire l'objet de—*to be subjected to*

Mon frére a fait l'objet d'un contrôle à l'aéroport. *My brother was subjected to an inspection at the airport.*

faire partie de—*to be part of; to be on, to belong to*

Ce chapitre fait partie d'une longue étude générale. *This chapter is part of a long general study.* Lui et son frère font partie de l'équipe de football. *He and his brother are on (belong to) the soccer team.*

faire partir un coup—*to fire a shot*

On se demandait si c'était lui qui avait fait partir le coup. *People wondered whether it was he who had fired the shot.*

faire partir un moteur (une voiture)—*to start a motor (a car)*

Je n'arrive pas à faire partir le moteur. *I can't get the motor started.*

faire savoir—*to inform of*

Faites-moi savoir l'heure de votre arrivée dès que possible. *Inform me of the time of your arrival as soon as possible.*

faire son droit (sa médecine, etc.)—*to study law (medicine, etc.)*

Il a fait son droit à Lyon. *He studied law in Lyons.*

faire toute une histoire (tout un plat) de—*to make a big deal (a federal case) out of*

Ne fais pas toute une histoire (tout un plat) de notre absence! *Don't make a big deal (a federal case) out of our being absent!*

Il fait beau (chaud, du vent, froid, mauvais, etc.).—*It's sunny (warm, windy, cold, nasty, etc.).*

Il fait un temps de chien.—*The weather is awful (miserable).*

n'avoir que faire de—*to have no use for*

Je n'ai que faire de vos compliments. *I have no use for your compliments.*

ne faire ni une ni deux—*not to hesitate a moment*

Il n'a fait ni une ni deux, il m'a pris la main et nous sommes partis ensemble. *He didn't hesitate a moment, but took my hand and we left together.*

n'en faire qu'à sa tête—*to go one's own way*

Ce n'est pas la peine de discuter avec elle; elle n'en fera toujours qu'à sa tête. *It's no use arguing with her; she'll go her own way anyway.*

se faire à—*to get used to*

Elle se fait lentement à sa nouvelle situation. *She is slowly getting used to her new job.*

se faire avoir (rouler)—*to (let oneself) be taken in*

Il avait peur de se faire avoir (se faire rouler). *He was afraid of being (of letting himself be) taken in.*

se faire du mauvais sang—*to worry oneself sick (to death)*

Vous feriez mieux de sortir, plutôt que de rester ici à vous faire du mauvais sang. *You'd better go out, rather than stay here worrying yourself sick (to death).*

se faire fort de—*to be confident one can*

Je me fais fort de les persuader. *I am confident I can persuade them.*

se faire passer pour—*to pass oneself off as*

Elle essayait de se faire passer pour Italienne. *She tried to pass herself off as an Italian.*

se faire tout petit—*to make oneself inconspicuous*

Se sentant de trop, le jeune homme se faisait tout petit. *Since he felt out of place, the young man made himself inconspicuous.*

se faire une joie de—*to look forward to*

Je me fais une joie de recevoir vos amis. *I am looking forward to having your friends visit.*

se faire une montagne (un monde) de—*to make too much (out) of*

Ce n'est qu'une petite épreuve; ne t'en fais pas une montagne (un monde)! *It's only a little test; don't make too much (out) of it!*

se faire une raison—*to resign oneself to something*

Elle n'aime pas beaucoup sa situation, mais elle a fini par se faire une raison. *She doesn't like her job very much, but she's ended up resigning herself to it.*

s'en faire—*to worry*

Ne t'en fais pas; je reviendrai. *Don't worry; I'll come back.*

---

fait—*deed, fact*

au fait—*by the way*

Au fait, qu'avez-vous pensé du spectacle? *By the way, what did you think of the show?*

au fait de—*up-to-date on*

Je l'ai mis au fait de la situation. *I got him up-to-date on the situation.*

Ce n'est pas mon fait.—*That's not my cup of tea.*

du fait de—*as a result of*

Le gouvernement est tombé du fait le leur démission. *The government fell as a result of their resignation.*

en fait—*as a matter of fact*

En fait, les experts se trompaient. *As a matter of fact, the experts were wrong.*

fait comme un rat—*cornered*

"Me voilà fait comme un rat!" pensa-t-il. *"Now I'm cornered!" he thought.*

par le fait—*in point of fact*

Par le fait, nous savons qu'il a menti. *In point of fact, we know that he lied.*

un fait divers—*a news item (of local or civil importance)*

On a mentionné son accident dans les faits divers ce matin. *His accident was mentioned in the (local) news items this morning.*

---

falloir—*to be necessary, to be needed*

il me (lui, etc.) faut—*I (he, etc.) need(s)*

Il leur faut cent dollars d'ici lundi. *They need a hundred dollars by Monday.*

Il s'en est fallu de peu (d'un cheveu)!—*It was a near miss (It was just a hair's breadth away from happening)!*

il s'en faut de beaucoup—*far from it*

Nous ne sommes pas millionnaires, il s'en faut de beaucoup. *We're not millionaires, far from it.*

---

famille—*family*

C'est (cela tient) de famille.—*It runs in the family.*

en famille—*in private*

Il faut laver son linge sale en famille. *You should wash your dirty linen in private.*

---

fard—*makeup, rouge*

sans fard—*plain(ly), openly*

Il nous a dit cela sans fard. *He told us that plainly (openly).*

---

fatal—*fatal, fated*

C'était fatal!—*It was bound to happen!*

---

fausser—*to falsify, to twist*

fausser compagnie à quelqu'un—*to give someone the slip*

Il nous a faussé compagnie dans la cohue. *He gave us the slip in the crowd.*

---

faute—*error, fault*

faute de—*for lack (want) of*

Faute de mieux, j'ai regardé la télé. *For lack (want) of something better, I watched TV.*

sans faute—*without fail*

Il a dit qu'il viendrait demain sans faute. *He said that he would come tomorrow without fail.*

---

faux—*fake, false, wrong*

C'est un faux jeton.—*He's a double-dealer. He's as crooked as a snake.*

faire fausse route—*to be on the wrong track*

Si vous vous y prenez ainsi, vous faites fausse route. *If you go about it that way, you're on the wrong track.*

faire faux bond à—*to leave in the lurch, to stand up*

Je l'ai attendu longtemps, mais il m'a fait faux bond. *I waited a long time, but he left me in the lurch (stood me up).*

les faux frais—*incidentals*

Nous avions calculé tout le coût de notre voyage, sauf les faux frais. *We had calculated the entire cost of our trip, except for the incidentals.*

un faux air de—*a vague resemblance to*

Cet homme a un faux air de Napoléon Bonaparte. *That man bears a vague resemblance to Napoleon Bonaparte.*

---

faveur—*favor*

à la faveur de—*under cover of; thanks to*

Ils se sont échappés à la faveur de la nuit. *They escaped under cover of the night.*

Ils ont récupéré leurs droits à la faveur de la libéralisation. *They recovered their rights, thanks to the liberalization.*

de faveur—*complimentary; preferential*

Un des acteurs m'a donné un billet de faveur. *One of the actors gave me a complimentary ticket.* Il a eu droit à un traitement de faveur. *He was entitled to preferential treatment.*

---

fendre—*to split*

Ça me fend le coeur (l'âme)!—*It breaks my heart!*

se fendre de—*to shell out*

Nous avons dû nous fendre de mille euros pour payer l'amende. *We had to shell out a thousand euros to pay the fine.*

---

fermer—*to close, to shut (off)*

fermer à clef—*to lock (up)*

N'oublie pas de fermer la maison à clef en partant. *Don't forget to lock (up) the house when you leave.*

fermer à double tour—*to double-lock*

Nous avons fermé la porte à double tour en sortant. *We double-locked the door as we went out.*

faire fermer la marche—*to bring up the rear*

Les anciens combattants fermaient la marche. *The war veterans brought up the rear.*

---

ferrer—*to shoe*

ferré à glace—*ready for anything*

Il a trouvé son équipe reposée et ferrée à glace. *He found his team rested and ready for anything.*

ferré en—*well up on*

Demande-lui, elle est ferrée en histoire. *Ask her, she's well up on history.*

---

fête—*feast, festival, holiday*

de la fête—*in on it*

Ne m'en demande pas de renseignements; je n'étais pas de la fête. *Don't ask me for information about it; I wasn't in on it.*

faire fête à—*to welcome with open arms*

Les enfants ont fait fête à leur oncle à son arrivée. *The children welcomed their uncle with open arms on his arrival.*

faire la fête—*to party, to live it up*

Il était épuisé parce qu'il avait trop fait la fête. *He was exhausted because he had partied (lived it up) too much.*

se faire une fête de—*to eagerly look forward to*

Je me fais une fête d'y aller. *I'm eagerly looking forward to going there.*

---

feu—*fire*

à feu doux—*over low heat*

Il faut faire cuire ce plat à feu doux. *This dish must be cooked over low heat.*

aller au feu—*to be ovenproof; to go into combat*

Cette terrine va au feu. *This bowl is ovenproof.* Les jeunes soldats allaient au feu pour la première fois. *The young soldiers were going into combat for the first time.*

avoir le feu sacré—*to be burning with zeal*

Il n'a pas beaucoup de préparation pour ce travail, mais il a le feu sacré. *He doesn't have much training for this job, but he is burning with zeal.*

faire feu sur—*to fire at*

Nos troupes ont fait feu sur les rangs ennemis. *Our troops fired at the enemy ranks.*

un feu de paille—*a flash in the pan*

Leur succès n'aura été qu'un feu de paille. *Their success will have only been a flash in the pan.*

---

ficher—*to stick*

Ça la fiche mal.—*It looks lousy.*

ficher le camp—*to make tracks*

Ils avaient fichu le camp avant notre arrivée. *They had made tracks before we arrived.*

Il n'en fiche pas la rame (pas une secousse).—*He doesn't do a lick of work.*

Je m'en fiche!—*I don't give a damn!*

se ficher de—*to make fun of*

Je vois bien que vous vous fichez de moi! *I can see that you're making fun of me!*

---

fichu—*done for, rotten*

être fichu—*to be (all) washed up*

Après l'échec de son dernier film, cet acteur est fichu. *After the failure of his last film, that actor is (all) washed up.*

fichu de—*capable of (likely to)*

Il est fichu de nous faire un sale coup si nous ne faisons pas attention. *He is capable of playing (likely to play) a dirty trick on us if we aren't careful.*

mal fichu—*sick*

Je suis mal fichu; allez-y sans moi. *I'm feeling sick; go ahead without me.*

---

fièvre—*fever*

une fièvre de cheval—*a high fever*

Ne sors pas aujourd'hui; tu as une fièvre de cheval! *Don't go out today; you're running a high fever!*

---

figure—*face, figure*

faire bonne (piètre, triste) figure—*to cut a good (a sorry) figure*

Il faisait piètre (triste) figure dans son habit neuf. *He cut a sorry figure in his new formal suit.*

---

figurer—*to figure*

se figurer—*to imagine*

Figurez-vous qu'il voulait que je le remplace sans préavis! *Just imagine, he wanted me to replace him without prior notice!*

---

fil—*thread, wire, (cutting) edge*

au fil de—*with the (passing)*

Au fil des années elle commençait à l'oublier. *With the (passing) years she began to forget him.*

au fil de l'eau—*with the current*

Les feuilles sèches s'en allaient au fil de l'eau. *The dead leaves went along with the current.*

avoir un fil à la patte—*to be tied down*

Il ne vient plus boire avec nous depuis qu'il a un fil à la patte. *He doesn't come and drink with us any more since he's been tied down.*

de fil en aiguille—*one thing leading to another*

De fil en aiguille on s'est trouvé mariés. *One thing leading to another, we found ourselves married.*

---

filer—*to run, to spin*

filer à l'anglaise—*to take French leave*

Pendant que l'hôtesse était occupée ailleurs, nous avons filé à l'anglaise. *While the hostess was busy elsewhere, we took French leave.*

filer doux—*to keep a low profile*

Il faudra filer doux avec ce nouveau patron. *You'll have to keep a low profile with this new boss.*

filer une beigne (une claque, une gifle) à quelqu'un—*to give someone a clout (smack)*

Il m'a manqué de respect, alors je lui ai filé une beigne (une claque, une gifle). *He didn't show me respect, so I gave him a clout (smack).*

filer un mauvais coton—*to be in a bad way*

Le médecin a dit que le malade file un mauvais coton. *The doctor said that the patient is in a bad way.*

---

fils—*son*

Il est fils de ses oeuvres.—*He is a self-made man.*

---

fin—*fine, thin*

faire la fine bouche—*to turn up one's nose*

Elle faisait la fine bouche devant nos projets. *She turned up her nose at our plans.*

fin prêt—*all set*

Je suis fin prêt maintenant; nous pouvons partir. *I'm all set now; we can leave.*

le fin fond de—*the depths of*

Je l'ai trouvé au fin fond du placard. *I found it in the depths of the closet.*

le fin mot de l'histoire—*the real key to the story*

On n'a jamais su le fin mot de cette histoire. *We never found out the real key to that story.*

une fine gueule (un fin bec)—*a gourmet*

Il appéciera ce plat; c'est une fine gueule (un fin bec). *He will appreciate this dish; he is a gourmet.*

une fine mouche—*a sly devil*

Malgré son air naïf, c'est une fine mouche. *Despite her naïve air, she's a sly devil.*

---

fin—*end, purpose*

C'est la fin des haricots!—*It's all over! The game is up!*

en fin de compte—*in the final analysis*

En fin de compte, cela m'est égal. *In the final analysis, it doesn't matter to me.*

faire une fin—*to settle down*

Il s'est marié pour faire une fin. *He got married in order to settle down.*

une fin de non-recevoir—*a blunt refusal*

Elle a opposé une fin de non-recevoir à leurs demandes. *She countered their requests with a blunt refusal.*

---

finir—*to end, to finish*

à n'en plus finir—*no end of*

Il nous a donné des ennuis à n'en plus finir. *He caused us no end of trouble.*

en finir avec—*to put an end to*

Il faut en finir avec tous ces ennuis mécaniques. *We must put an end to all these mechanical problems.*

finir en queue de poisson—*to fizzle (to peter) out*

Ses beaux projets semblent toujours finir en queue de poisson. *His fine plans always seem to fizzle (to peter) out.*

finir par—*to end up (by)*

Ils ont fini par accepter notre première offre. *They ended up (by) taking our first offer.*

pour en finir—*to make a long story short*

Pour en finir, nous avons refusé d'y aller. *To make a long story short, we refused to go there.*

---

flair—*scent, smell*

avoir du flair—*to have a (good) nose*

Ce journaliste a du flair pour trouver le scandale. *That journalist has a (good) nose for finding scandal.*

---

flèche—*arrow*

en flèche—*like a skyrocket*

Les bénéfices de notre société montent en flèche. *Our company's profits are skyrocketing.*

faire flèche de tout bois—*to use all available means*

Etant donné l'état d'urgence, il faudra faire flèche de tout bois. *Given the emergency, we'll have to use all available means.*

---

fleur—*bloom, flower*

    à fleur de—*at the level of, even with (the surface of)*

    La libellule volait à fleur d'eau. *The dragonfly was flying at water level (even with the surface of the water).*

    à la fleur de l'âge—*in the prime of youth*

    Il était à la fleur de l'âge et commençait à se faire connaître. *He was in the prime of youth and was beginning to make himself known.*

    comme une fleur—*easily*

    Il a réussi le coup comme une fleur. *He carried the job off easily.*

    faire une fleur à—*do an unexpected favor*

    Ils nous ont fait une fleur en nous laissant la place libre. *They did us an unexpected favor by leaving the field open to us.*

    Il est fleur bleue.—*He is naïve (sentimental).*

---

fleuron—*flower-shaped ornament*

    C'est un fleuron à votre couronne.—*That's a feather in your cap.*

---

flot—*flood, wave*

    à flots—*in torrents*

    La pluie tombait à flots. *The rain was falling in torrents.*

    (re)mettre quelque chose à flot—*to float something (again)*

    Ils ont eu du mal à remettre l'entreprise à flot après sa faillite. *They had a hard time floating the business again after its failure.*

---

foi—*belief, faith*

    ajouter (attacher, prêter) foi à—*to give credence to*

    Ils n'ont pas voulu ajouter (attacher, préter) foi à ses prédictions. *They were unwilling to give credence to his predictions.*

    faire foi de—*to give proof of*

    Cet incident fait foi de sa probité. *This incident gives proof of his integrity.*

    sans foi ni loi—*without any sense of decency*

    Le dictateur est un homme sans foi ni loi. *The dictator is a man without any sense of decency.*

    sur la foi de—*on the strength of*

Je l'ai fait sur la foi de ce que vous m'aviez dit. *I did it on the strength of what you had told me.*

---

foie—*liver*

avoir les foies—*to have cold feet*

Tu ne pourras jamais le faire; tu auras les foies. *You'll never be able to do it; you'll have cold feet.*

---

foin—*hay*

avoir du foin dans les bottes—*to have feathered one's nest*

Ce riche fermier a du foin dans ses bottes. *That rich farmer has feathered his nest.*

faire du foin—*to kick up a fuss*

Ils ont fait du foin quand on les a obligés de sortir du bar. *They kicked up a fuss when they were made to leave the bar.*

foin de—*a plague on*

Les électeurs ont dit, "Foin de l'Europe!" *The voters said, "A plague on Europe!"*

---

foire—*fair*

C'est la foire!—*What a madhouse!*

C'est la foire aux cancres.—*It's idiots' delight.*

C'est la foire d'empoigne.—*It's a rat race. It's a free-for-all.*

faire la foire—*to go on a spree*

Après avoir hérité de sa tante, il a fait la foire. *After he inherited money from his aunt, he went on a spree.*

---

fois—*occasion, time*

à la fois—*both; at once, at the same time*

Il est à la fois gentil et agaçant. *He is both (at the same time) nice and irritating.* Vous essayez de faire trop de choses à la fois. *You are trying to do too many things at once (at the same time).*

il était une fois…—*once upon a time there was…*

Il était une fois une princesse, qui n'était pas très heureuse. *Once upon a time there was a princess, who was not very happy.*

115

une fois pour toutes—*once and for all*

Je te le dis une fois pour toutes; Va-t'en. *I'm telling you once and for all: Get going.*

---

folie—*folly, madness*

à la folie—*madly*

Il l'aimait à la folie. *He loved her madly.*

faire des folies—*to splurge*

Faisons des folies pour une fois et achetons tout ce que nous désirons. *Let's splurge for once and buy everything we desire.*

---

fonction—*function*

en fonction—*on duty, in service*

Il savait qu'il ne fallait pas boire pendant qu'il était en fonction. *He knew he mustn't drink while he was on duty (in service).*

faire fonction de—*to act as*

Ce levier faisait fonction de bielle. *That lever acted as a connecting rod.*

---

fond—*basis, bottom, depth, foundation*

à fond—*thoroughly*

Il connaît ce sujet à fond. *He knows this subject thoroughly.*

à fond de cale—*in(to) abject poverty*

Grâce à ses imprudences, ils étaient arrivés à fond de cale. *Thanks to his foolishness, they had fallen into abject poverty.*

à fond de train—*at top speed*

La voiture arrivait sur lui à fond de train. *The car was coming toward him at top speed.*

au fond (dans le fond)—*at heart, basically*

Au fond, ton frère est un brave garçon. *At heart (basically), your brother is a good fellow.*

de fond en comble—*from top to bottom*

Ils ont refait la maison de fond en comble. *They did the house over from top to bottom.*

---

fondre—*to melt*

 fondre en larmes—*to burst into tears*

 L'enfant grondé fondit en larmes. *The scolded child burst into tears.*

 fondre sur—*to pounce on*

 Le hibou a fondu sur la souris. *The owl pounced on the mouse.*

force—*force, strength*

 à force de—*by dint of*

 A force de répéter la leçon, ils ont réussi à l'apprendre. *By dint of repeating the lesson, they succeeded in learning it.*

 à toute force—*at all costs*

 Elle veut à toute force être élue sénateur. *She wants at all costs to be elected to the Senate.*

 dans la force de l'âge—*in the prime of life*

 On l'oblige à prendre sa retraite dans la force de l'âge. *He is being made to retire in the prime of life.*

 force lui fut de—*one was forced to*

 Force lui fut de renoncer à ses ambitions. *He was forced to give up his ambitions.*

forcer—*to force*

 forcer la note—*to overdo it*

 Il faut mettre le problème en relief, mais sans forcer la note. *The problem has to be underscored, but without overdoing it.*

 forcer le pas—*to press on*

 Nous avons forcé le pas pour arriver avant la tombée de la nuit. *We pressed on in order to arrive before nightfall.*

forme—*form, shape*

 dans les formes—*according to the book*

 Il faut absolument le faire dans les formes. *It absolutely must be done according to the book.*

 faire quelque chose pour la forme—*to go through the motions of doing something*

Ils ont fait une demande d'emploi pour la forme. *They went through the motions of applying for a job.*

---

fort—*stout, strong*

   à plus forte raison—*all the more so*

   Tu aurais dû y rester, à plus forte raison que tu n'étais pas prêt. *You ought to have stayed there, all the more so since you weren't ready.*

   au plus fort de—*at the height (in the thick) of*

   On vit Fabrice au plus fort du combat. *Fabrice was seen at the height (in the thick) of the fight.*

   avoir fort à faire—*to have one's hands full*

   Il a eu fort à faire pour garder l'ordre. *He had his hands full keeping order.*

   C'est plus fort que moi.—*I can't help it.*

   C'est une forte tête.—*He (she) is strong-minded (a rebel).*

   C'est un peu fort!—*That's a bit too much! That's going a bit too far!*

   fort en—*good at*

   Elle est forte en maths. *She is good at math.*

   le plus fort, c'est que…—*the best part of it is that*

   Le plus fort, c'est qu'ils croient avoir gagné! *The best part of it is that they think they won!*

   se faire fort de—*to be confident*

   Je me fais fort de vous faire attribuer ce poste. *I am confident that I can get that position for you.*

---

fortune—*fortune, luck*

   à la fortune du pot—*potluck*

   Nous avons invité nos amis à dîner à la fortune du pot. *We invited our friends to eat a potluck dinner.*

   de fortune—*makeshift*

   Nous avons construit un abri de fortune. *We built a makeshift shelter.*

   faire fortune—*to catch on*

   Cette mode fera fortune. *That fashion will catch on.*

---

fou—*crazy, foolish, wild*

   avoir le fou rire—*to have the giggles*

En le voyant habillé ainsi, j'ai eu le fou rire. *Seeing him dressed up like that, I had the giggles.*

fou à lier—*as crazy as a loon*

N'écoutez pas ses prophéties; il est fou à lier. *Don't listen to his prophecies; he's as crazy as a loon.*

---

fouiller—*to dig, to search*

Tu peux te fouiller!—*Nothing doing!*

---

foulée—*stride*

dans la foulée de—*on the heels of*

Beaucoup d'offres sont arrivées dans la foulée de son succès. *Many offers came on the heels of her success.*

---

fouler—*to sprain, to trample, to tread*

ne pas se fouler (la rate)—*not to break one's back*

Il ne s'est pas foulé (la rate) pour finir le travail. *He didn't break his back finishing the job.*

---

four—*oven*

au four et au moulin—*in two places at once*

Attendez un peu, voulez-vous; je ne peux pas être au four et au moulin. *Wait a minute, won't you; I can't be in two places at once.*

faire un four—*to be a washout, to fall flat, to flop*

Sa nouvelle pièce a fait un four. *His new play was a washout (fell flat, flopped).*

---

fourmi—*ant*

avoir des fourmis—*for one's limb to be asleep, to have pins and needles*

J'avis des fourmis dans les jambes à force de rester assis. *My leg was asleep (I had pins and needles in my leg) from remaining seated.*

---

fourrer—*to stuff*

fourrer son nez partout—*to poke one's nose into other people's business*

C'est une vraie concierge—elle fourre son nez partout. *What a gossip—she pokes her nose into everybody else's business.*

---

frais—*cool, fresh*

au frais—*in a cool place*

Il faut tenir ce produit au frais. *This product has to be kept in a cool place.*

frais émoulu de—*fresh out of*

C'est un garçon frais émoulu du collège. *He is a young man fresh out of school.*

frais et dispos—*fit as a fiddle*

Je me sentais frais et dispos après mon somme. *I felt as fit as a fiddle after my nap.*

Je suis frais (me voilà frais)!—*I'm in for it!*

---

frais—*cost, expense*

aux frais de la princesse—*at company (the government's) expense*

On disait qu'il voyageait toujours aux frais de la princesse. *People said that he always traveled at company (the government's) expense.*

faire les frais de la conversation—*to be the butt (the prime subject) of conversation*

La nouvelle voisine faisait les frais de leur conversation. *The new neighbor was the butt (the prime subject) of their conversation.*

---

franc—*frank, free*

de franc jeu—*openly*

C'est un opportuniste, mais il y va de franc jeu. *He's an opportunist, but he goes about it openly.*

Il est franc comme l'or.—*He is perfectly frank.*

---

frapper—*to knock, to strike*

frapper d'un droit (d'une amende)—*to levy a tax (a fine) on*

Ils ont décidé de frapper les grosses voitures d'un droit. *They decided to levy a tax on big cars.*

Ne te frappe pas!—*Don't worry!*

---

frayer—*to rub, to scrape*

   se frayer un passage (un chemin, etc.)—*to clear a way (a path, etc.) for oneself*

Elle s'est frayé un passage à travers la foule des spectateurs. *She cleared a way for herself through the crowd of spectators.*

friser—*to curl, to skim*

   friser la quarantaine (la cinquantaine, etc.)—*to be in one's late thirties (forties, etc.), to be turning forty (fifty, etc.)*

Cette actrice frise la cinquantaine. *That actress is in her late forties (is turning fifty).*

   friser le ridicule (l'insolence, l'hérésie, etc.)—*to border on ridiculousness (insolence, heresy, etc.)*

Ce qu'ils disaient frisait l'hérésie. *What they were saying bordered on heresy.*

froid—*chill(y), cold*

   à froid—*right off the bat*

Je ne peux pas y répondre à froid comme cela. *I can't answer it right off the bat like that.*

   être en froid—*not to be on good terms*

Les deux anciens amis sont en froid maintenant. *The two former friends are not on good terms now.*

froisser—*to rumple, to wrinkle*

   froisser quelqu'un—*to hurt someone's feelings*

Ils sont susceptibles, et il est difficile de ne pas les froisser. *They are sensitive, and it is difficult not to hurt their feelings.*

front—*brow, forehead, front*

   avoir le front de—*to have the nerve to*

Vous avez le front de me dire cela? *You have the nerve to say that to me?*

   de front—*head-on; side by side*

Les deux camions se sont heurtés de front. *The two trucks collided head-on.*

Les deux amis marchaient de front. *The two friends were walking along side by side.*

faire front à—*to face up to*

Il faut que nous fassions front ensemble aux critiques. *We have to face up to the critics together.*

---

frotter—*to rub*

frotter l'échine à quelqu'un—*to give someone a licking*

Espèce de voyou, je vais te frotter l'échine. *You hoodlum, I'm going to give you a licking.*

frotter les oreilles à quelqu'un—*to bawl someone out*

Il va se faire frotter les oreilles parce qu'il a séché le cours. *He is going to get bawled out because he skipped class.*

Ne vous y frottez pas!—*Don't get mixed up in it!*

---

fugue—*escapade, fugue*

faire une fugue—*to run away (from home, etc.)*

L'écolier a fait une fugue, mais on l'a vite retrouvé. *The schoolboy ran away from home, but they found him quickly.*

---

fureur—*fury, rage*

faire fureur—*to be (all) the rage*

Sa chanson fait fureur cette semaine. *His song is (all) the rage this week.*

---

gâcher—*to spoil, to mix*

gâcher le métier—*to spoil it for others*

Si tu travailles pour si peu, tu gâches le métier. *If you work for so little, you're spoiling it for others.*

---

gaffe—*boathook, blunder*

   faire gaffe—*to watch out*

   Fais gaffe, le surveillant nous regarde! *Watch out, the monitor is looking at us!*

gagner—*to earn, to gain, to win*

   gagner à être connu—*to grow on one*

   Cet homme semble un peu ennuyeux, mais il gagne à être connu. *That man seems a bit dull, but he grows on you.*

   gagner des mille et des cents—*to make money hand over fist*

   Il a gagné des mille et des cents dans la vente du blé. *He made money hand over fist from the sale of wheat.*

   gagner de vitesse—*to beat someone to it*

   Pendant qu'ils faisaient leurs projets je crois que nous les avons gagnés de vitesse. *While they were making their plans, I think we beat them to it.*

   gagner le gros lot—*to hit the jackpot*

   Maintenant que vos produits sont rares, vous avez gagné le gros lot. *Now that your products are scarce, you've hit the jackpot.*

gaieté—*gaiety, cheerfulness*

   de gaieté de cœur—*cheerfully, willingly*

   Ils ne sont pas allés au combat de gaieté de cœur. *They didn't go off cheerfully (willingly) to battle.*

garanti—*guaranteed*

   C'est du garanti sur facture!—*It's a sure thing!*

garde—*guard, watch*

   de garde—*on call (duty)*

   Quel est le médecin de garde aujourd'hui? *Who is the doctor on call (on duty) today?*

   Garde à vous!—*Attention!*

   n'avoir garde de faire—*far be it from someone to do*

   Je n'ai garde de faire ce que le médecin a interdit. *Far be it from me to do what the doctor has forbidden.*

garder—*to guard, to keep*

  garder à vue—*to keep in custody*

La police avait décidé de garder le suspect à vue. *The police had decided to keep the suspect in custody.*

  garder la chambre (le lit)—*to stay in bed (for sickness)*

Pendant sa maladie elle a dû garder la chambre (le lit). *During her illness she had to stay in bed.*

  garder sa ligne—*to keep one's figure, to stay slim*

Elle mange comme un moineau pour garder sa ligne. *She eats like a bird to keep her figure (to stay slim).*

  garder un chien de sa chienne (une dent) à—*to have it in for*

Depuis ce mauvais coup qu'il lui a fait, elle lui garde un chien de sa chienne (une dent). *Since that bad trick he played on her, she's had it in for him.*

  garder une poire pour la soif—*to put something aside (to save something) for a rainy day*

Elle remit les cent euros dans le tiroir afin de garder une poire pour la soif. *She put the hundred euros back in the drawer to put something aside (to save something) for a rainy day.*

  Nous n'avons pas gardé les cochons ensemble!—*What gives you the right to be so familiar?*

  se garder de—*to take care not to*

Gardez-vous de faire du bruit en entrant; mon père dort. *Take care not to make noise when you enter; my father is sleeping.*

gâteau—*cake*

  C'est du gâteau!—*It's as easy as pie (a breeze, a cinch)!*

gâter—*to spoil*

  se gâter—*to get out of hand, to turn nasty*

A la fin de la soirée, les choses ont commencé à se gâter. *At the end of the party, things started to get out of hand.*

geler—*to freeze*

  Il gèle à pierre fendre.—*It's freezing cold out.*

gêne—*discomfort, embarrassment, inconvenience*

  dans la gêne—*hard up*

  Ils ne peuvent pas payer parce qu'ils sont dans la gêne en ce moment. *They can't pay because they are hard up right now.*

  sans gêne—*inconsiderate*

  Les jeunes semblent souvent sans gêne. *Young people often seem inconsiderate.*

---

gêner—*to bother, to inconvenience, to obstruct*

  Ne vous gênez pas!—*Make yourself at home! Go right ahead!*

---

genou—*knee*

  faire du genou—*to play footsie*

  Il lui faisait du genou sous la table. *He was playing footsie with her under the table.*

  sur les genoux—*on one's lap; exhausted*

  Elle tenait l'enfant sur les genoux. *She held the child on her lap.*

  Après la course ils étaient tous sur les genoux. *After the race they were all exhausted.*

---

genre—*fashion, genus, kind*

  Ce n'est pas mon genre.—*That's not my cup of tea.*

  Il a bon (mauvais) genre.—*He has good (bad) manners.*

  se donner (faire) du genre—*to put on airs*

  Bien qu'elle soit de milieu modeste, elle se donne (elle fait) du genre. *Although she comes from a simple background, she puts on airs.*

---

gober—*to gulp, to swallow*

  gober la mouche (le morceau)—*to swallow the bait*

  Ce crétin a gobé la mouche (le morceau) et il te croit. *That idiot swallowed the bait and he believes you.*

  se gober—*to have a swelled head*

  Il se gobe tellement qu'il est insupportable. *He has such a swelled head that he is unbearable.*

---

gonfler—*to inflate, to swell*

　　gonflé à bloc—*(all) keyed up*

　　L'équipe était gonflée à bloc pour les finales. *The team was (all) keyed up for the finals.*

　　Il est gonflé!—*He has some nerve!*

---

gorge—*throat*

　　avoir la gorge serrée—*to have a lump in one's throat*

　　Tout le monde avait la gorge serrée au départ de notre ami. *Everyone had a lump in his throat on our friend's departure.*

　　faire des gorges chaudes—*to have a good laugh*

　　Il faisait des gorges chaudes de leur défaite. *He had a good laugh over their defeat.*

---

goutte—*drop*

　　C'est la goutte d'eau qui fait déborder le vase.—*It's the last straw (the straw that broke the camel's back).*

　　n'y voir goutte—*not to be able to see a thing*

　　Allume la lampe; je n'y vois goutte. *Light the lamp; I can't see a thing.*

　　une goutte d'eau à la mer—*a drop in the bucket*

　　Sa contribution ne serait qu'une goutte d'eau à la mer. *His contribution would be just a drop in the bucket.*

---

grâce—*favor, grace, pardon*

　　crier (demander) grâce—*to beg (to cry) for mercy*

　　Aprés une courte lutte, il a été obligé de crier (demander) grâce. *After a brief struggle, he was forced to beg (to cry) for mercy.*

　　de bonne (mauvaise) grâce—*willingly (unwillingly)*

　　Il a fait de bonne grâce ce que je demandais. *He did what I asked for willingly.*

　　De grâce!—*For pity's sake!*

　　faire grâce de quelque chose à quelqu'un—*to spare someone something*

　　Il nous a fait grâce des détails révoltants. *He spared us the revolting details.*

　　grâce à—*thanks to*

C'est grâce à elle que nous avons gagné. *It's thanks to her that we won.*

---

grain—*grain*

    avoir un (petit) grain—*to be a bit touched (in the head)*

    Je trouve qu'il est gentil, mais il a un (petit) grain. *I think he is nice, but he's a bit touched (in the head).*

---

grand—*big, great, tall*

    au grand air—*in the open (air)*

    Elle a étalé son linge au grand air. *She spread her laundry out in the open (air).*

    au grand jamais—*never ever*

    Je n'y retournerai plus au grand jamais. *I'll never ever return there again.*

    au grand jour—*(out) in the open*

    Le scandale a fini par s'étaler au grand jour. *The scandal ended up by coming out in the open.*

    en grande tenue—*in full regalia (uniform)*

    Les soldats défilèrent en grande tenue. *The soldiers paraded in full regalia (uniform).*

    faire grand état de—*to think highly of*

    Ses supérieurs font grand état de ses talents. *His superiors think highly of his talents.*

    Grand bien vous fasse!—*More power to you! You're welcome to it!*

    grand ouvert—*wide open*

    Malgré le froid, la porte était grande ouverte. *In spite of the cold, the door was wide open.*

    Il est grand temps!—*It's about time!*

    les grandes classes—*the upper grades*

    Les élèves des grandes classes ont eu une sortie aujourd'hui. *The students in the upper grades had an outing today.*

    les grandes personnes—*grown-ups*

    Tu ne peux pas faire tout ce que font les grandes personnes. *You can't do everything that grown-ups do.*

    pas grand'chose—*nothing to speak of, not much*

    Cela ne vaut pas grand'chose. *That's not worth much.* Ce n'est pas grand'-chose. *It's nothing to speak of.*

pas grand monde—*not many people*

Il n'y avait pas grand monde à la réception. *There weren't many people at the reception.*

grandeur—*size*

grandeur nature—*life size*

Le sculpteur a fait la statue grandeur nature. *The sculptor made the statue life size.*

gras—*fat, greasy, oily*

faire la grasse matinée—*to sleep late*

Après la fête, ils ont fait la grasse matinee. *After the party, they slept late.*

faire gras—*to eat meat*

Ils ne faisaient pas gras le vendredi. *They didn't eat meat on Fridays.*

gratter—*to scrape, to scratch*

gratter les fonds de tiroir—*to scrape the bottom of the barrel*

Ils ont dû gratter les fonds de tiroir pour payer leur loyer. *They had to scrape the bottom of the barrel to pay their rent.*

gré—*liking, will*

de gré ou de force—*whether one wants to or not, willy-nilly*

Nous avons juré qu'il le fera de gré ou de force. *We have sworn that he will do it whether he wants to or not (willy-nilly).*

griller—*to grill, to toast, to scorch*

griller une cigarette—*to smoke (a cigarette)*

En attendant d'être interrogé, le prisonnier a grillé un demi-paquet de cigarettes. *While waiting to be questioned, the prisoner smoked half a pack of cigarettes.*

griller un feu rouge—*to run a red light*

L'ambulance a grillé tous les feux rouges en allant à l'hôpital. *The ambulance ran all the red lights on its way to the hospital.*

gros—*big, fat, important*

en avoir gros sur le coeur—*to have something that weighs on one*

Il faut que je te parle; j'en ai gros sur le coeur. *I have to talk to you; I have something that is weighing on me.*

en gros—*by and large, to all intents and purposes*

La question est résolue, en gros. *The matter is settled, by and large (to all intents and purposes).*

en gros plan—*(in) closeup*

Le cinéaste voulait montrer l'acteur en gros plan. *The director wanted to show the actor (in) closeup.*

être Gros-Jean comme devant—*to be back at square one*

Eux avaient eu tout ce qu'ils voulaient, et moi j'étais Gros-Jean comme devant. *They had gotten everything they wanted, and I was back at square one.*

faire le gros dos—*to arch one's back*

Le chat a fait le gros dos en nous voyant. *The cat arched its back on seeing us.*

faire les gros yeux—*to glare*

Quand elle était vilaine sa mère lui faisait les gros yeux. *When she was naughty, her mother would glare at her.*

il y a gros à parier—*the odds are*

Il y a gros à parier qu'elle ne viendra pas. *The odds are that she won't come.*

par gros temps—*in heavy weather*

Le chalutier est sorti par gros temps. *The trawler went out in heavy weather.*

une grosse légume (un gros bonnet)—*a big shot (wheel, wig)*

Ce sont les grosses légumes (les gros bonnets) qui ont décidé cela. *It's the big shots (wheels, wigs) who decided on that.*

un gros mot—*a naughty word*

Maman, Jeannot a dit un gros mot! *Mommy, Johnny said a naughty word!*

guerre—*war*

A la guerre comme à la guerre.—*You have to take things as they come.*

de guerre lasse—*worn down*

De guerre lasse j'ai fini par accepter son offre. *Worn down, I ended up accepting his offer.*

---

gueule—*mouth, muzzle*

avoir de la gueule—*to look like a million*

Ce meuble a vraiment de la gueule! *That piece of furniture really looks like a million!*

avoir la gueule de bois—*to be hung over*

Le lendemain de la fête il avait la gueule de bois. *The morning after the party he was hung over.*

faire la gueule—*to pull a long face*

Pourquoi me fais-tu la gueule Tu m'en veux? *Why are you pulling a long face at me? Are you mad at me?*

Ta gueule!—*Shut your trap!*

tomber (se jeter) dans la gueule du loup—*to land in a hornet's nest*

En posant une question innocente, il est tombé (il s'est jeté) dans la gueule du loup. *Asking a simple question, he landed in a hornet's nest.*

---

guichet—*window, counter*

à guichets fermés—*to a sold-out house*

Sa nouvelle comédie jouait tous les soirs à guichets fermés. *His new comedy played every night to a sold-out house.*

---

habitude—*custom, habit*

avoir l'habitude de—*to be accustomed (used) to*

J'ai l'habitude de faire la sieste l'après-midi. *I'm accustomed (used) to taking a nap in the afternoon.*

comme d'habitude—*as usual*

Comme d'habitude ils ont dîné en ville. *As usual, they ate out.*

d'habitude—*usually*

D'habitude je le vois à midi. *I usually see him at noon.*

---

haie—*hedge*
   faire la haie—*to form a line*
   Les étudiants ont fait la haie pour l'entrée des professeurs. *The students formed a line for the faculty's entrance.*

---

hasard—*chance, luck*
   au hasard—*at random*
   Il n'a pas de formation spéciale; on l'a choisi au hasard. *He has no special training; he was chosen at random.*

---

hâte—*haste, hurry*
   à la hâte—*hastily*
   Ils ont fini leur travail à la hâte. *They finished their job hastily.*
   avoir hâte de—*to be eager (impatient) to*
   J'ai hâte de partir. *I am eager (impatient) to leave.*

---

hausser—*to raise*
   hausser les épaules—*to shrug (one's shoulders)*
   Il a haussé les épaules sans répondre à ma question. *He shrugged (his shoulders) without answering my question.*

---

haut—*high, tall*
   à haute voix—*aloud*
   Il nous a lu la letter à haute voix. *He read the letter aloud to us.*
   avoir la haute main—*to have the upper hand*
   Depuis les élections ce sont les socialistes qui ont la haute main. *Since the elections the socialists have had the upper hand.*
   avoir un haut-le-coeur—*to give a start*
   Elle a eu un haut-le-coeur en voyant son ex-mari à la fête. *She gave a start when she saw her ex-husband at the party.*
   en haut lieu—*in high quarters*
   Un cessez-le-feu a été prévu en haut lieu. *A cease-fire has been foreseen in high quarters.*

haut comme trois pommes—*knee-high to a grasshopper*

Je le connaissais quand il était haut comme trois pommes. *I knew him when he was knee-high to a grasshopper.*

haut en couleur—*colorful; ruddy-complexioned*

Elle racontait toujours des histoires hautes en couleur. *She always told colorful stories.* L'Ecossais était haut en couleur. *The Scotsman was ruddy complexioned.*

haut la main—*hands down*

Il a gagné les élections haut la main. *He won the election hands down.*

Haut les coeurs!—*(Keep your) chin up!*

Haut les mains!—*Hands up! Stick 'em up!*

---

haut—*height, top*

en haut—*upstairs*

Ma mère est en haut; elle fait les lits. *My mother is upstairs making the beds.*

---

hauteur—*altitude, haughtiness, height*

à la hauteur—*equal to the task, up to it*

Le nouveau directeur n'était pas à la hauteur. *The new director wasn't equal to the task (up to it).*

à hauteur de—*abreast of, opposite*

Nous sommes enfin arrivés à hauteur de la gare. *We finally arrived abreast of (opposite) the station.*

---

herbe—*grass, herb*

en herbe—*budding*

Son fils est un romancier en herbe. *Her son is a budding novelist.*

---

heure—*hour, time*

à l'heure—*on time*

Le train arrivera-t-il à l'heure? *Will the train arrive on time?*

à ses heures—*whenever one feels like it*

Il est peintre à ses heures. *He paints whenever he feels like it.*

à une heure avancée—*late*

Ils sont rentrés à une heure avancée de la nuit. *They came home late at night.*

d'heure en heure—*hour by hour*

Son état empire d'heure en heure. *His condition gets worse hour by hour.*

Il est trois (six, etc.) heures.—*It's three (six, etc.) o'clock.*

les heures d'affluence (de pointe)—*rush hour*

Il y a toujours des embouteillages aux heures d'affluence (de pointe). *There are always traffic jams at rush hour.*

une bonne (une petite) heure—*at least (less than) an hour*

Il me faudra une bonne (une petite) heure pour finir ce travail. *It will take me at least (less than) an hour to finish this job.*

---

histoire—*history, story*

histoire de—*just to*

Je suis sorti histoire de respirer un peu. *I went out just to get a breath of air.*

Pas d'histoires!—*No funny stuff! Don't make trouble!*

---

homme—*man*

être homme à—*to be capable of; to be one to*

Ne le taquinez pas: Il est homme à vous donner un coup de poing. *Don't fool around with him: He is capable of giving you a punch.* Je le crois, parce qu'il n'est pas homme à mentir. *I believe him because he isn't one to lie.*

un homme de confiance—*a right-hand man*

Demandez à Georges; c'est l'homme de confiance du gérant. *Ask George; he's the manager's right-hand man.*

---

honte—*share*

avoir honte—*to be ashamed*

J'avoue que j'ai honte de mon ignorance dans cette matière. *I confess that I am ashamed of my ignorance in these things.*

avoir toute honte bue—*to be beyond shame*

Ayant toute honte bue, j'ai accepté leur offre. *Being beyond shame, I accepted their offer.*

faire honte à—*to put to shame*

Cet étudiant fait honte à ses condisciples par son travail. *That student puts his fellow-students to shame by his work.*

horreur—*horror*

avoir horreur de—*(just) detest*

J'ai horreur des films policiers. *I (just) detest detective movies.*

Quelle horreur!—*That's awful!*

hors—*outside*

hors d'affaire—*out of the woods*

Le médecin a dit que le malade n'est pas encore hors d'affaire. *The doctor said that the patient isn't out of the woods yet.*

hors de cause—*beyond question*

La probité du notaire est hors de cause. *The uprightness of the notary is beyond question.*

hors de combat—*knocked out of commission*

Le parti libéral semblait hors de combat pour de bon. *The liberal party seemed to be knocked out of commission for good.*

hors d'état—*incapable*

Nous avons mis ces gens hors d'état de nous nuire. *We have made those people incapable of harming us.*

hors de pair—*without equal*

C'est un cuisinier hors de pair. *He is a chef without equal.*

hors de prix—*exorbitant, priceless*

Ces diamants sont hors de prix maintenant. *These diamonds are exorbitant (priceless) now.*

hors de saison—*out of place, uncalled-for*

Cette plaisanterie est vraiment hors de saison. *That joke is really out of place (uncalled-for).*

hors de soi—*beside oneself*

En apprenant sa lâcheté, j'étais hors de moi. *On learning of his cowardice, I was beside myself.*

hors ligne—*in a class by itself (oneself)*

C'est un coureur hors ligne. *He is a race driver in a class by himself.*

un hors-la-loi—*an outlaw*

Maintenant il était poursuivi par la police, un hors-la-loi. *Now he was being pursued by the police, an outlaw.*

---

huit—*eight*

en huit—*a week from*

J'ai rendez-vous demain (mercredi) en huit. *I have an appointment a week from tomorrow (from Wednesday).*

huit jours—*a week*

Nous revenons dans huit jours. *We'll be back in a week.*

---

humeur—*mood, temper*

Il est d'une humeur de chien (massacrante).—*He's in a foul mood.*

---

hurler—*to howl*

hurler avec les loups—*to go along with the crowd*

C'est un conformiste; il veut toujours hurler avec les loups. *He is a conformist; he always wants to go along with the crowd.*

---

hussard—*hussar*

à la hussarde—*roughly*

Il traite les femmes à la hussarde. *He treats women roughly.*

---

ici—*here*

d'ici là—*in the meantime*

Ne vous inquiétez pas; j'y veillerai d'ici là. *Don't worry; I'll keep an eye on it in the meantime.*

d'ici peu—*before long*

Je pense les voir certainement d'ici peu. *I certainly expect to see them before long.*

ici-bas—*here on earth*

Rien ne peut être parfait ici-bas. *Nothing can be perfect here on earth.*

jusqu'ici—*so (thus) far*

Nous n'avons rien attrapé jusqu'ici. *We haven't caught anything so (thus) far.*

par ici—*(over) this way*

Venez par ici, Mesdames et Messieurs. *Come (over) this way, ladies and gentlemen.*

---

idée—*idea*

On n'a pas idée de ça!—*You can't imagine!*

se faire des idées—*to fool oneself*

Vous vous faites des idées si vous croyez qu'elle va venir. *You're fooling yourself if you think she's going to come.*

---

ignorer—*to be ignorant (unaware) of*

ne pas ignorer que—*to be (well) aware that*

Vous n'ignorez pas que son père était Français. *You are (well) aware that his father was French.*

---

importer—*to be important, to matter*

N'importe!—*Never mind!*

n'importe comment (où, quand, qui, etc.)—*any way (anywhere, anytime, anyone, etc.) at all*

Te peux le faire n'importe comment (où, quand). *You can do it any way (anywhere, anytime) at all.*

Peu importe.—*It doesn't much matter.*

Qu'importe!—*What difference does it make!*

---

imposer—*to impose*

s'imposer—*to be imperative*

Il me semble qu'un changement de régime s'impose. *It seems to me that a change in government is imperative.*

---

impossible—*impossible*

par impossible—*by some remote chance*

Si, par impossible, l'affaire marchait, nous serions preneurs. *If, by some remote chance, the deal were to work out, we would be interested.*

---

imprimer—*to impress, to print*

  imprimer un mouvement à—*to set in motion*

  Cette roue imprime un mouvement au mécanisme. *This wheel sets the mechanism in motion.*

---

inscrire—*to enroll, to inscribe*

  s'inscrire en faux contre—*to challenge*

  Je m'inscris en faux contre ces idées périmées. *I challenge those outdated ideas.*

---

instant—*moment*

  à l'instant—*just (a moment ago); right away*

  J'apprends à l'instant qu'il est parti. *I just learned (a moment ago) that he has left.* Je veux que vous fassiez ces devoirs à l'instant. *I want you to do this homework right away.*

  dès l'instant que—*in view of the fact that*

  Dès l'instant que vous refusez, je démissionne. *In view of the fact that you refuse, I resign.*

  de tous les instants—*constant*

  Leurs menaces étaient pour nous un souci de tous les instants. *Their threats were a constant worry for us.*

  par instants—*off and on, from time to time*

  On entendait le canon gronder par instants. *You could hear the cannon roaring off and on (from time to time).*

---

intelligence—*intelligence, understanding*

  d'intelligence—*in complicity*

  Ils étaient d'intelligence dans l'intrigue. *They were in complicity in the plot.*

---

intention—*intent, intention*

  à l'intention de—*for (the benefit of)*

Je suis sûr qu'il a dit cela à mon intention. *I am sure he said that for me (for my benefit).*

---

intérêt—*interest*

avoir intérêt à—*to be to someone's advantage to*

Il me semble évident que vous avez intérêt à rester ici maintenant. *It seems obvious to me that it is to your advantage to remain here now.*

---

inventer—*to discover, to invent*

ne pas avoir inventé la poudre (le fil à couper le beurre)—*not to set the world on fire*

Le nouveau contremaître est gentil, mais il n'a pas inventé la poudre (le fil à couper le beurre). *The new foreman is nice, but he won't set the world on fire.*

---

jamais—*ever, never*

à (tout) jamais—*for ever (and ever)*

Cela a été une leçon et j'y renonce à (tout) jamais. *I have learned my lesson and I'm giving it up for ever (and ever).*

Jamais de la vie!—*Never in the world! Not on your life!*

---

jambe—*leg*

La belle jambe que ça me fait!—*A lot of good that does me!*

par-dessous (-dessus) la jambe—*carelessly*

L'ouvrier a fait ce travail par-dessous (-dessus) la jambe. *The workman did that job carelessly.*

---

jeter—*to throw (away), cast (away)*

Elle a jeté son bonnet par-dessus les moulins.—*She has thrown propriety to the winds.*

en jeter plein la vue—*to put on quite a show*

Ces gens-là en jetaient plein la vue pour nous impressionner. *Those people put on quite a show to impress us.*

jeter de la poudre aux yeux à—*to make an impression on*

Il essaie toujours de nous jeter de la poudre aux yeux avec ses combinaisons. *He is always trying to make an impression on us with his schemes.*

jeter le manche après la cognée—*to throw in the sponge (the towel), to give up*

Perdant tout espoir d'en venir à bout, il a jeté le manche après la cognée. *Losing all hope of ever finishing, he threw in the sponge (the towel), (he gave up).*

jeter les hauts cris—*to complain bitterly*

Quand on lui a donné la facture, il a jeté les hauts cris. *When they gave him the bill, he complained bitterly.*

jeter sa gourme—*to sow one's wild oats*

Il est jeune et il faut qu'il jette sa gourme. *He is young and has to sow his wild oats.*

jeter son dévolu sur—*to set one's sights (heart) on*

Tout le monde sait qu'elle a jeté son dévolu sur Michel. *Everyone knows that she has set her sights (heart) on Michael.*

jeter un coup d'oeil à (sur)—*to glance at, to take a look at*

Il a jeté un coup d'oeil à (sur) ma lettre. *He glanced (took a look at) at my letter.*

jeter un cri—*to utter a cry*

Il a jeté un cri de douleur en tombant. *He uttered a cry of pain as he fell.*

jeter un froid sur—*to cast a pall over*

Leur arrivée inattendue a jeté un froid sur l'assistance. *Their unexpected arrival cast a pall over the people there.*

jeter un pavé dans la mare—*to cause an uproar*

Cette déclaration inattendue a jeté un pavé dans la mare. *This unexpected declaration caused an uproar.*

se jeter dans—*to empty (to flow) into*

La Seine se jette dans la Manche. *The Seine empties (flows) into the English Channel.*

jeu—*game, play*

    Ce n'est pas de jeu.—*It's not fair.*

    dans le jeu—*with it*

    Il a passé la quarantaine, mais il est toujours dans le jeu. *He's over forty, but he's still with it.*

    en jeu—*at stake*

    Son avenir était en jeu. *His future was at stake.*

    faire le jeu de—*to play into the hands of*

    Si vous continuez comme cela, vous ferez le jeu de vos adversaires. *If you go on that way, you'll be playing into your opponents' hands.*

    Faites vos jeux!—*Place all bets!*

    se faire un jeu de—*to think nothing of*

    Il se fait un jeu de courir dix kilomètres avant le petit déjeuner. *He thinks nothing of running ten kilometers before breakfast.*

joindre—*to join*

    joindre le geste à la parole—*to suit one's actions to one's words*

    "Sortez!" dit-il, et joignant le geste à la parole, il le poussa dehors. *"Get out!" he said, and suiting his actions to his words, he pushed him out the door.*

    joindre les deux bouts—*to make ends meet*

    Elle devait travailler de longues heures pour joindre les deux bouts. *She had to work long hours to make ends meet.*

    joindre l'utile à l'agréable—*to combine business and pleasure*

    Pour joindre l'utile à l'agréable, nous avons parlé de l'accord en jouant au golf. *To combine business and pleasure, we talked about the agreement while playing golf.*

joli—*pretty*

    C'est du joli!—*That's a nice state of affairs!*

    Elle est jolie à croquer.—*She's as pretty as a picture.*

    faire le joli cœur—*to play the lady-killer*

    Maintenant que te voilà marié il faudra cesser de faire le joli cœur. *Now that you're married, you'll have to stop playing the lady-killer.*

jouer—*to gamble, to play*

  A vous de jouer.—*It's your move.*

  jouer à—*to play (a game, a sport)*

Les voisins jouent au bridge tous les soirs. *The neighbors play bridge every night.*

  jouer au plus fin—*to play games with; to try to outwit*

Ne jouez pas au plus fin avec moi; je sais la vérité. *Don't play games with me; I know the truth.* Le reporter jouait au plus fin avec le procureur pour savoir ses projets. *The reporter tried to outwit the district attorney to learn his plans.*

  jouer cartes sur table (franc jeu)—*to play fair (aboveboard)*

Je ne continue pas s'ils ne jouent pas cartes sur table (franc jeu). *I won't continue if they don't play fair (aboveboard).*

  jouer de—*to play (a musical instrument)*

Elle joue du piano et de la clarinette. *She plays the piano and the clarinet.*

  jouer de malheur (malchance)—*to be out of luck*

Je suis allé trois fois à Paris sans le trouver; j'ai joué de malheur (malchance). *I went to Paris three times without finding him; I was out of luck.*

  jouer des coudes—*to push and shove*

Il a fallu qu'il joue des coudes pour faire son chemin dans la vie. *He has had to push and shove to make his way in the world.*

  jouer gros jeu—*to play for high stakes (for keeps)*

Il jouait gros jeu dans cette affaire, et tout le monde le savait. *He was playing for high stakes (for keeps) in this deal, and everyone knew it.*

  jouer la comédie—*to put on an act*

On ne peut pas croire ce qu'il dit; il joue la comédie. *You can't believe what he says; he's putting on an act.*

  jouer pour la galerie—*to play to the grandstand*

Il était évident qu'elle jouait pour la galerie et que son émotion était feinte. *It was obvious that she was playing to the grandstand and that her emotion was put on.*

  jouer serré—*to play it close to the vest*

Les négociations seront difficiles; il faudra jouer serré. *The negotiations will be difficult; we will have to play it close to the vest.*

  jouer sur le velours—*to bet on a sure thing*

Tu n'as rien à perdre; tu joues sur le velours. *You have nothing to lose;
you're betting on a sure thing.*

se jouer de—*to make light of*

Le groupe se jouait des difficultés de leur expédition. *The group made light
of the difficulties of their expedition.*

---

jour—*day(light)*

à jour—*up to date*

J'ai mis mon étude sur Freud à jour. *I've brought my study of Freud up to
date.*

de nos jours—*nowadays*

Ce genre de dentelle ne se fait plus de nos jours. *That kind of lace is no
longer made nowadays.*

du jour au lendemain—*overnight*

Il est devenu célèbre du jour au lendemain, grâce à son roman. *He became
a celebrity overnight, thanks to his novel.*

d'un jour à l'autre—*any day (now)*

Nous attendons son arrivée d'un jour à l'autre. *We're expecting him to
arrive any day (now).*

faire jour—*to be daylight, to get light*

Il fait jour très tôt ces jours-ci. *It is daylight (gets light) very early these
days.*

se faire jour—*to appear*

La vérité de l'histoire commence maintenant à se faire jour. *The truth
about the story is beginning to appear now.*

sous un jour—*in a light*

Elle l'a décrit sous un jour peu flatteur. *She described him in an unflattering light.*

---

jurer—*to swear*

jurer ses grands dieux—*to swear to heaven*

Il jurait ses grands dieux qu'il était innocent. *He swore to heaven that he
was innocent.*

---

jusque—*until, up to*

 J'en ai jusque là!—*I'm fed up with it! I've had it!*

 jusqu'à la gauche—*totally*

 Il est compromis jusqu'à la gauche. *He is totally compromised.*

 jusqu'à nouvel ordre—*until further notice*

 Le bureau sera fermé jusqu'à nouvel ordre. *The office will be closed until further notice.*

 jusqu'à plus ample informé—*pending further information*

 Jusqu'à plus ample informé nous ne pouvons rien dire de plus. *Pending further information, we cannot say anything more.*

 jusqu'au cou—*up to one's ears*

 Je suis dans la paperasserie jusqu'au cou. *I'm up to my ears in paperwork.*

juste—*exact, just, scanty*

 au juste—*exactly*

 Je ne vois pas au juste ce qu'il faut faire. *I don't see exactly what has to be done.*

 le juste milieu—*a happy medium*

 Elle va toujours du blanc au noir; il n'y a pas de juste milieu. *She always goes from one extreme to the other; there's no happy medium.*

justesse—*accuracy, justness*

 de justesse—*just barely*

 Ils ont attrapé le dernier train de justesse. *They just barely caught the last train.*

là—*there*

 Il n'est pas là—*He isn't in.*

 Là, là!—*Now, now!*

 Oh, là, là!—*Goodness gracious! Here, here!*

lâcher—*to let go of, to loosen*

    lâcher du lest—*to make concessions*

Le gouvernement a lâché du lest et se montre plus tolérant. *The administration has made concessions and is acting more tolerant.*

    lâcher la proie pour l'ombre—*to give up a sure thing*

Tu devrais accepter cette offre plutôt que de lâcher la proie pour l'ombre. *You ought to accept that offer rather than give up a sure thing.*

    lâcher le morceau—*to let the cat out of the bag*

Nous avons essayé de garder le secret, mais il a lâché le morceau. *We tried to keep the secret, but he let the cat out of the bag.*

    lâcher prise—*to let go, to loosen one's hold*

Il a lâché prise et est allé s'écraser sur les rochers en bas. *He let go (loosened his hold) and went crashing onto the rocks below.*

---

laisser—*to leave, to let, to allow*

    Cela laisse à désirer.—*There is room for improvement.*

    laisser des plumes—*to take a loss*

Il s'est débarrassé de ses actions pétrolières, mais il y a laissé des plumes. *He got rid of his oil stocks, but he took a loss on them.*

    laisser en panne—*to let down*

Nous comptions sur vous, mais vous nous avez laissés en panne. *We were counting on you, but you let us down.*

    laisser entendre—*to give to understand*

Il m'a laissé entendre que j'aurais le poste. *He gave me to understand that I would have the job.*

    laisser faire quelqu'un—*to let someone do as he pleases*

Laissez faire les enfants; ils seront sages. *Let the children do as they please; they'll be good.*

    laisser savoir—*to let on*

Il ne voulait pas laisser savoir qu'il nous connaissait déjà. *He didn't want to let on that he knew us already.*

    laisser tomber—*to drop*

Le shérif lui a dit de laisser tomber son fusil et d'avancer. *The sheriff told him to drop his rifle and to come forward.*

    Laissez-moi tranquille!—*Leave me alone!*

    ne pas laisser de—*to do just the same*

Son travail est fatigant et difficile, mais ne laisse pas de lui plaire. *His work is tiring and difficult, but it pleases him just the same.*

se laisser dire — *to have heard it said*

Je me suis laissé dire qu'il avait eu une vie tumultueuse. *I have heard it said that he had led a riotous life.*

se laisser faire — *to offer no resistance*

Laissez-vous faire pendant qu'ils vous fouilleront. *Don't offer any resistance while they search you.*

se laisser prendre à — *to fall for*

Vous êtes-vous laissé prendre à ce vieux manège? *Did you fall for that old trick?*

se laisser tondre (la laine sur le dos) — *to let oneself be fleeced*

Par naïveté il s'est laissé tondre (la laine sur le dos). *Out of naïveté he let himself be fleeced.*

se laisser vivre — *to take it (life) easy*

Plutôt que de me fatiguer, je préfère me laisser vivre. *Rather than tire myself out, I prefer to take it (life) easy.*

s'en laisser conter — *to let oneself be taken in*

Tu t'en es laissé conter si tu as payé ce meuble mille euros. *You let yourself be taken in if you paid a thousand euros for that piece of furniture.*

un laissé pour compte — *a reject*

Les vieux semblent être les laissés pour compte de la société moderne. *The elderly seem to be the rejects of modern society.*

---

langue — *language, tongue*

avoir la langue bien pendue — *to talk someone's head off*

Cet homme a la langue bien pendue. *That man will talk your head off.*

une mauvaise (méchante) langue — *a nasty gossip*

Ne l'écoutez pas: C'est une mauvaise (méchante) langue! *Don't listen to her: She's a nasty gossip!*

La langue m'a fourché. — *I made a slip of the tongue.*

---

larme — *tear*

une larme de — *a drop of*

Puis-je vous verser une larme de ce cognac? *May I pour you a drop of this brandy?*

---

laver—*to wash*

    laver la tête à—*to give a dressing down (hell) to*

    Sa mère lui a lavé la tête en le voyant rentrer si tard. *His mother gave him a dressing down (hell) when she saw him come home so late.*

---

léger—*light, slight*

    à la légère—*lightly*

    Je ne prends pas ses menaces à la légère. *I don't take his threats lightly.*

---

lendemain—*the day after, the next day*

    sans lendemain—*short-lived*

    Il a joui d'une célébrité sans lendemain. *He enjoyed a short-lived notoriety.*

---

lettre—*letter*

    à la lettre (au pied de la lettre)—*literally*

    Il ne faut pas prendre ce texte à la lettre (au pied de la lettre). *You must not take this text literally.*

    avant la lettre—*before its (one's) time*

    Ce philosophe était un socialiste avant la lettre. *That philosopher was a socialist before his time.*

    lettre morte—*a dead issue*

    L'augmentation des fonctionnaires est restée lettre morte. *The civil servants' raise is a dead issue.*

---

levée—*lifting, raising*

    une levée de boucliers—*an outcry*

    Les jugements sévères de la cour ont provoqué une levée de boucliers. *There was an outcry over the severe sentences of the court.*

---

lever—*to raise*

    lever le camp—*to pull up stakes*

    Quand nous sommes arrivés, ils avaient déjà levé le camp. *When we arrived, they had already pulled up stakes.*

    lever le coude—*to enjoy a drink*

Malgré son air sobre et solennel, on dit qu'il lève le coude. *Despite his sober and solemn air, they say that he enjoys a drink.*

lever le pied—*to vanish*

Il a levé le pied avec la fortune de sa femme. *He vanished with his wife's fortune.*

lever les bras au ciel—*to throw up one's hands*

Avouant son impuissance, il a levé les bras au ciel. *Confessing his inability to do anything, he threw up his hands.*

lever un lièvre—*to bring up a sticky point*

Au milieu de la discussion, M. Dupont a levé un lièvre. *In the middle of the discussion, Mr. Dupont brought up a sticky point.*

se lever—*to get up*

Nous nous levons toujours dès l'aurore. *We always get up at dawn.*

se lever du pied gauche—*to get up on the wrong side of the bed*

Laura boude: elle s'est levée du pied gauche ce matin. *Laura is sulking; she got up on the wrong side of the bed this morning.*

---

libre—*free*

libre carrière—*free rein (scope)*

Elle a donné libre carrière à son imagination. *She gave free rein (scope) to her imagination.*

---

lier—*to bind, to tie*

lier connaissance—*to strike up an acquaintance*

A l'hôtel ils ont lié connaissance avec leurs voisins. *At the hotel they struck up an acquaintance with their neighbors.*

se lier avec—*to make friends with, to take up with*

Il s'est lié avec le fils des voisins. *He has made friends with (has taken up with) the neighbors' son.*

---

lieu—*place*

au lieu de—*instead of*

Elle est venue elle-même au lieu d'appeler son frère. *She came herself instead of calling her brother.*

avoir lieu de—*to have grounds to (for)*

J'avoue qu'elle a lieu de se plaindre. *I confess that she has grounds to complain (for complaint).*

s'il y a lieu—*if necessary*

Revenez me voir s'il y a lieu. *Come back and see me if necessary.*

ligne—*line*

A la ligne.—*New paragraph.*

en ligne de compte—*in(to) consideration*

Ces questions n'entrent pas en ligne de compte. *Those questions don't enter into consideration.*

limite—*boundary, limit*

à la limite—*if need be*

A la limite, nous pourrions le faire arrêter. *If need be, we could have him arrested.*

lit—*bed*

faire le lit de—*to pave the way for*

Les erreurs des socialistes ont fait le lit de la droite. *The Socialists' mistakes paved the way for the Right.*

livrer—*to deliver*

livrer combat—*to wage a battle*

Ce médecin livre un combat sans trêve contre la maladie. *That doctor wages an unceasing battle against disease.*

livrer passage à—*to open the way for (to)*

Ils ont élargi cette rue pour livrer passage aux poids-lourds. *They widened this street to open the way for (to) trucks.*

se livrer à—*to engage in*

Ayant tout son temps libre, elle s'est livrée à l'étude du grec. *Having all her time free, she engaged in the study of Greek.*

loge—*lodge, box*

être aux premières loges—*to have a ringside seat*

Nous étions aux premières loges pour entendre leurs discussions. *We had a ringside seat to hear their arguments.*

loger—*to lodge*

être logés à la même enseigne—*to be in the same boat*

Il faut s'entr'aider; nous sommes logés à la même enseigne. *We have to help each other out; we're all in the same boat.*

loi—*law*

faire la loi—*to lay down the law, to rule the roost*

C'est le père qui fait la loi dans leur famille. *It's the father who lays down the law (rules the roost) in their family.*

loin—*far*

au loin—*in the distance*

Je l'ai aperçu au loin, qui courait vers moi. *I saw him in the distance, running toward me.*

de loin—*from afar; by far*

Il criait fort pour se faire entendre de loin. *He was shouting so as to be heard from afar.*

C'était de loin l'offre la plus intéressante que nous ayons reçue. *It was by far the most interesting offer we received.*

de loin en loin—*every now and then, every so often*

Mon oncle d'Amérique vient nous voir de loin en loin. *My uncle from America comes to see us every now and then (every so often).*

du plus loin que—*as far back as*

Du plus loin que je me souviens, ils ont toujours habité là. *As far back as I remember, they have always lived there.*

loin du compte—*(way) off target*

Si vous croyez qu'ils accepteront, vous êtes loin du compte. *If you think that they will accept, you're (way) off target.*

long—*long*

à la longue—*in the long run*

Patientez; vous vous y habituerez à la longue. *Be patient; you'll get used to it in the long run.*

de longue date—*long-standing*

Il y a une rivalité de longue date entre eux. *There is a long-standing rivalry between them.*

de longue haleine (main)—*long-term*

La restauration de ce quartier est un travail de longue haleine (main). *The restoration of this neighborhood is a long-term project.*

faire long feu (erroneously: ne pas faire long feu)—*to fizzle out*

Leur projet a fait long feu faute de crédits suffisants. *Their plan fizzled out for lack of sufficient funding.*

long comme un jour sans pain—*as long as a month of Sundays*

Le sermon semblait long comme un jour sans pain. *The sermon seemed as long as a month of Sundays.*

---

long—*length*

de long en large—*back and forth, up and down*

Il se promenait de long en large, sans arrêt. *He walked back and forth (up and down) ceaselessly.*

(tout) le long de—*(all) along*

Il y avait des voitures garées (tout) le long du trottoir. *There were cars parked (all) along the curb.*

---

longtemps—*(for) a long time*

de longtemps—*for a long while*

On ne reverra plus cela de longtemps. *You won't see that again for a long while.*

---

longueur—*length*

à longueur de temps (de journée)—*all the time (all day long)*

Ils se disputent à longueur de temps (de journée). *They argue all the time (all day long).*

---

lors—*then*

dès lors que—*since*

Dès lors que c'est vous qui le dites, je le crois. *Since it is you who say it, I believe it.*

lors même que—*even though*

Lors même que vous ne le voudriez pas, il faudrait accepter. *Even though you didn't want to, you would have to accept.*

---

lourd—*heavy*

Il fait lourd.—*The weather is humid (muggy).*

pas lourd—*not much*

Il n'en reste pas lourd maintenant. *There isn't much left now.*

---

lumière—*light*

avoir des lumières—*to know a lot*

Demandez à Jean; il a des lumières sur ce sujet. *Ask John; he knows a lot about that subject.*

Ce n'est pas une lumière.—*He (she) is no genius.*

---

lune—*moon*

Il est dans la lune.—*He is up in the clouds. His mind is a million miles away.*

---

lutter—*to struggle*

lutter bec et ongle—*to fight tooth and nail*

Après avoir lutté bec et ongle, ils ont fini par faire la paix. *After fighting tooth and nail, they ended by making up.*

---

mâcher—*to chew*

mâcher le travail (la besogne) à quelqu'un—*to spoon-feed someone*

Etant donné son expérience, on ne devrait pas avoir besoin de lui mâcher le travail (la besogne). *With all his experience, we shouldn't need to spoon-feed him.*

ne pas mâcher ses mots—*not to mince words*

Je lui ai dit le fond de ma pensée, et je n'ai pas mâché mes mots. *I told her what I was thinking, and I didn't mince words.*

---

maigre—*lean, thin*

faire maigre—*not to eat meat*

Sa famille fait encore maigre le vendredi. *His family still doesn't eat meat on Fridays.*

maigre comme un clou (un coucou, un hareng saur)—*skinny as a rail*

Grâce à son régime, elle réussit à rester maigre comme un clou (un coucou, un hareng saur). *Thanks to her diet, she manages to remain skinny as a rail.*

une maigre consolation—*cold comfort*

L'échec de son adversaire était une maigre consolation pour lui. *His opponent's failure was cold comfort to him.*

---

maille—*penny, stitch*

maille à partir avec—*a bone to pick with*

Il a eu maille à partir avec son patron. *He had a bone to pick with his boss.*

---

main—*hand*

à main armée—*armed*

Ils ont été condamnés pour vol à main armée. *They were convicted of armed robbery.*

avoir en main—*to have under control*

Le gouvernement semble avoir la situation bien en main. *The government seems to have the situation well under control.*

avoir la main heureuse—*to be lucky*

Il a eu la main heureuse dans ses placements. *He was lucky with his investments.*

de main de maître—*with a master's touch*

Cette table a été finie de main de maître. *This table was finished with a master's touch.*

en sous-main — *secretly*

Les deux puissances ont négocié en sous-main. *The two powers negotiated secretly.*

faire main basse sur — *to lay one's hands on, to rob*

Le notaire a fait main basse sur les fonds de ses clients. *The lawyer laid his hands on (robbed) his clients' funds.*

la main dans le sac — *red-handed*

On l'a pris la main dans le sac. *He was caught red-handed.*

la main sur la conscience — *cross my heart, upon my conscience*

La main sur la conscience, ce que j'ai dit est vrai. *Cross my heart (upon my conscience), what I said is true.*

sous la main — *at hand*

Je n'ai pas son dossier sous la main. *I don't have his file at hand.*

mais — *but, indeed*

mais oui (non) — *of course (not)*

Tu lui as répondu quand il a dit ces choses? Mais oui (non)! *You answered him when he said those things? Of course (not)!*

maison — *home, house*

C'est la maison du bon Dieu. — *It's a very hospitable house. It's open to everyone.*

la maison mère — *the home office*

La maison mère de cette banque est située à Lille. *The home office of this bank is located in Lille.*

maître — *master, schoolteacher*

être maître de — *to be free to*

Je suis maître de faire ce que je veux. *I am free to do what I want.*

mal — *evil, ill, pain*

avoir du mal à — *to be hard put to, to have a hard time, to have trouble*

153

Avec son accent, j'ai eu du mal à le comprendre. *With his accent, I was
hard put to understand him (I had a hard time [I had trouble] understanding him).*

avoir le mal de mer — *to be seasick*

En traversant la Manche, nous avons tous eu le mal de mer. *While crossing
the Channel, we were all seasick.*

avoir le mal du pays — *to be homesick*

Depuis son arrivée en Europe, elle a le mal du pays. *Since her arrival in
Europe, she has been homesick.*

avoir mal à — *to have an ache (pain)*

Si tu as mal à la tête, prends de l'aspirine. *If you have a headache, take
aspirin.*

avoir mal au coeur — *to be (to feel) sick to one's stomach*

Pendant toute la traversée elle a eu mal au coeur. *During the entire crossing
she was (she felt) sick to her stomach.*

avoir mal aux cheveux — *to have a hangover*

Le lendemain de la fête, ils avaient affreusement mal aux cheveux. *The
morning after the party, they had horrible hangovers.*

en mal de — *short of (on)*

C'est un journaliste en mal de sujet. *He's a reporter short of (on) topics.*

faire mal — *to hurt*

Arrête, tu me fais mal! *Stop, you're hurting me!* Mon pied me fait très mal.
My foot hurts (me) a lot.

Il n'y a pas de mal à cela. — *There is nothing wrong with that.*

mal — *badly, ill*

mal avec — *on bad terms with*

Elle était mal avec tous ses voisins. *She was on bad terms with all her
neighbors.*

mal en point (mal en train) — *in bad shape (out of sorts)*

Excusez-moi, je suis mal en point (mal en train) ce matin. *Excuse me, I am
in bad shape (out of sorts) this morning.*

Mal lui (m', etc.) en a pris! — *It turned out badly for him (for me, etc.)!*

pas mal de — *a good bit (many) of, a good deal of, quite a bit (a few)*

Il y avait pas mal de gens à la réunion. *There were a good many (a good
deal of, quite a few) people at the meeting.*

maladie—*disease, illness*

    faire une maladie de—*to worry oneself sick over*

    Ne lui dis pas la mauvaise nouvelle; il en ferait une maladie. *Don't tell him the bad news; he would worry himself sick over it.*

---

malheur—*misfortune, unhappiness*

    faire un malheur—*to do something drastic (terrible); to score a hit*

    Arrêtez ce fou! Il va faire un malheur. *Stop that madman! He is going to do something drastic (terrible).*

    Le nouveau chanteur a fait un malheur au festival. *The new singer scored a hit at the festival.*

---

malheureux—*unfortunate, unhappy*

    Ce n'est pas malheureux!—*It's a good thing!*

---

malin—*shrewd, sly*

    Ce n'est pas plus malin que ça!—*That's all there is to it!*

    C'est malin!—*That's smart!*

    faire le malin—*to be a wise guy*

    Cesse de faire le malin et écoute-moi. *Stop being a wise guy and listen to me.*

    malin comme un singe—*as sly as a fox*

    Malgré son air rustre il est malin comme un singe. *Despite his doltish air, he's as sly as a fox.*

---

manche—*sleeve*

    avoir (tenir) quelqu'un dans sa manche—*to have someone in one's pocket*

    Il a obtenu ce poste parce qu'il avait (tenait) le minister dans sa manche. *He got that position because he had the minister in his pocket.*

---

manche—*handle, stick*

    du côté du manche—*in the right place*

    Il avait le talent de se trouver toujours du côté du manche. *He had a talent for always being in the right place.*

---

manchot—*one-armed*

ne pas être manchot—*to be pretty good (no slouch) at*

Quand il s'agissait de fendre du bois, il n'y était pas manchot. *When it came to splitting wood, he was pretty good (no slouch) at it.*

---

manger—*to eat*

Je ne mange pas de ce pain-là!—*I'll have nothing to do with it!*

manger à deux (à plusieurs, à tous les) râteliers—*to have several irons in the fire.*

Pour subvenir à ses besoins croissants, il devait manger à deux (à plusieurs, à tous les) râteliers. *To take care of his growing needs, he had to have several irons in the fire.*

manger comme un moineau—*to eat like a bird*

Elle mangeait toujours comme un moineau pour garder la ligne. *She always ate like a bird in order to stay slim.*

manger comme un ogre (comme quatre)—*to eat like a horse*

En rentrant du pensionnat, leur fils mange toujours comme un ogre (comme quatre). *On his return from boarding school, their son always eats like a horse.*

manger de la vache enragée—*to go through hard times*

En attendant l'héritage, ils ont mangé de la vache enragée. *While waiting for their inheritance, they went through hard times.*

manger du bout des dents—*to pick at one's food*

Elle mangeait du bout des dents parce qu'elle n'avait pas du tout faim. *She picked at her food because she wasn't at all hungry.*

manger la consigne—*to forget (what one had to do)*

Il devait nous remettre une lettre, mais il a mangé la consigne. *He was supposed to bring us a letter, but he has forgotten (what he had to do).*

manger le morceau—*to spill the beans*

Le prisonnier a fini par manger le morceau et donner ses camarades. *The prisoner ended up by spilling the beans and betraying his comrades.*

manger son blé en herbe—*to throw one's money away, to squander one's inheritance*

Son oncle lui avait laissé une somme assez ronde, mais il a mangé son blé en herbe. *His uncle had left him a tidy sum, but he threw his money away (squandered his inheritance).*

manger son pain blanc le premier—*to do the easy part first*

Ce travail ne te semble pas difficile: Tu manges ton pain blanc le premier. *This job doesn't seem hard to you: you're doing the easy part first.*

manger sur le pouce—*to grab a bite (to eat)*

Faute de temps, nous avons mangé sur le pouce. *For lack of time, we grabbed a bite (to eat).*

se manger le nez—*to be at each other's throats*

Les deux associés passent leur temps à se manger le nez. *The two partners spend their time at each other's throats.*

---

manière—*manner, way*

de manière à—*in such a way as*

Elle l'a dit de manière à les blesser. *She said it in such a way as to hurt their feelings.*

de toute manière—*in any case*

De toute manière, on ne les verra plus. *In any case, we won't see them any more.*

En voilà des manières!—*That's no way to act!*

faire des manières—*to make a fuss*

Les Dupont font toujours des manières quand ils invitent. *The Duponts always make a fuss when they have company over.*

---

manquer—*to be absent, to fail, to miss*

Il ne manquait plus que ça!—*That's the last straw!*

Il n'en manque jamais une!—*He always puts his foot in it!*

manquer à quelqu'un—*to be missed by someone*

Mon amie me manque beaucoup en ce moment. *I miss my girlfriend very much right now.*

manquer à sa parole—*not to keep one's word*

Papa a manqué à sa parole; il ne nous a pas emmenés. *Daddy didn't keep his word; he didn't take us along.*

manquer (de) faire—*almost to do*

J'ai manqué (de) tomber dans l'escalier. *I almost fell down the stairs.*

ne pas manquer de—*to be sure to, not to fail to*

Ne manquez pas de nous écrire. *Be sure (Don't fail) to write to us.*

N'y manquez pas!—*Don't forget!*

Tu as manqué le coche!—*You missed the boat!*

manteau—*cloak, coat*

sous le manteau—*in secret*

Il préparait son départ sous le manteau. *He was preparing his departure in secret.*

marchand—*merchant*

Le marchand de sable est passé.—*The sandman is here; the children are sleepy.*

un marchand des quatre saisons—*a pushcart peddler, street vendor*

Elle a acheté ces belles pêches à un marchand des quatre saisons. *She bought these beautiful peaches from a pushcart peddler (street vendor).*

marche—*running, step, walk*

en marche—*running*

Dès que le moteur sera en marche il faudra partir. *As soon as the motor is running we'll have to go.*

faire marche arrière—*to back up*

Nous avons fait marche arrière dans un sentier pour faire demi-tour. *We backed up into a lane to turn around.*

marché—*market*

bon (meilleur) marché—*cheap(er)*

Les pommes de terre sont bon (meilleur) marché cette semaine. *Potatoes are cheap(er) this week.*

un marché de dupes—*a bad deal, a swindle*

Je n'accepte pas son offre parce que c'est un marché de dupes. *I don't accept his offer because it's a bad deal (a swindle).*

marcher—*to walk, to work (for a machine)*

faire marcher quelque chose—*to keep something going; to work something*

Cela fait marcher le commerce. *That keeps business going.* Je ne sais pas faire marcher cette machine. *I don't know how to work this machine.*

faire marcher quelqu'un—*to get a rise out of someone; to pull someone's leg*

Malgré tous mes efforts, je n'ai pas pu le faire marcher. *In spite of all my efforts, I couldn't get a rise out of him.* Je vois maintenant qu'il me faisait marcher avec son histoire bizarre. *I see now that he was pulling my leg with that strange story of his.*

Je ne marche pas!—*Nothing doing!*

marcher comme sur des roulettes—*to go (off) like clockwork*

L'opération a marché comme sur des roulettes. *The operation went (off) like clockwork.*

marcher sur des oeufs—*to skate (to walk) on thin ice, to tread on delicate ground*

En lui parlant de cette affaire, j'avais l'impression de marcher sur des oeufs. *Speaking to him about that matter, I felt I was skating (walking) on thin ice (treading on delicate ground).*

---

mariée—*bride*

La mariée est trop belle!—*It's too good to be true! What's the catch?*

---

mariner—*to marinate*

faire (laisser) mariner quelqu'un—*to let someone stew*

Ses amis ont décidé de le faire (laisser) mariner en prison. *His friends decided to let him stew in prison.*

---

marquer—*to mark, to score*

marqué d'une pierre blanche—*red-letter*

L'anniversaire de cette découverte sera toujours marqué d'une pierre blanche. *The anniversary of this discovery will always be a red-letter day.*

marquer le coup—*to mark the occasion; to react*

Elle a eu le bac, donc elle nous a invités à marquer le coup. *She passed the baccalaureate, so she invited us over to mark the occasion.* Il a entendu le commentaire, mais il n'a pas marqué le coup. *He heard the comment, but he didn't react.*

marquer le pas—*to mark time*

En attendant l'arrivée du directeur, nous marquions le pas. *While waiting for the director to arrive, we just marked time.*

---

mars—*March*

arriver (tomber) comme mars en carême—*to come inevitably*

Leur commentaires sur nos déboires sont arrivés (sont tombés) comme mars en carême. *Their comments on our setback came inevitably.*

---

marteau—*hammer*

avoir eu un coup de marteau (être marteau)—*to be nuts*

Tu as payé ça cinq cents euros? Tu as eu un coup de marteau (tu es marteau)! *You paid five hundred euros for that? You're nuts!*

---

masse—*mass, sledgehammer*

comme une masse—*in a heap*

Frappé par la grosse brute, il est tombé comme une masse. *When he was hit by the big brute, he fell in a heap.*

des masses—*a whole bunch (lot)*

Il n'a pas des masses d'argent. *He doesn't have a whole bunch (a whole lot) of money.*

---

match—*game*

faire match nul—*to play to a draw*

Au bout de quatre sets, ils faisaient match nul. *At the end of the four sets, they played to a draw.*

---

mauvais—*bad, wrong*

faire contre mauvaise fortune bon coeur—*to grin and bear it*

Puisqu' on n'y peut rien, faisons contre mauvaise fortune bon coeur. *Since we can't do anything about it, let's grin and bear it.*

mauvais comme la gale—*as mean as the devil*

On dit que son mari est mauvais comme la gale. *They say her husband is as mean as the devil.*

un mauvais coucheur—*a mean cuss, hard to get along with*

N'emmenons pas Robert; c'est un mauvais coucheur. *Let's not take Robert along; he's a mean cuss (he's hard to get along with).*

un mauvais pas—*a tight spot*

Elle nous a aidés à sortir d'un mauvais pas. *She helped us get out of a tight spot.*

mèche—*wick*

de mèche—*in cahoots*

Les deux employés étaient de mèche pour voler les clients. *The two employees were in cahoots to rob the customers.*

éventer (vendre) la mèche—*to let the cat out of the bag*

La surprise allait réussir quand Lionel a éventé (vendu) la mèche. *The surprise was about to come off when Lionel let the cat out of the bag.*

mêler—*to mingle, to mix*

se mêler de—*to butt into*

Ne vous mêlez pas de leurs querelles. *Don't butt into their quarrels.*

se mêler de ses affaires (oignons)—*to mind one's own business*

Ce que je fais ne vous regarde pas; mêlez-vous de vos affaires (oignons). *What I'm doing doesn't concern you; mind your own business.*

même—*same, self, very*

à même—*right (straight) from*

Il boit la bière à même la bouteille. *He drinks beer right (straight) from the bottle.*

à même de—*in a position to*

Il n'est pas à même de vous voir aujourd'hui parce qu'il est souffrant. *He isn't in a position to see you today because he is ill.*

de la même eau (de la même farine, du même acabit, du même tabac, du même tonneau)—*of the same ilk (sort, kind, etc.)*

Les deux candidats sont de la même eau (de la même farine, du même acabit, du même tabac, du même tonneau). *The two candidates are of the same ilk (sort, kind, etc.).*

mémoire—*memory*

    avoir une mémoire d'éléphant—*to be vindictive*

    Ne l'insulte pas; il a une mémoire d'éléphant. *Don't insult him; he is vindictive.*

    de mémoire de—*as far back as one can remember*

    De mémoire de rose, on n'a jamais vu mourir de jardinier. *As far back as roses can remember, they have never seen a gardener die.*

    pour mémoire—*for the record*

    Je vous envoie cette facture pour mémoire. *I am sending you this bill for the record.*

    une mémoire de lièvre—*a short memory*

    Les emprunteurs ont souvent une mémoire de lièvre. *Borrowers often have short memories.*

---

ménager—*to arrange, to spare*

    ménager la chèvre et le chou—*to play both ends against the middle, to sit on the fence*

    Il veut ménager la chèvre et le chou, plutôt que de donner son avis. *He'd rather play both ends against the middle (sit on the fence) than give his opinion.*

    ménager quelque chose à—*to have something in store for*

    Je lui ménage une surprise. *I have a surprise in store for her.*

    se ménager une porte de sortie—*to leave oneself a way out*

    Il a offert son soutien, mais en se ménageant une porte de sortie. *He offered his support, but still leaving himself a way out.*

---

mener—*to lead, to take*

    mener à bien (à bonne fin)—*to carry out (through) successfully*

    Ils ont réussi à mener l'affaire à bien (à bonne fin). *They managed to carry the business out (through) successfully.*

    mener de front—*to carry on simultaneously*

    Il n'aurait pas dû essayer de mener de front ses études et son travail. *He shouldn't have attempted to carry on his studies and his work simultaneously.*

    mener en bateau—*to take for a ride*

Tu nous a menés en bateau avec tes promesses! *You took us for a ride, with your promises!*

mener grand train—*to live high on the hog (in style, it up)*

Depuis que leurs affaires marchent bien, ils mènent grand train. *Since their business started doing well, they have been living high on the hog (in style, it up).*

mener la vie de château—*to live high, wide, and handsome (the life of Riley)*

Son héritage lui a permis de mener la vie de château. *His inheritance has permitted him to live high, wide, and handsome (the life of Riley).*

mener par le bout du nez—*to lead by the nose, to twist around one's little finger*

Cette femme mène son mari par le bout du nez. *That woman leads her husband by the nose (twists her husband around her little finger).*

mener tambour battant—*to set a fast pace for*

Ce directeur mène ses associés tambour battant. *That director sets a fast pace for his associates.*

mener une vie de bâton de chaise—*to live a dissolute life, to burn the candle at both ends*

Cette vie de bâton de chaise que tu mènes finira par te lasser. *You'll end up by getting tired of this dissolute life you're living (burning the candle at both ends).*

ne pas en mener large—*to feel like two cents (small)*

Une fois devant les agents il n'en menait pas large. *Once he stood before the policemen, he felt like two cents (he felt small).*

---

mentir—*to lie*

mentir comme un arracheur de dents (comme une épitaphe, comme on respire)—*to be a bald-faced liar*

Ne l'écoutez pas; il ment comme un arracheur de dents (comme une épitaphe, comme il respire). *Don't listen to him; he's a bald-faced liar.*

sans mentir—*no fooling*

Sans mentir, cette veste vous va parfaitement. *No fooling, this coat fits you perfectly.*

---

menu—*minute, slender*

   par le menu—*in detail*

   Il a fallu tout lui expliquer par le menu. *We had to explain everything in detail to him.*

---

mer—*ocean, sea*

   Ce n'est pas la mer à boire.—*It's not such a big deal (job).*

---

merveille—*marvel, wonder*

   à merveille—*marvelously*

   Elle a joué cette sonate à merveille. *She played that sonata marvelously.*

   faire merveille—*to work wonders*

   Le nouveau médicament a fait merveille. *The new medicine worked wonders.*

---

mesure—*extent, measure*

   à la mesure de—*suited to*

   Ils cherchaient un associé à la mesure de l'entreprise. *They were looking for a partner suited to the business.*

   à mesure que (au fur et à mesure que)—*(proportionally) as*

   Le salaire minimum croît (au fur et) à mesure que le coût de la vie augmente. *The minimum wage increases (proportionally) as the cost of living goes up.*

   au fur et à mesure—*as one goes along*

   Ils enlevaient leurs vêtements inutiles au fur et à mesure. *They took off all unnecessary clothing as they went along.*

   au fur et à mesure de—*according to*

   Elle nous envoie de l'argent au fur et à mesure de nos besoins. *She sends us money according to our needs.*

   dans la mesure de—*as far as*

   Nous ferons ce que vous dites dans la mesure du possible. *We'll do what you say, as far as possible.*

   dans la mesure où—*insofar as*

   Je vous aiderai dans la mesure où je le pourrai. *I'll help you insofar as I am able.*

en mesure de—*in a position to*

Il est malade; il n'est pas en mesure de vous recevoir. *He is ill; he is not in a position to see you.*

sur mesure—*custom (-made)*

J'ai fait faire ces rideaux sur mesure. *I had these curtains custom-made.*

---

métier—*profession, trade*

avoir du métier—*to know one's trade*

On voit par ce beau travail qu'il a du métier. *You can see by this fine work that he knows his trade.*

Il n'y a pas de sot métier.—*A job is a job.*

---

mettre—*to put (on)*

bien mis—*well-dressed*

Elle était pauvre, mais toujours bien mise. *She was poor, but always well dressed.*

en mettre sa main au feu—*to eat one's hat, to stake one's life on it*

Il est coupable; j'en mettrais ma main au feu. *He is guilty or I'll eat my hat (I'd stake my life on it).*

en mettre un (sacré) coup—*to work really hard*

Il faudra en mettre un (sacré) coup si nous voulons finir à temps. *We'll have to work really hard if we want to finish in time.*

mettons que—*let's suppose that*

Mettons qu'il ait menti; qu'est-ce qu'on fait alors? *Let's suppose that he lied; what do we do then?*

mettre à contribution—*to call upon for help*

Ils ont mis tous leurs amis à contribution. *They called upon all their friends for help.*

mettre à feu et à sang—*to put to fire and the sword*

Les envahisseurs ont mis la ville à feu et au sang. *The invaders put the town to fire and the sword.*

mettre à gauche—*to set aside*

Il a réussi à mettre un peu d'argent à gauche. *He has managed to set a little money aside.*

mettre à la mode—*to bring into fashion*

La crise du pétrole mit les bicyclettes à la mode. *The oil crisis brought bicycles into fashion.*

mettre à la porte (à pied)—*to fire, to give the gate, to throw out*

Son patron l'a mis à la porte (à pied) parce qu'il volait. *His boss fired him (gave him the gate, threw him out) because he was stealing.*

mettre à la raison—*to bring to one's senses*

La colère de mes amis m'a mis à la raison. *The anger of my friends brought me to my senses.*

mettre à la voile—*to set sail*

Allez, Michèle. Il fait du vent—mettez à la voile. *Go on, Michèle. It's windy—let's set sail.*

mettre à nu—*to expose, to bare*

En grattant le mur ils ont mis une fresque à nu. *In scraping the wall they exposed (bared) a fresco.*

mettre au clou—*to hock*

Il a dû mettre sa montre au clou pour payer le loyer. *He had to hock his watch to pay the rent.*

mettre au défi de faire—*to challenge to do*

Je vous mets au défi d'en trouver un meilleur. *I challenge you to find a better one.*

mettre au monde—*to give birth to*

Elle mit au monde de beaux jumeaux. *She gave birth to a fine pair of twins.*

mettre au pas—*to bring into line*

Le juge a juré de mettre les fauteurs de troubles au pas. *The judge swore he would bring the troublemakers into line.*

mettre au point—*to finalize, to polish*

Les sénateurs se réunissent pour mettre au point leur stratégie. *The senators are meeting to finalize (to polish) their strategy.*

mettre bas—*to have (a cub, a kitten, etc.); to lay down*

La chatte a mis bas pendant la nuit. *The cat had her litter during the night.*
Les soldats mirent bas leurs armes et se rendirent. *The soldiers laid down their arms and surrendered.*

mettre dans le mille (dans le noir)—*to hit the nail on the head, to score a bull's-eye*

Sans le savoir, le détective a mis dans le mille avec sa supposition. *Without knowing it, the detective hit the nail on the head (scored a bull's-eye) with his supposition.*

mettre dans le même sac (panier) — *to lump together*

Il ne faut pas mettre dans le même sac (panier) toutes les espèces de délinquants. *You mustn't lump together all types of delinquents.*

mettre debout (sur pied) — *to set up*

Nous avons mis l'affaire debout (sur pied) en peu de temps. *We set the business up in short time.*

mettre dedans — *to take in, to fool*

Ce n'est pas de jeu d'essayer de nous mettre dedans. *It's no fair trying to take us in (to fool us).*

mettre de l'eau dans son vin — *to lower one's sights*

Etant donné nos problèmes financiers, nous devrons mettre de l'eau dans notre vin. *Given our financial difficulties, we'll have to lower our sights.*

mettre des bâtons dans les roues — *to throw a monkey wrench into the works*

Si nous n'avons pas réussi, c'est parce qu'il mettait toujours des bâtons dans les roues. *If we didn't succeed, it is because he kept throwing a monkey wrench into the works.*

mettre du beurre dans les épinards — *to make life a little easier*

Avec les heures supplémentaires il commence à mettre du beurre dans les épinards. *Thanks to overtime, he's starting to make life a little easier.*

mettre du temps à faire quelque chose — *to take a long time doing something*

Ils ont mis du temps à lire l'article. *They took a long time reading the article.*

mettre en boîte — *to make fun of, to poke fun at*

Elle n'arrêtait pas de mettre le nouveau venu en boîte. *She kept on making fun of (poking fun at) the newcomer.*

mettre en cause — *to call into question*

Cette seule erreur ne doit pas mettre en cause dix ans de travail! *This single error must not call ten years' work into question!*

mettre en demeure — *to order (to do something)*

Je l'ai mis en demeure de répondre à notre question. *I ordered him to answer our question.*

mettre en pièces—*to cut to ribbons, to tear apart*

Les critiques ont mis son livre en pièces. *The critics cut his book to ribbons (tore his book apart).*

mettre en route—*to start (up)*

J'ai mis ce projet en route il y a un mois. *I started this project (up) a month ago.*

mettre en train—*to get under way*

C'est elle qui a mis la nouvelle revue en train. *She is the one who got the new magazine under way.*

mettre en valeur—*to bring out, to play up; to develop*

Tâchez de mettre en valeur l'importance de leur coopération. *Try to bring out (to play up) the importance of their cooperation.* Ils ont décidé de mettre leur terrain en valeur. *They decided to develop their land.*

mettre en veilleuse—*to put on a back burner*

Pendant la guerre, on a mis l'industrie de luxe en veilleuse. *During the war, they put the luxury industry on a back burner.*

mettre en vente—*to put up for sale*

C'est l'heure de mettre notre maison en vente. *It is time to put our house up for sale.*

mettre la barre à—*to steer (toward)*

Le timonier a mis la barre à gauche. *The helmsman steered (toward the) left.*

mettre la charrue devant (avant) les bœufs—*to put the cart before the horse.*

Ne commencez pas là; vous mettez la charrue devant (avant) les bœufs. *Don't begin with that; you're putting the cart before the horse.*

mettre la clef sous la porte—*to skip out*

Quand on l'a cherché, il avait mis la clef sous la porte. *When they looked for him, he had skipped out.*

mettre la gomme—*to speed up*

Ce motocycliste devrait mettre la gomme s'il veut gagner la course. *That biker had better speed up if he wants to win the race.*

mettre la main à la pâte—*to pitch in, to take a hand in it*

Le travail sera vite terminé si tout le monde met la main à la pâte. *The work will be quickly finished if everyone pitches in (takes a hand in it).*

mettre la puce à l'oreille à quelqu'un—*to put a bug in someone's ear*

Les absences fréquentes de son employé lui ont mis la puce à l'oreille. *His
employee's frequent absences put a bug in his ear.*

mettre le cap sur—*to set out for*

Leur bateau a mis le cap ensuite sur Panama. *Their boat then set out for
Panama.*

mettre le feu aux poudres—*to set off the powder keg*

C'est l'assassinat de l'archiduc qui a mis le feu aux poudres. *It was the
archduke's assassination that set off the powder keg.*

mettre le holà—*to put a stop to it*

Il y avait tant de corruption que le gouvernement a dû enfin mettre le holà.
*There was so much corruption that the government finally had to put a
stop to it.*

mettre le marché en main à quelqu'un—*to tell someone to take it or
leave it*

Après une heure de discussions, je lui ai mis le marché en main. *After an
hour's argument, I told him to take it or leave it.*

mettre l'épée dans les reins à—*to prod*

Nous avons dû lui mettre l'épée dans les reins pour qu'il finisse. *We had to
prod him so he would finish.*

mettre les bouchées doubles—*to work on the double*

Ils ont dû mettre les bouchées doubles pour finir la commande. *They had to
work on the double to finish the order.*

mettre les petits plats dans les grands—*to put on a big spread*

En l'honneur de sa visite, ils avaient mis les petits plats dans les grands. *In
honor of his visit, they had put on a big spread.*

mettre les pieds dans le plat—*to put one's foot in it (in one's mouth)*

Ne sachant pas que c'était l'amie du patron, il a mis les pieds dans le plat.
*Not knowing that she was the boss's girlfriend, he put his foot in it (in
his mouth).*

mettre les points sur les i—*to dot the i's and cross the t's*

Je veux mettre les points sur les i avant d'annoncer cet accord. *I want to
dot the i's and cross the t's before we announce this agreement.*

mettre les pouces—*to give up*

Après une courte lutte inégale, il a mis les pouces. *After a brief, uneven
struggle, he gave up.*

mettre les voiles—*to take off*

Craignant la banqueroute, son associé a mis les voiles. *Fearing bankruptcy, his partner took off.*

mettre quelqu'un au pied du mur—*to put someone's back to the wall*

Je suis fatigué d'attendre sa décision; il faut le mettre au pied du mur. *I'm tired of waiting for his decision; we have to put his back to the wall.*

se mettre à—*to set about, to set to*

Mettons-nous au travail tout de suite. *Let's set about working (set to work) right away.*

se mettre à table—*to sit down to eat; to spill the beans*

Mettons-nous à table; le repas est prêt. *Let's sit down to eat; the meal is ready.* Après plusieurs heures d'interrogatoire, le suspect s'est mis à table. *After several hours of questioning, the suspect spilled the beans.*

se mettre au beau—*to clear up*

Quel bonheur! Le temps semble se mettre au beau. *What good luck! The weather seems to be clearing up.*

se mettre au vert—*to go to the country (to recuperate)*

Après cette longue année d'étude, vous devriez vous mettre au vert. *After this long year of study, you should go to the country (to recuperate).*

se mettre en quatre—*to bend (to lean) over backward, to break one's back*

Je me suis mis en quatre pour lui trouver ce qu'elle voulait. *I bent (I leaned) over backward (I broke my back) to find what she wanted.*

se mettre en tête de—*to take a notion to, to take it into one's head to*

Mon fils s'est mis en tête de devenir acteur. *My son has taken a notion (taken it into his head) to become an actor.*

se mettre le doigt dans l'oeil—*to be all wet (way off base)*

Si tu crois ces sottises, tu te mets le doigt dans l'oeil. *If you believe that nonsense, you're all wet (way off base).*

se mettre martel en tête—*to worry oneself sick*

Ne te mets pas martel en tête; tout s'arrangera. *Don't worry yourself sick; everything will work out all right.*

se mettre quelque chose (quelqu'un) à dos—*to turn something (someone) against one*

Le ministre veut obtenir un accord, mais sans se mettre l'opinion publique à dos. *The minister wants to get an agreement, but without turning public opinion against him.*

y mettre du sien—*to do (to give) one's share*

Si chacun y met du sien, nous aurons bientôt fini le travail. *If everyone does (gives) his share, we'll have finished the work soon.*

y mettre le paquet—*to give it one's all, to go all out*

Le coureur cycliste y a mis le paquet et il a gagné. *The bicycle racer gave it his all (went all out) and he won.*

y mettre son grain de sel—*to put in one's two cents' worth, to stick one's oar in*

Il n'en sait rien; pourquoi y met-il toujours son grain de sel? *He doesn't know anything about it; why does he always put in his two cents' worth (stick his oar in)?*

---

mi—*half-*

à mi-voix—*under one's breath*

Je n'ai pas pu les comprendre parce qu'ils parlaient à mi-voix. *I wasn't able to understand them because they were talking under their breath.*

la mi-janvier (etc.)—*the middle of January (etc.)*

Nous allons nous revoir à la mi-juillet. *We're going to see each other again in the middle of July.*

mi-figue, mi-raisin—*wry*

Il m'a regardé d'un air mi-figue, mi-raisin. *He looked at me with a wry expression.*

---

mieux—*better, best*

à qui mieux mieux—*each more than the other*

Les enfants faisaient du bruit à qui mieux mieux. *The children were making noise each more than the other.*

au mieux avec—*on excellent terms with*

Il est au mieux avec ses voisins. *He is on excellent terms with his neighbors.*

en mieux—*only better*

C'est sa soeur, en mieux. *She looks like her sister, only better.*

---

mijoter—*to simmer*

Qu'est-ce que tu mijotes?—*What are you up to?*

---

mine—*looks, mien*

    faire la mine à—*to pull a long face at*

    Pourquoi me fais-tu la mine ce matin? *Why are you pulling a long face at me this morning?*

    faire des mines—*to simper*

    En recevant ses invités, elle faisait des mines. *When she welcomed her guests, she would simper.*

    faire mine de—*to make as if to*

    Pour les déjouer, il a fait mine de sortir. *To throw them off track, he made as if to leave.*

    mine de rien—*without appearing to*

    Mine de rien, elle a amassé une fortune. *Without appearing to, she amassed a fortune.*

misère—*misery, poverty*

    faire des misères à—*to be nasty to*

    Mon petit frère me fait toujours des misères. *My little brother is always nasty to me.*

    pour une misère—*over a trifle*

    Les deux soeurs se sont disputées pour une misère. *The two sisters quarreled over a trifle.*

mode—*way*

    le mode d'emploi—*instructions (for use)*

    Ils n'auraient pas dû envoyer cette machine sans mode d'emploi. *They shouldn't have sent this machine without instructions (for use).*

moi—*me*

    à moi—*help!*

    A moi! On me vole! *Help! I'm being robbed!*

moins—*minus, less*

    à moins—*for less (cause) than that*

    On s'en fâcherait à moins! *You might get angry for less (cause) than that!*

    au moins—*at least (quantity)*

Sa famille a au moins trois voitures. *His family has at least three cars.*

du moins—*at least (concessive)*

Jean est sorti; du moins je le crois. *John has gone out; at least, I think so.*

en moins de deux (de rien)—*in no time at all*

Tu pourras le faire en moins de deux (de rien). *You can do it in no time at all.*

Il était moins une (moins cinq)!—*It was a close call (touch and go)!*

pas le moins du monde—*not by any means, not in the least*

Elle n'est pas sotte, pas le moins du monde. *She is not stupid by any means (not in the least stupid).*

---

moitié—*half*

à moitié—*half(way)*

Ce type me semblait à moitié fou. *That guy seemed half(way) crazy to me.*

de moitié dans—*involved in*

Il était de moitié dans leurs combinaisons. *He was involved in their deals.*

pour moitié dans—*half(way) responsible for (in)*

Je savais qu'elle était pour moitié dans cette affaire. *I knew she was half(way) responsible for (in) that business.*

---

moment—*moment, time*

à ce moment-là—*at that time; in that case*

Nous étions très occupés à ce moment-là. *We were very busy at that time.* A ce moment-là, il vaut mieux que je refasse le travail. *In that case, it's better for me to do the job over again.*

au moment de (où)—*just as*

Au moment de partir (Au moment où ils partaient), ils ont vu arriver leur ami. *Just as they were leaving, they saw their friend arriving.*

du moment que—*as long as, since*

Du moment que vous le prenez comme ça, je m'en vais. *As long as (since) you're going to take it like that, I'm leaving.*

d'un moment à l'autre—*any minute (now)*

Nous attendons son arrivée d'un moment à l'autre. *We expect him to arrive any minute (now).*

en ce moment—*at this time*

En ce moment, les bureaux sont débordés. *At this time, the offices are swamped.*

par moments—*at times*

Par moments votre ami a l'air vraiment malheureux. *At times your friend seems really unhappy.*

pour le moment—*for the time being*

Oublions notre différend pour le moment. *Let's forget our disagreement for the time being.*

sur le moment—*on the spot, right off*

Sur le moment je n'ai pas su trouver de réponse. *On the spot (right off) I couldn't find an answer.*

monde—*people, world*

de ce monde—*among the living*

Le pauvre homme n'est plus de ce monde. *The poor man is no longer among the living.*

depuis que le monde est monde—*since the beginning of time*

Depuis que le monde est monde, les enfants se croient plus malins que leurs parents. *Since the beginning of time, children have thought they were smarter than their parents.*

le beau (le grand) monde—*high society*

Il se vante de fréquenter le beau (le grand) monde. *He boasts of moving in high society.*

un monde fou—*a huge crowd*

Il y aura un monde fou aux courses. *There will be a huge crowd at the races.*

monnaie—*change, money*

monnaie courante—*commonplace*

Ce genre de raisonnement, bien que faux, est monnaie courante. *That kind of reasoning, although false, is commonplace.*

mont—*mount, mountain*

par monts et par vaux—*on the go*

A cause de son travail, elle est toujours par monts et par vaux. *Because of her work, she is always on the go.*

---

monter—*to go up, to take up*

monté contre quelqu'un—*up in arms against someone*

Je ne sais pas pourquoi ils sont montés contre moi. *I don't know why they are up in arms against me.*

monter à cheval (à bicyclette)—*to ride a horse (a bicycle)*

Elle a appris à monter (à cheval) au manège. *She learned how to ride (a horse) at riding school.*

monter à l'échelle—*to fall for a joke*

Mon grand frère m'a fait monter à l'échelle. *My big brother made me fall for a joke.*

monter au cerveau—*to go to one's head*

Le succès lui est monté au cerveau; on ne peut plus lui parler. *Success went to his head; you can't talk to him any more.*

monter dans une auto, un avion, un bateau, un train—*to get into a car (aboard, on a plane, a boat, a train)*

Nous sommes montés tout de suite dans l'avion de New York. *We got aboard (on) the plane to New York right away.*

monter en épingle—*to blow out of (all) proportion*

Ils ont monté l'incident en épingle. *They have blown the incident out of (all) proportion.*

monter en flèche—*to shoot up*

Les actions pétrolières sont montées en flèche. *Oil stocks shot up.*

monter en graine—*to go (to run) to seed*

Leur jardin est monté en graine pendant leur absence. *Their garden has gone (has run) to seed in their absence.*

monter la tête à quelqu'un—*to get someone worked up*

Je vois par votre attitude qu'il vous a monté la tête contre moi. *I see by your attitude that he got you worked up against me.*

monter sur les planches—*to go on the stage*

Depuis son enfance elle désirait monter sur les planches. *Since childhood she had wanted to go on the stage.*

monter sur ses grands chevaux—*to get up on one's high horse*

Quand on critique ses activités, il monte toujours sur ses grands chevaux.
   When you criticize his activities, he always gets up on his high horse.
monter un bateau à quelqu'un—*to lead someone on, to pull someone's
   leg*
Je vois maintenant qu'il nous a monté un bateau. *I see now that he was
   leading us on (pulling our leg).*
se monter à—*to amount (to come) to*
A combine se monte la facture? *How much does the bill amount (come) to?*

---

montre—*show, watch*
   faire montre de—*to show (off)*
   Il fait toujours montre de son érudition. *He is always showing (off) his
      learning.*

---

montrer—*to show*
   montrer patte blanche—*to have the password, to show one belongs*
   Pour entrer dans ce club il faut montrer patte blanche. *To go into that club
      you have to have the password (to show you belong).*

(se) moquer—*to laugh at, to mock*
   Il se moque du tiers comme du quart. Il s'en moque (comme de l'an
      40; comme de sa première chemise).—*He doesn't give a damn.*
   se moquer de—*not to give a damn about; to make fun of*
   C'est un homme impétueux qui se moque du danger. *He is a rash man who
      doesn't give a damn about (who snaps his fingers at) danger.* Cesse de te
      moquer de nous tout le temps. *Stop making fun of us all the time.*

---

moral—*morale*
   avoir le moral—*to be in good spirits*
   Elle va vite guérir, car elle a le moral. *She'll recover quickly, because she is
      in good spirits.*

---

morale—*morals*
   faire la morale à—*to give a lecture to*

Elle m'a fait la morale parce que j'étais rentré trop tard. *She gave me a lecture because I had come in too late.*

---

mordre—*to bite*

mordre à—*to take to*

Elle a mordu admirablement au français. *She has taken to French marvelously.*

mordre sur—*to go (to edge) over*

Sa voiture a mordu sur le bord du trottoir. *His car went (edged) over the curb.*

s'en mordre les doigts—*to kick oneself for something*

Je n'ai pas écouté son avertissement, et je m'en mords les doigts. *I didn't listen to his warning, and I could kick myself for it.*

---

mort—*dead*

mort de fatigue—*dead tired (tired to death)*

Après un tel effort, j'étais mort de fatigue. *After such an effort, I was dead tired (tired to death).*

mort de peur—*frightened to death*

En entendant grincer les chaînes, elle était morte de peur. *She was frightened to death on hearing the chains rattle.*

---

mort—*death*

la mort dans l'âme—*sick at heart*

Il dit adieu à sa patrie, la mort dans l'âme. *He felt sick at heart as he said farewell to his homeland.*

---

mot—*word*

avoir le mot pour rire—*to be ready with a joke*

Malgré sa dignité il a toujours le mot pour rire. *Despite his dignity, he is always ready with a joke.*

---

mouche—*fly*

faire mouche—*to hit home, to score a bull's-eye*

C'est cela: Votre réponse a fait mouche. *That's right: Your answer hit home (scored a bull's-eye).*

la mouche du coche—*a busybody*

Pendant que nous nous fatiguions à terminer le travail, Jean faisait la mouche du coche. *While we were struggling to finish the job, John acted the busybody.*

Quelle mouche te pique?—*What's bugging (eating) you? What's got into you?*

(se) moucher—*to blow (one's) nose*

Il ne se mouche pas du pied (du coude).—*He thinks a lot (highly) of himself.*

moucher quelqu'un—*to snub someone*

Voyant ce prétentieux à la fête, elle l'a mouché. *Seeing that snob at the party, she snubbed him.*

---

mouchoir—*handkerchief*

arriver dans un mouchoir—*to have a close finish*

Les coureurs sont arrivés dans un mouchoir. *The racers had a close finish.*

---

moulin—*mill*

un moulin à paroles—*a windbag*

C'est un moulin à paroles; on n'arrive pas à placer un mot. *He's a windbag; you can't get a word in edgewise.*

---

mourir—*to die*

C'est à mourir de rire!—*You'll laugh yourself sick!*

mourir à la tâche (debout)—*to die in harness*

Il a travaillé jusqu'à la fin, et il est mort à la tâche (debout). *He worked right up to the end, and he died in harness.*

mourir de faim—*to be starved to death, to be starving*

Allons dîner; je meurs de faim. *Let's go have dinner; I'm starved to death (I'm starving).*

mourir d'ennui—*to be bored to death*

Ne regardons plus ce programme; je meurs d'ennui. *Let's not watch this
program any longer; I'm bored to death.*

mourir d'envie de—*to be dying to*

Elle meurt d'envie de se faire inviter chez eux. *She is dying to get invited
to their house.*

mourir de sa belle mort—*to die of old age*

Malgré toutes ses maladies, il mourut de sa belle mort à l'âge de quatre-
vingt-dix ans. *Despite all his ailments, he died of old age at ninety.*

mouron—*pimpernel, chickweed*

se faire du mouron—*to worry oneself sick*

Je te dis que tu te fais du mouron pour rien! *I'm telling you, you're worrying yourself sick over nothing!*

moutarde—*mustard*

La moutarde lui monte au nez.—*He (she) is starting to see red.*

mouton—*sheep*

comme les moutons de Panurge—*like a flock of sheep (like lemmings)*

En dépit du bon sens, ils l'ont suivi comme les moutons de Panurge.
*Against all common sense, they followed him like a flock of sheep (like
lemmings).*

Revenons à nos moutons!—*Let's get back to (the) business (at hand)!*

mouvement—*movement*

dans le mouvement—*up to date*

Elle lisait toutes les revues pour rester dans le mouvement. *She read all the
magazines in order to keep up to date.*

muet—*mute, silent*

muet comme une carpe—*close-lipped*

Devant toutes nos questions il est resté muet comme une carpe. *He
remained close-lipped in the face of all our questions.*

mûr—*ripe*

   après mûre réflexion—*after due consideration*

   Après mûre réflexion, je dois refuser votre offre. *After due consideration, I must refuse your offer.*

---

mur—*wall*

   faire le mur—*to sneak out (over the wall)*

   La nuit il faisait le mur pour rejoindre ses camarades. *At night, he sneaked out (over the wall) to join his pals.*

---

nage—*swimming*

   en nage—*bathed in perspiration (sweat)*

   A la fin de la course, l'athlète était en nage. *By the end of the race, the athlete was bathed in perspiration (sweat).*

---

nager—*to swim*

   nager dans—*to be rolling (wallowing) in*

   Grâce à leurs placements, ils nageaient dans l'abondance. *Thanks to their investments, they were rolling (wallowing) in wealth.*

   nager entre deux eaux—*to play both sides*

   Ce député nage entre deux eaux pour éviter de se faire des ennemis. *That representative plays both sides to avoid making enemies.*

---

nature—*nature*

   C'est une bonne (une petite, une riche) nature.—*He (she) is a good (a frail, a big-hearted) soul.*

   dans la nature—*into thin air*

   Elle a disparu dans la nature. *She disappeared into thin air.*

   en nature—*in kind*

Puisque le fermier n'avait pas d'argent liquide, il nous a payés en nature. *Since the farmer didn't have any ready cash, he paid us in kind.*

la nature morte—*still life*

Ce peintre est connu surtout pour ses natures mortes. *This painter is known especially for his still lifes.*

---

né—*born*

né coiffé—*born lucky (with a silver spoon in one's mouth)*

Elle est née coiffée, mais elle sait travailler. *She was born lucky (with a silver spoon in her mouth), but she knows how to work.*

né sous une bonne étoile—*born under a lucky star*

Tout lui sourit; il est né sous une bonne étoile. *Everything works out well for him; he was born under a lucky star.*

---

nécessité—*necessity, need*

de toute nécessité—*absolutely essential*

Il est de toute nécessité que vous lui parliez immédiatement. *It is absolutely essential that you speak to him right away.*

---

nerf—*nerve, sinew*

Allons! Du nerf!—*Come on! Buck up!*

avoir les nerfs à fleur de peau—*to be very irritable*

Attention à ce que tu lui dis: il a les nerfs à fleur de peau. *Watch out what you say to him: he is very irritable.*

avoir les nerfs à vif (en boule)—*to be edgy*

En attendant le résultat de l'examen, elle a naturellement les nerfs à vif (en boule). *While awaiting the results of the exam, naturally she is edgy.*

porter (taper) sur les nerfs à quelqu'un—*to get on someone's nerves*

Cesse de faire ce bruit; il me porte (tape) sur les nerfs! *Stop making that noise; it's getting on my nerves!*

---

nez—*nose, face*

au nez et à la barbe de quelqu'un—*under someone's very nose*

L'impudent faisait de la contrebande au nez et à la barbe des douaniers.
*The rascal carried on smuggling under the very nose of the customs
agents.*

avoir dans le nez—*to have something against*

Je ne peux pas demander ce service à mon collègue: Il m'a dans le nez. *I
can't ask my colleague for that favor: He has something against me.*

avoir le nez creux—*to be shrewd (wily)*

On ne peut pas tromper ce type-là; il a le nez creux. *You can't fool that
guy; he's a shrewd (wily) one.*

---

nid—*nest*

un nid de poule—*a pothole*

J'ai dû casser un resort en passant sur un nid de poule. *I must have broken
a spring driving over a pothole.*

---

noce—*party, wedding*

faire la noce—*to do the town, to go on the town, to live it up, to paint the
town red*

Il avait fait la noce la veille, et il avait mal aux cheveux. *He had done the
town (gone on the town, lived it up, painted the town red) the night
before, and he had a hangover.*

Je n'étais pas à la noce!—*I wasn't exactly enjoying myself!*

---

noir—*black*

faire noir—*to be dark (out)*

Il faisait déjà noir et on n'y voyait plus rien. *It was already dark (out) and
you couldn't see a thing any more.*

---

noix—*(wal)nut*

à la noix—*worthless*

Je trouve que c'est une idée à la noix. *I think that's a worthless idea.*

---

nom—*name*

sans nom (qui n'a pas de nom)—*unspeakable*

Torturer les prisonniers est un crime sans nom (qui n'a pas de nom).
Torturing prisoners is an unspeakable crime.
Nom d'un chien (de nom, d'une pipe, d'un petit bonhomme)! —*By golly! Doggone it! Holy cow!*

---

nombre —*number*
au (du) nombre de —*among*
Je les compte au (du) nombre de mes amis. *I count them among my friends.*

---

note —*bill, note*
dans la note —*in style; fitting*
Sans suivre aveuglément la mode, elle savait rester dans la note. *Without following fashion slavishly, she managed to stay in style.*
Je trouvais que cette façon de parler n'était plus dans la note. *I felt that that way of talking was no longer fitting.*

---

nouvelle —*news (item)*
Première nouvelle! —*That's news to me!*
Vous aurez de mes nouvelles! —*You'll be hearing from me! You'll be sorry (about that)!*
Vous m'en direz des nouvelles! —*I'm sure you'll like it!*

---

noyer —*to drown*
se noyer dans un verre d'eau —*to make a mountain out of a molehill*
Ce fonctionnaire inepte se noie dans un verre d'eau. *That inept official makes a mountain out of a molehill.*

---

nu —*naked, nude*
nu comme la main (un ver) —*stark naked*
Quand j'ai ouvert la porte, il était nu comme la main (un ver). *When I opened the door, he was stark naked.*

---

nuit —*darkness, night*
dans la nuit des temps —*in the deep, dark past*

Les origines de cette tradition se perdent dans la nuit des temps. *The origins of this tradition are lost in the deep, dark past.*

faire nuit (noire)—*to be (pitch) dark (out)*

Il faisait nuit (noire) quand elle est rentrée. *It was (pitch) dark (out) when she came home.*

La nuit porte conseil—*Sleep on it.*

une nuit blanche—*a sleepless night*

J'ai passé une nuit blanche à penser à ce que vous m'avez dit. *I spent a sleepless night thinking about what you told me.*

---

nul—*no, null*

nul en—*no good at*

Je suis nul en maths. *I'm no good at math.*

---

numéro—*number*

C'est un drôle de numéro.—*He (she) is a strange character.*

objet—*object*

les objets trouvés—*the lost and found*

Votre manteau est peut-être aux objets trouvés. *Maybe your coat is in the lost and found.*

sans objet—*not applicable; groundless*

Ce règlement est désormais sans objet. *Henceforth this rule is not applicable.* Il faut oublier ces craintes sans objet. *You have to forget those groundless fears.*

---

occasion—*occasion, opportunity*

à l'occasion—*some time, when one gets the chance*

Passez nous voir à l'occasion. *Come see us some time (when you get the chance).*

d'occasion—*secondhand*

Nous avons acheté une voiture d'occasion, n'ayant pas l'argent pour une neuve. *We bought a secondhand car, not having enough money for a new one.*

---

occuper—*to occupy*

Occupe-toi (occupez-vous) de tes (vos) affaires (de tes, vos oignons).— *Mind your own business. Stick to your knitting.*

s'occuper à—*to keep busy (with)*

A ses heures perdues, il s'occupe à peindre. *In his spare time, he keeps busy (with) painting.*

s'occuper de—*to look after, to take care of*

Ne vous inquiétez pas; je vais m'occuper de ce problème. *Don't worry; I'm going to look after (take care of) that problem.*

---

odeur—*odor, smell*

ne pas être en odeur de sainteté auprès de quelqu'un—*not to be in someone's good graces*

Va le voir toi: je ne suis pas en odeur de sainteté auprès de lui. *You go see him: I'm not in his good graces.*

---

oeil—*eye*

à l'oeil—*for nothing, free*

Je n'avais pas d'argent, mais j'ai réussi à avoir un verre à l'oeil. *I didn't have any money, but I managed to get a drink for nothing (free).*

avoir (tenir) à l'oeil—*to keep one's eye (to keep tabs) on*

Ne faites pas de bêtises; je vous ai (tiens) à l'oeil. *Don't do anything foolish; I'm keeping my eye (I'm keeping tabs) on you.*

avoir les yeux plus gros que le ventre—*to bite off more than one can chew*

En achetant cette voiture, ils avaient les yeux plus gros que le ventre. *When they bought that car, they were biting off more than they could chew.*

ne pas avoir les yeux dans sa poche—*to have a keen eye*

Cet enfant remarque tout: Il n'a pas les yeux dans sa poche. *That child notices everything: He has a keen eye.*

ne pas avoir les yeux en face des trous—*to be half asleep*

C'est trop tôt pour en parler: Je n'ai pas les yeux en face des trous. *It's too early to talk of it: I'm half asleep.*

un oeil au beurre noir—*a black eye*

Il a eu un oeil au beurre noir dans la bagarre. *He got a black eye in the brawl.*

---

oeuf—*egg*

écraser (étouffer, tuer) dans l'oeuf—*to nip in the bud*

La police secrète a écrasé (étouffé, tué) le complot dans l'oeuf. *The secret police nipped the plot in the bud.*

---

office—*duty, office, service*

d'office—*as a matter of course, in the line of duty*

Le secrétaire envoie cet imprimé d'office à tous les candidats. *The secretary sends this form to all the applicants as a matter of course (in the line of duty).*

faire office de—*to act as*

Pendant son absence, vous ferez office de vice président. *During his absence, you will act as vice president.*

---

oignon—*onion*

aux petits oignons—*first-rate*

Elle a préparé un programme aux petits oignons. *She developed a first-rate program.*

Ce n'est pas mes oignons.—*It's none of my business.*

---

oiseau—*bird*

comme l'oiseau sur la branche—*in a very unsettled situation*

Dans ce poste il était comme l'oiseau sur la branche. *In that job he was in a very unsettled situation.*

---

ombre—*shade, shadow*

à l'ombre—*in the clink (jug, cooler)*

Le chef des gangsters a été mis à l'ombre. *The head of the gangsters has been put in the clink (jug, cooler).*

une ombre au tableau—*a fly in the ointment*

La seule ombre au tableau, c'est la mévente du blé. *The only fly in the ointment is the low selling price of wheat.*

---

opérer—*to operate*

opérer à chaud—*to perform an emergency operation*

Il n'y avait pas de temps à perdre: Il fallait opérer à chaud. *There was no time to waste: They had to perform an emergency operation.*

opérer à froid—*to let things cool down first*

Heureusement rien ne pressait, et ils pouvaient opérer à froid. *Fortunately there was no hurry, and they could let things cool down first.*

---

optique—*optics*

dans l'optique de—*from the viewpoint of*

Dans l'optique des jeunes, cette idée est périmée. *From the viewpoint of young people, that idea is outdated.*

---

ordinaire—*ordinary*

à l'ordinaire (d'ordinaire)—*usually*

Il rentre à midi et demi à l'ordinaire (d'ordinaire). *He usually comes home at half past noon.*

---

ordre—*order*

dans cet ordre de—*in that line of*

Il vaut mieux ne pas aller plus loin dans cet ordre d'idées. *It's better not to go any further in that line of thought.*

être (rentrer) dans l'ordre—*to be under control*

Rassurez-vous; tout est (est rentré) dans l'ordre maintenant. *Stop worrying; everything is under control now.*

l'ordre du jour—*the agenda*

Après cette discussion générale, nous allons passer à l'ordre du jour. *After this general discussion, we are going to proceed with the agenda.*

---

oreille—*ear*

avoir de l'oreille—*to have an ear for music*

Puisque l'enfant a de l'oreille, on va lui faire prendre des leçons de chant.
*Since the child has an ear for music, we are going to have him take
singing lessons.*

casser (rebattre) les oreilles à—*to deafen, to drive crazy*

Cesse de me casser (rebattre) les oreilles avec tes questions incessantes.
Stop deafening me (driving me crazy) with your incessant questions.

où—*where, in which, when*

par où—*which way*

Nous n'avons pas vu par où ils sont partis. *We didn't see which way they
went.*

ours—*bear*

un ours mal léché—*a big oaf*

C'est un ours mal léché, mais il a bon coeur. *He's a big oaf, but his heart is
in the right place.*

ouvrir—*to open*

ouvrir le bal—*to start the ball rolling*

Je vais faire une offre pour ouvrir le bal. *I'm going to make an offer to start
the ball rolling.*

s'ouvrir à—*to confide in*

Je regrette de m'être ouvert à ce bavard. *I'm sorry that I confided in that
gossip.*

page—*page*

à la page—*up to date*

Malgré son isolement, elle réussissait à rester à la page. *Despite her isolation, she managed to remain up to date.*

---

paille—*straw*

sur la paille—*down and out*

Autrefois cette famille était très riche, mais maintenant elle est sur la paille. *Once that family was very rich, but now they are down and out.*

---

pain—*bread*

au pain sec—*on bread and water*

Pour punir l'enfant on l'a mis au pain sec. *To punish the child, they put him on bread and water.*

avoir du pain sur la planche—*to have one's work cut out for one (a long row to hoe)*

Je n'ai plus de temps libre en ce moment; j'ai du pain sur la planche. *I have no more free time right now; I have my work cut out for me (a long row to hoe).*

C'est pain bénit!—*It's a golden opportunity! It serves him (them, etc.) right!*

---

paix—*peace*

(Fiche-moi) la paix!—*Leave me alone!*

---

panier—*basket*

un panier de crabes—*a hornet's nest*

Le département d'histoire est un vrai panier de crabes; les professeurs sont toujours en train de se disputer. *The history department is a real hornet's nest; the professors are always arguing with each other.*

un panier percé—*a spendthrift*

Sa fille achète tout ce qu'elle voit; c'est un panier percé. *His daughter buys everything she sees; she's a spendthrift.*

---

panne—*breakdown*

en panne—*out of order, stuck*

L'ascenseur est en panne; prenez l'escalier. *The elevator is out of order (stuck); use the stairs.*

en panne de—*out of*

J'ai remarqué que j'étais en panne de tabac. *I noticed that I was out of tobacco.*

en panne sèche—*out of gas*

Notre voiture est tombée en panne sèche en pleine campagne. *Our car ran out of gas way out in the country.*

---

papa—*daddy*

à la papa—*in leisurely fashion*

Ils roulaient à la papa. *They were driving along in leisurely fashion.*

C'est un papa gâteau.—*He spoils his children (with gifts).*

---

papier—*paper*

Enlevez (ôtez, rayez) cela de vos papiers.—*Don't count on that. You can forget about that.*

de papier-mâché—*pasty*

Nous lui trouvions une mine de papier-mâché. *We thought he had a pasty look (complexion).*

---

par—*by, per*

par à-coups—*by fits and starts*

Le nouveau programme marche par à-coups. *The new program is working by fits and starts.*

par ailleurs—*otherwise, moreover*

Je le trouve très fatigué, mais par ailleurs agacé par notre sollicitude. *I find him very tired, but otherwise (moreover) annoyed by our concern.*

par-ci, par-là—*here and there*

On voyait des feuilles mortes répandues par-ci, par-là. *You could see fallen leaves scattered here and there.*

par là même—*by the same token*

Ils sont pauvres, mais par là même ils n'ont rien à perdre. *They are poor, but by the same token they have nothing to lose.*

paraître—*to appear*

Il n'y paraît plus.—*There's no trace left of it.*

par-dessus—*above, over*

en avoir par-dessus la tête—*to be fed up with*

J'en ai par-dessus la tête de cette publicité idiote. *I'm fed up with this stupid commercial.*

par-dessus le marché—*into the bargain, on top of it all*

Il m'injurie et puis par-dessus le marché il veut que je m'excuse! *He insults
me and then he wants me to apologize into the bargain (on top of it all)!*

pareil—*like, similar*

C'est du pareil au même.—*It's one and the same thing.*

parer—*to adorn, to parry*

Parons au plus pressé.—*First things first.*

se parer de—*to lay (false) claim to*

Il se pare du titre de comte. *He lays (false) claim to the title of count.*

parfum—*perfume, flavor*

au parfum—*in the know*

Je me demande si le chancelier est au parfum. *I wonder whether the chan-
cellor is in the know.*

parler—*to speak, to talk*

parler chiffons—*to talk fashion*

Elles passent leur temps à parler chiffons. *They spend their time talking
fashion.*

parler de la pluie et du beau temps—*to make small talk, to talk about the
weather*

En attendant son arrivée, nous avons parlé de la pluie et du beau temps.
*While waiting for him to arrive, we made small talk (talked about the
weather).*

parler d'or—*to speak words of wisdom*

Après tant de discours creux, le sénateur a parlé d'or. *After so many empty speeches, the senator spoke words of wisdom.*

parler français comme une vache espagnole—*to speak broken French*

Malgré un long séjour, il parle toujours français comme une vache espagnole. *Despite a long stay, he still speaks broken French.*

Tu parles!—*You bet! You said it!*

Voilà qui est parlé!—*Well said!*

part—*place, portion, share*

à part—*aside from*

A part sa famille, elle ne connaît personne ici. *Aside from her family, she doesn't know anyone here.*

à part soi—*in one's heart*

J'ai voté pour le projet de loi, mais à part moi je m'en défiais. *I voted for the bill, but in my heart I had misgivings.*

avoir part au gâteau—*to have a finger in the pie*

Votre associé veut toujours avoir part au gâteau. *Your partner always wants to have a finger in the pie.*

C'est de la part de qui?—*Who is calling?*

de la part de—*from, on behalf of*

Voici un cadeau de la part du Marquis de Carabas. *Here is a gift from (on behalf of) the Marquess of Carabas.*

de part en part—*through and through*

Le pauvre jeune homme tomba transpercé de part en part par l'épée de son adversaire. *The poor youth fell, pierced through and through by his opponent's sword.*

faire la part de—*to take into account*

Il faut faire la part des volontés individuelles. *You have to take individual wishes into account.*

faire la part du feu—*to cut one's losses*

Plutôt que de se plaindre, ils ont décidé de faire la part du feu. *Rather than complain, they decided to cut their losses.*

faire part de—*to announce*

Nous voulons faire part du mariage de notre fils. *We wish to announce our son's marriage.*

parti—*decision, party*

    le parti pris—*bias, prejudice*

    Je vous le dis sans parti pris; ils ne sont pas dignes de confiance. *I say it to you without bias (prejudice); they are untrustworthy.*

---

partie—*match, part, party*

    avoir partie liée avec—*to be hand in glove with*

    Le maire a partie liée avec le député. *The mayor is hand in glove with the deputy.*

    Ce n'est pas une partie de plaisir.—*It's no picnic.*

    Ce n'est que partie remise.—*It's just put off till another time (a later day).*

    C'est ma partie.—*That's right up my alley.*

---

partir—*to depart, to leave, to start (out)*

    à partir de—*as of, from … on, starting*

    A partir d'aujourd'hui, je ne fume plus. *As of today (From today on, Starting today), I'm not going to smoke any more.*

    Cela part d'un bon coeur.—*His (Her) intentions are good.*

    Il part battu.—*He (feels he) has two strikes against him.*

    (re)partir à zéro—*to make a fresh start, to start (out) from scratch*

    Après les élections, nous (re)partirons à zéro. *After the elections, we will make a fresh start (we will start out from scratch).*

---

pas—*step*

    à pas de loup (feutrés)—*stealthily*

    Le cambrioleur s'approchait de la maison à pas de loup (feutrés). *The burglar approached the house stealthily.*

    avoir (prendre) le pas sur—*to have (to take) rank over*

    Ce n'est pas la peine de briguer ce poste: elle a (prend) le pas sur vous. *It's not worth it for you to solicit that position: she has (takes) rank over you.*

    de ce pas—*at this rate; right away*

De ce pas il nous faudra trois jours pour y arriver. *At this rate, it will take us three days to get there.* Attends-moi; j'y vais de ce pas. *Wait for me; I'll go there right away.*

un pas de clerc—*a blunder, a faux pas*

Voulant remédier à la situation, il fit plutôt un pas de clerc. *Trying to improve the situation, he committed a blunder (made a faux pas) instead.*

---

passage—*passage, passing*

au passage—*in passing; as it (he, etc.) goes by*

Au passage, il nous a souhaité le bonjour. *In passing, he said hello to us.* Il faut saisir l'occasion au passage. *You have to seize the opportunity as it goes by.*

de passage—*passing through*

Ils nous ont dit qu'ils n'étaient que de passage. *They told us that they were only passing through.*

---

passe—*pass*

dans une bonne (mauvaise) passe—*in a good (bad) situation*

Vous devrez m'excuser pour l'instant: je suis dans une mauvaise passe. *You will have to excuse me for the moment: I'm in a bad situation.*

être en passe de—*to be in a fair way to, to stand to*

Le syndicat est en passe de perdre tous les avantages qu'il a obtenus. *The union is in a fair way to (stands to) lose all the benefits it gained.*

---

passer—*to pass*

en passer par là (y passer)—*to go through with something*

Résignez-vous; il faudra en passer par là (y passer). *Resign yourself; you'll have to go through with it.*

faire passer le goût du pain à—*to kill, to teach a lesson*

Je lui ferai passer le goût du pain. *I'll teach him a lesson.*

Il faudra d'abord me passer sur le corps!—*Over my dead body!*

J'en passe, et des meilleures.—*Not to mention some of the most important.*

passe encore (de)—*never mind*

Passe encore d'être en retard, mais ne pas m'avoir même prévenu! *Never mind your being late, but not even to have let me know!*

passer à tabac—*to give the third degree (the works) to*

La police l'a passé à tabac pour le faire parler. *The police gave him the third degree (the works) to make him talk.*

passer au crible—*to go through with a fine-tooth comb*

L'éditeur a passé le manuscrit au crible. *The editor went through the manuscript with a fine-tooth comb.*

passer au fil de l'épée—*to put to the sword*

Après le siège, ils passèrent les prisonniers au fil de l'épée. *After the siege, they put the prisoners to the sword.*

passer comme une lettre à la poste—*to go through easily*

Notre proposition est passée comme une lettre à la poste. *Our proposal went through easily.*

passer de la pommade à—*to butter up, to soft-soap*

Pour se faire bien voir, il essaie de me passer de la pommade tout le temps. *To get in my good graces, he keeps trying to butter me up (to soft-soap me).*

passer en jugement—*to stand trial*

Vous devrez passer en jugement devant un jury. *You will have to stand trial before a jury.*

passer la main—*to turn in one's badge (spurs)*

Le vieil acteur a décidé enfin de passer la main. *The old actor finally decided to turn in his badge (spurs).*

passer la rampe—*to get across to the audience*

La nouvelle pièce, malgré ses défauts, passait la rampe. *The new play, despite its flaws, got across to the audience.*

passer l'arme à gauche—*to cash in one's chips, to kick the bucket*

Après une longue maladie, le père Michel a passé l'arme à gauche. *After a long illness, old man Michel cashed in his chips (kicked the bucket).*

passer par les armes—*to execute (with a firing squad)*

Le général a fait passer le traître par les armes. *The general had the traitor executed (by a firing squad).*

passer une commande—*to place an order*

Son gouvernement avait passé une importante commande d'avions militaires. *His government had placed a major order for military aircraft.*

passer une faute (un caprice, etc.)—*to give in to, to make allowances for*

Sa mère lui passe tous ses caprices. *His mother gives in to (makes allowances for) all his whims.*

passer un film—*to show a picture*

Quel film passe-t-on au cinéma ce soir? *What picture are they showing at the movies tonight?*

passer un vêtement—*to put on a garment*

Avant de sortir, elle a passé un pull. *Before going out, she put on a sweater.*

se passer—*to go by; to happen*

Les vacances se sont vite passées. *The vacation went by quickly.* Qu'est-ce qui s'est passé ici? *What happened here?*

se passer de—*to do (get along) without*

Avec le temps, tu apprendras à te passer de mon aide. *In time, you'll learn to do (to get along) without my help.*

---

patte—*foot, paw*

faire patte de velours—*to put on a velvet glove*

Afin de calmer les craintes des employés, le directeur a fait patte de velours. *In order to allay the employees' fears, the director put on a velvet glove.*

---

pavé—*paving stone*

C'est le pavé de l'ours.—*Save me from my (well-meaning) friends!*

sur le pavé—*in the gutter*

Pendant la Dépression, beaucoup de gens se sont trouvés sur le pavé du jour au lendemain. *During the Depression, many people found themselves in the gutter overnight.*

---

pavois—*shield*

élever (hisser) sur le pavois—*to glorify, to put up on a pedestal*

Les révolutionnaires élevaient (hissaient) Robespierre sur le pavois. *The revolutionaries glorified Robespierre (put Robespierre up on a pedestal).*

---

payer—*to pay*

être payé pour le savoir—*to have learned the hard way*

La concurrence est acharnée, je suis payé pour le savoir. *The competition is ruthless, as I've learned the hard way.*

ne pas payer de mine—*not to look like much*

Le restaurant ne payait pas de mine, mais les repas y étaient excellents. *The restaurant didn't look like much, but the meals there were excellent.*

payer de sa personne—*to make sacrifices*

Quant à notre succès, je l'ai payé de ma personne. *As for our success, I have made sacrifices for it.*

payer en monnaie de singe—*to give someone (not even) a wooden nickel*

Il m'a payé tous mes services en monnaie de singe. *He gave me (didn't even give me) a wooden nickel for all my services.*

payer les pots cassés—*to pay for the damage*

Ce sont les innocents qui payent les pots cassés. *It is the innocent people who pay for the damage.*

payer les violons—*to pay the bill*

Ton ami s'est bien amusé, maintenant c'est toi qui dois payer les violons. *Your friend had a very good time; now it's you who have to pay the bill.*

payer rubis sur l'ongle—*to pay cash on the barrel (on the line)*

Ce client n'aime pas avoir des dettes; il paie toujours rubis sur l'ongle. *This customer doesn't like to have debts; he always pays cash on the barrel (on the line).*

se payer—*to afford; to treat oneself to*

Nous ne pouvons pas nous payer le luxe d'une seconde voiture. *We can't afford the luxury of a second car.* Si on se payait un bon repas? *How about treating ourselves to a good meal?*

se payer de—*to settle for*

Il ne voulait plus se payer de belles paroles; il voulait des actes. *He no longer was willing to settle for fine words; he wanted action.*

se payer la tête de—*to make fun of, to put on*

Est-ce que tu te paies ma tête avec ces histoires? *Are you making fun of me (putting me on) with these stories?*

pays—*country*

en pays de connaissance—*on familiar ground (territory)*

Quand je fais des maths je me sens en pays de connaissance. *When I do math, I feel as if I'm on familiar ground (territory).*

peau—*skin*

   faire peau neuve—*to turn over a new leaf*

   En sortant de prison, il a résolu de faire peau neuve. *Upon leaving jail, he resolved to turn over a new leaf.*

---

peine—*difficulty, pain, trouble, penalty*

   à peine—*scarcely*

   Cette famille a à peine de quoi vivre depuis la mort du père. *That family has scarcely enough to live on since the father's death.*

   de la peine perdue sur—*wasted on*

   Votre effort d'être gentil, c'est de la peine perdue sur ces gens-là. *Your attempt to be nice is wasted on those people.*

   faire de la peine à quelqu'un—*to hurt someone (someone's feelings)*

   Cela m'a fait de la peine de la voir partir si tôt. *It hurt me (hurt my feelings) to see her leave so soon.*

---

pencher—*to lean*

   faire pencher la balance—*to tip the scales*

   Son allocution a fait pencher la balance en notre faveur. *His address tipped the scales in our favor.*

   se pencher sur—*to study*

   Le gouvernement va se pencher sur ce problème. *The government is going to study that problem.*

---

pendre—*to hang*

   Ça lui pendait au nez.—*He had it coming.*

   pendre la crémaillère—*to have a housewarming*

   Une fois emménagés, ils ont invité tous leurs amis à pendre la crémaillère. *Once they had moved in, they invited all their friends to (have) a housewarming.*

---

penser—*to think*

   Penses-tu! (Pensez-vous!)—*Not at all!*

   Tu penses! (Vous pensez!)—*You bet!*

---

pente—*slope*

Il est sur la pente savonneuse.—*He is on the skids.*

sur la bonne (la mauvaise) pente—*on the right (the wrong) track*

Je crois que si vous faites ainsi, vous êtes sur la bonne pente. *I think that if you do that, you are on the right track.*

---

perdre—*to lose, to waste*

à ses heures (moments) perdu(e)s—*in one's spare time*

Cet homme politique est peintre à ses heures perdues (à ses moments perdus). *That politician is a painter in his spare time.*

J'y perds mon latin.—*I can't make head or tail of it.*

perdre la boule (le nord, pied)—*to go off the deep end, to lose one's marbles*

Il se conduit de façon bizarre; je crois qu'il a perdu la boule (le nord, pied). *He's behaving strangely; I think he's gone off the deep end (lost his marbles).*

perdre la main (le coup de main)—*to lose one's touch*

Le vieil artisan semblait avoir perdu la main (le coup de main). *The old craftsman seemed to have lost his touch.*

perdre les pédales—*to lose one's grip (head)*

Je crois qu'il commence à perdre les pédales. *I think he's starting to lose his grip (his head).*

perdre (ne pas perdre) de vue—*to lose (to keep) track of*

Essayez de ne pas perdre de vue vos vieux amis. *Try not to lose (try to keep) track of your old friends.*

perdre sa salive—*to waste one's breath*

N'essaie pas de discuter avec eux; tu y perds ta salive. *Don't bother arguing with them; you're wasting your breath.*

s'y perdre—*to get (all) mixed up*

L'intrigue de ce roman est si compliquée qu'on s'y perd. *The plot in this novel is so intricate that you get (all) mixed up.*

une balle perdue—*a stray bullet*

L'enfant a été frappé par une balle perdue. *The child was hit by a stray bullet.*

un pays perdu—*an out-of-the-way place*

Leur maison d'été se trouvait dans un pays perdu. *Their summer home was located in an out-of-the-way place.*

---

péril—*danger, peril*

Il n'y a pas péril en la demeure.—*There is no harm in waiting.*

Pérou—*Peru*

Ce n'est pas le Pérou.—*It's no big deal. It's not a fortune. It's nothing to get excited about.*

---

perspective—*perspective*

en perspective—*in view*

Il a une belle situation en perspective. *He has a fine position in view.*

---

perte—*loss*

à perte de vue—*as far as the eye can see*

La plaine s'étendait à perte de vue. *The plain stretched as far as the eye could see.*

avec perte et fracas—*brutally, with might and main*

On l'a mis à la porte avec perte et fracas. *He was thrown out brutally (with might and main).*

en pure perte—*to no avail*

Nous avons discuté avec eux tout ce temps en pure perte. *We argued with them all this time to no avail.*

en perte de vitesse—*losing steam, on the skids*

La carrière de cet auteur semble être en perte de vitesse. *That author's career seems to be losing steam (to be on the skids).*

une perte sèche—*a total loss*

Dans l'incendie de son magasin il a subi une perte sèche. *In the fire in his store he sustained a total loss.*

---

peser—*to weigh*

peser le pour et le contre—*to weigh the pros and cons*

Avant d'agir, il faut peser le pour et le contre de la question. *Before acting, we must weigh the pros and cons of the question.*

tout bien pesé—*all things considered*

Tout bien pesé, je préfère rester ici. *All things considered, I prefer to stay here.*

---

petit—*little, small*

à la petite semaine—*short-term*

Le gouvernement actuel pratique une politique à la petite semaine. *The present administration is carrying on a short-term policy.*

à petit feu—*little by little; over a low flame*

Tu me fais mourir à petit feu avec ton indécision. *You're killing me little by little with your indecisiveness.* Il faut faire cuire ce plat à petit feu. *This dish must be cooked over a low flame.*

au petit bonheur—*in hit-or-miss fashion*

Il répondait aux questions du professeur au petit bonheur. *He answered the teacher's questions in hit-or-miss fashion.*

au petit jour—*at daybreak*

Les ouvriers partent à la mine au petit jour. *The workers leave for the mine at daybreak.*

au petit pied—*poor man's*

Sa maison était un château au petit pied. *His house was a poor man's castle.*

Ce n'est pas de la petite bière!—*It's no small potatoes! It's nothing to sneeze at!*

dans les petits papiers de—*in the good graces of*

Il était évident que cet étudiant n'était pas dans les petits papiers du professeur. *It was obvious that this student wasn't in his teacher's good graces.*

être aux petits soins pour—*to fall all over, to wait on hand and foot*

L'hôtesse était aux petits soins pour le ministre. *The hostess fell all over the minister (waited on the minister hand and foot).*

être dans ses petits souliers—*to feel cheap (like two cents)*

En écoutant leurs récriminations il était dans ses petits souliers. *Listening to their recriminations, he felt cheap (like two cents).*

faire la petite bouche—*to turn up one's nose*

Si tu as assez faim, tu ne feras pas la petite bouche devant ces tripes. *If you're hungry enough, you won't turn up your nose at this dish of tripe.*

le petit coin—*the john*

Où est le petit coin? *Where is the john?*

le petit monde—*the kiddies*

Taisez-vous, le petit monde! *Be still, kiddies!*

Mon petit doigt me l'a dit.—*A little birdie told me.*

---

pétrin—*kneading-trough*

dans le pétrin—*in a fix (in a jam, in a mess, in Dutch, in hot water, in the soup)*

Grâce à ta bêtise, nous voilà dans le pétrin! *Thanks to your stupidity, we're really in a fix (in a jam, in a mess, in Dutch, in hot water, in the soup)!*

---

peu—*little*

à peu (de chose) près—*just about*

Nous avons mille dollars, à peu (de chose) près. *We have just about a thousand dollars.*

peu après—*soon after*

Peu après sa lettre d'adieu, il a disparu. *Soon after his farewell letter, he disappeared.*

peu importe—*no matter*

Nous avons perdu leur adresse, mais peu importe. *We have lost their address, but no matter.*

peu s'en faut—*very nearly*

Ils ont travaillé trente heures, ou peu s'en faut. *They have worked for thirty hours, or very nearly.*

pour peu que—*if only*

Pour peu que nous ayons un rayon de soleil, nous ferons notre pique-nique. *If only we have a ray of sunshine, we will have our picnic.*

pour un peu—*almost, for two cents*

Pour un peu je serais parti en claquant la porte. *I almost went out (For two cents I would have gone out) slamming the door.*

sous peu—*shortly*

Vous recevrez ma réponse sous peu. *You will get my answer shortly.*

---

peur—*fear*

avoir peur de—*to be afraid of*

Le Petit Chaperon Rouge n'avait pas peur du loup. *Little Red Riding Hood was not afraid of the wolf.*

avoir une peur bleue—*to be frightened to death, to be scared stiff*

Il a eu une peur bleue en voyant le monstre devant lui. *He was frightened to death (scared stiff) seeing the monster in front of him.*

faire peur à—*to frighten*

Ce gros coup de tonnere nous a fait peur. *That loud thunderclap frightened us.*

phrase—*sentence, phrase*

faire des phrases—*to talk in flowery language, to make speeches*

Au lieu de faire des phrases, tu devrais faire quelque chose. *Instead of talking in flowery language (making speeches), you ought to do something.*

pic—*peak*

à pic—*straight down; just at the right time*

La falaise tombait à pic sur la mer. *The cliff plunged straight down to the sea.* Son offre d'aide tombait à pic. *His offer of help came just at the right time.*

pièce—*piece, patch*

faire pièce à—*to counter*

Il a demandé une interview à la télé pour faire pièce aux critiques de son adversaire. *He asked for a TV interview to counter his opponent's criticisms.*

pied—*foot*

à pied d'œuvre—*on the job*

Nous sommes à pied d'œuvre et le travail sera vite fait. *We are on the job, and the work will soon be done.*

au pied levé—*at the drop of a hat, at a moment's notice*

Le chanteur a pu remplacer son collègue au pied levé. *The singer was able to replace his colleague at the drop of a hat (at a moment's notice).*

Ça lui fera les pieds.—*That will teach him.*

C'est le pied!—*It's (It feels) great!*

comme un pied—*clumsily, badly*

Ce garçon est gentil, mais il conduit comme un pied. *That fellow is nice, but he drives clumsily (badly).*

de pied ferme—*resolutely, steadfastly*

Les soldats attendaient l'ennemi de pied ferme. *The soldiers awaited the enemy resolutely (steadfastly).*

faire des pieds et des mains—*to move heaven and earth*

Il a fait des pieds et des mains pour garder son poste. *He moved heaven and earth to keep his job.*

faire du pied à—*to play footsie with*

Il lui faisait du pied sous la table. *He was playing footsie with her under the table.*

faire le pied de grue—*to cool one's heels*

Au lieu de nous rejoindre, il nous a laissés faire le pied de grue. *Instead of meeting us, he let us cool our heels.*

faire un pied de nez à—*to thumb one's nose at*

Le coquin s'est sauvé en me faisant un pied de nez. *The rascal ran off thumbing his nose at me.*

le pied marin—*(good) sea legs*

Il est Breton, fils de pêcheurs; il a le pied marin. *He's a Breton, the son of fishermen; he's got (good) sea legs.*

sur pied—*up and about*

Sa mère est sur pied dès le petit matin. *His mother is up and about from early in the morning.*

sur un pied de—*on a footing of*

Elle peut lui parler sur un pied d'égalité. *She can talk with him on an equal footing.*

un pied dans la place—*a foot in the door*

Maintenant que j'ai un pied dans la place, le reste sera facile. *Now that I have a foot in the door, the rest will be easy.*

---

pierre—*rock, stone*

C'est une pierre dans mon jardin.—*That's a dig at me.*

faire d'une pierre deux coups—*to kill two birds with one stone*

Ce nouveau plan a l'avantage de faire d'une pierre deux coups. *This new plan has the advantage of killing two birds with one stone.*

la pierre d'achoppement—*the stumbling block*

L'accord des socialistes sera la pierre d'achoppement pour le passage du projet de loi. *The agreement of the socialists will be the stumbling block to passage of the bill.*

la pierre de touche—*the acid test*

Le taux d'inflation sera la pierre de touche du succès de leur plan. *The rate of inflation will be the acid test for the success of their plan.*

---

pignon—*gable*

avoir pignon sur rue—*to be well established*

Leur association a pignon sur rue ici. *Their society is well established here.*

---

pile—*battery, pile, tails (of a coin)*

à pile ou face—*heads or tails*

Nous avons joué les consommations à pile ou face. *We played heads or tails for drinks.*

Il est midi (etc.) pile.—*It's twelve (etc.) on the dot (sharp).*

---

piquer—*to inject, to prick*

faire piquer—*to put away, to put to sleep (an animal)*

Nous avons dû faire piquer notre vieux chien. *We had to put away our old dog (put our old dog to sleep).*

piquer du nez—*to do a nosedive; to fall down asleep*

L'avion a piqué du nez et s'est écrasé au sol. *The plane did a nosedive and crashed into the ground.* Le vieillard piquait du nez sur son journal. *The old man was falling down asleep into his newspaper.*

piquer une colère—*to fly into a rage, to throw a fit*

En apprenant qu'on l'avait trompé, il a piqué une colère monstre. *On learning that he had been fooled, he flew into a towering rage (threw an enormous fit).*

piquer un fard (un soleil)—*to blush*

Il a piqué un fard (un soleil) en parlant à la belle fille. *He blushed while talking to the beautiful girl.*

piquer un roupillon (un somme)—*to grab (to take) forty winks*
Je vais piquer un roupillon (un somme) avant dîner. *I'm going to grab (to take) forty winks before dinner.*
se piquer de—*to pride oneself on*
Il se piquait d'être un connaisseur de vins. *He prided himself on being a connoisseur of wines.*

---

place—*place, room, square*
les gens en place—*people with influence*
Tu ne pourras jamais faire cela sans l'aide des gens en place. *You'll never be able to do that without the help of people with influence.*
sur place—*(right) on the spot*
Nous lui avons demandé de faire la réparation sur place. *We asked him to do the repair (right) on the spot.*

---

plaire—*to please*
A Dieu ne plaise!—*God forbid!*
Plaît-il?—*I beg your pardon! What did you say?*
se plaire (dans un endroit)—*to be happy, to like it (in a place)*
Nous nous plaisons beaucoup à Paris. *We are very happy (We like it a lot) in Paris.*
se plaire à—*to delight in*
Elle se plaît à tout critiquer. *She delights in criticizing everything.*

---

plaisanterie—*joke*
comprendre (entendre) la plaisanterie—*to be able to take a joke*
Attention à ce que vous dites; ce gros type ne comprend pas (n'entend pas) la plaisanterie. *Be careful of what you say; that big lug can't take a joke.*
une plaisanterie de corps de garde—*a locker-room joke*
Il avait le toupet de dire des plaisanteries de corps de garde au pasteur. *He had the nerve to tell locker-room jokes to the minister.*

---

plaisir—*pleasure*
à plaisir—*for the sake of it*
Elle se tourmente à plaisir. *She torments herself for the sake of it.*

plan—*plan, plane*

 en plan—*high and dry*

 Malgré ses promesses, il nous a laissés en plan. *Despite his promises, he left us high and dry.*

---

planche—*board, plank*

 faire la planche—*to float on one's back*

 Pour se reposer en nageant, elle faisait la planche de temps en temps. *To rest up while swimming, she floated on her back from time to time.*

---

plancher—*floor*

 le plancher des vaches—*dry land*

 Les marins avaient perdu l'espoir de retrouver le plancher des vaches. *The sailors had lost hope of getting back to dry land.*

---

planter—*to plant*

 planter là—*to walk out on*

 Fatiguée de ses caprices, elle l'a planté là. *Tired of his whims, she walked out on him.*

---

plat—*dull, flat*

 à plat—*all in (run down)*

 Je n'en peux plus; je suis à plat. *I can't go on; I'm all in (I'm run down).*

 à plat ventre—*(flat) on one's stomach*

 Les enfants étaient couchés à plat ventre. *The children were lying (flat) on their stomachs.*

 faire du plat—*to feed a line, to make a play*

 Le garçon du café faisait du plat à une dame. *The waiter was feeding a line to (making a play for) a lady.*

---

plat—*dish, plate*

 faire (tout) un plat de—*to make (to stir up) a big fuss about*

 Elle a fait (tout) un plat du prix de sa chambre. *She made (she stirred up) a big fuss about the price of her room.*

---

plein—*full*

à plein—*fully*

Il respirait à plein l'air de la campagne. *He could breathe fully the country air.*

à pleins bords—*to the brim*

Elle goûtait son bonheur à pleins bords. *She enjoyed her good fortune to the brim.*

de plein fouet—*head-on*

Leur voiture a été frappée de plein fouet. *Their car was hit head-on.*

Donnez pleins gaz!—*Give it the gun!*

en plein—*(right) in the middle of*

Nous mangeons des tomates maintenant en plein hiver. *We eat tomatoes now (right) in the middle of winter.*

en plein air (vent, soleil)—*in the open (air)*

Ils ont monté le spectacle en plein air (vent, soleil). *They produced the show in the open (air).*

en pleine forme—*in the pink*

Elle se sent en pleine forme maintenant. *She is feeling in the pink now.*

en pleine mer—*at (to) sea; on the high seas*

Elle s'est aventurée en pleine mer dans une petite barque. *She ventured out to sea in a little boat.* La bataille a eu lieu en pleine mer. *The battle took place on the high seas.*

plein à craquer—*bursting at the seams*

Prenez un autre sac; celui-ci est plein à craquer. *Take another bag; this one is bursting at the seams.*

plein de—*a lot (lots) of*

Demande-lui: Il a plein d'argent. *Ask him: He has a lot (lots) of money.*

faire le plein—*to fill up (the tank)*

On s'est arrêtés à une station service pour faire le plein. *We stopped at a gas station to fill up (the tank).*

---

pleurer—*to cry, to weep*

pleurer comme un veau (comme une vache, comme une Madeleine, à chaudes larmes)—*to cry one's eyes (one's heart) out*

En voyant ce film, j'ai pleuré comme un veau (comme une vache, comme
  une Madeleine, à chaudes larmes). *When I saw that movie, I cried my
  eyes (my heart) out.*

pleuvoir—*to rain*

Il pleut à seaux (à verse, à flots).—*It's pouring. It's raining cats and
  dogs. The rain is coming down in buckets.*

qu'il pleuve ou qu'il vente—*rain or shine, come what may*

Nous irons au match qu'il pleuve ou qu'il vente. *We'll go to the game rain
  or shine (come what may).*

pli—*fold, pleat*

Cela ne fait pas un pli.—*It's as good as done. It's smooth sailing.*

plier—*to fold*

plier bagage—*to pack up and go*

Plions bagage avant que le propriétaire arrive. *Let's pack up and go before
  the landlord comes.*

se plier à—*to submit to*

Il s'est vite plié à la discipline militaire. *He submitted quickly to military
  discipline.*

plomb—*lead*

à plomb—*straight down*

Le soleil tombait à plomb sur le désert. *The sun's rays were falling straight
  down on the desert.*

avoir du plomb dans l'aile—*to be in bad shape*

Il continue à travailler, mais on sent bien qu'il a du plomb dans l'aile. *He
  goes on working, but you can tell that he is in bad shape.*

n'avoir pas de plomb dans la cervelle (la tête)—*to be scatterbrained*

Cette actrice est jolie, mais elle n'a pas de plomb dans la cervelle (la tête).
  That actress is pretty, but she's scatterbrained.

pluie—*rain*

faire la pluie et le beau temps—*to swing a lot of weight*

C'est lui qui fait la pluie et le beau temps dans l'entreprise. *He is the one who swings a lot of weight in the business.*

---

plus—*more, most*

  avoir plus d'un tour dans son sac—*to have more than one trick up one's sleeve*

Vous croyez l'avoir pris, mais il a plus d'un tour dans son sac. *You think you've got him, but he has more than one trick up his sleeve.*

  de plus—*more; moreover*

Un mot de plus et je sors. *One word more and I'll leave.*

Elle a pris tout notre argent; de plus, elle a emporté une bonne partie de nos meubles. *She took all our money; moreover, she carried off a good part of our furniture.*

  en plus de—*in addition to*

En plus de son travail, elle garde des enfants. *In addition to her job, she takes care of children.*

  de plus en plus—*more and more*

Nous gagnons de plus en plus d'argent. *We're earning more and more money.*

  Il n'y en a pas plus que de beurre en broche.—*It's as scarce as hens' teeth.*

  sans plus—*and that's all, but nothing more*

Il a été correct sans plus. *He was polite and that's all (but nothing more).*

---

pocher—*to poach*

  pocher l'oeil à quelqu'un—*to give someone a black eye*

Quand il m'a insulté je lui ai poché l'oeil. *When he insulted me, I gave him a black eye.*

---

poids—*weight*

  faire le poids—*to be (to come) up to snuff, to measure up*

Le nouveau directeur ne faisait pas le poids dans ces circonstances diffi-ciles. *The new head wasn't (didn't come) up to snuff (didn't measure up) in those difficult circumstances.*

poil—*(body) hair*

  à poil—*in the buff (raw)*

  Trouvant un coin isolé, ils se sont baignés à poil. *Finding an isolated spot,
    they went swimming in the buff (in the raw).*

  à un poil près—*almost*

  A un poil près, on avait un accident. *We almost had an accident.*

  au poil—*terrific*

  On a mangé un repas au poil dans ce bistrot. *We ate a terrific meal in that
    café.*

  avoir un poil dans la main—*to be a lazy dog*

  Ton neveu ne fait rien; il a un poil dans la main. *Your nephew doesn't do a
    thing; he's a lazy dog.*

  de bon (mauvais) poil—*in a good (bad) mood*

  Ne lui parle même pas: Il est de mauvais poil ce matin. *Don't even speak to
    him: He's in a bad mood this morning.*

---

point—*period, point, stitch*

  à point—*well-done*

  J'ai commandé un steak à point. *I ordered a well-done steak.*

  à point (nommé)—*in the nick of time*

  Son chèque est arrivé à point (nommé). *His check arrived in the nick of
    time.*

  au point—*perfected, ready for use*

  Sa nouvelle machine est au point maintenant. *His new machine is perfected
    (ready for use) now.*

  au point du jour—*at the crack of dawn*

  Les chasseurs se sont levés au point du jour. *The hunters arose at the crack
    of dawn.*

  au point mort—*in neutral; at a standstill*

  Laissez la voiture au point mort. *Leave the car in neutral.* Le commerce
    était au point mort. *Business was at a standstill.*

  faire le point—*to sum up*

  La commission a fait le point de la situation. *The committee summed up the
    situation.*

  sur le point de—*about to*

J'étais sur le point de partir quand il est arrivé. *I was about to leave when he arrived.*

Un point c'est tout!—*Period!*

pointe—*point, tip*

à la pointe—*in the forefront (on the cutting edge)*

Cet institut est à la pointe des recherches sur le cancer. *This institute is in the forefront (on the cutting edge) of cancer research.*

de pointe—*cutting-edge, leading*

Cet appareil utilise une technologie de pointe. *This device uses cutting-edge (leading) technology.*

sur la pointe des pieds—*on tiptoe*

Sa mère est entrée dans sa chambre sur la pointe des pieds. *His mother entered his bedroom on tiptoe.*

poire—*pear*

entre la poire et le fromage—*by the end of a meal, over coffee*

Les deux avocats sont tombés d'accord entre la poire et le fromage. *The two lawyers came to an agreement by the end of the meal (over coffee).*

poisson—*fish*

Poisson d'avril!—*April fool!*

pomme—*apple*

la pomme de discorde—*the bone of contention*

Le salaire est la pomme de discorde dans leurs négotiations. *Wages are the bone of contention in their negotiations.*

pont—*bridge*

faire le pont—*to take off from work (between two holidays)*

Ils ont fait le pont du jeudi premier mai jusqu'au weekend. *They took off from work between Thursday, May 1, and the weekend.*

faire un pont d'or à—*to offer a bonus to sign*

La société lui a fait un pont d'or pour qu'il accepte le poste. *The company offered him a signing bonus so that he would accept the job.*

portée—*reach*

   à la portée de—*within reach of*

   Ne mettez pas ces produits chimiques à la portée des enfants. *Don't put those chemicals within reach of the children.*

   à portée de la main—*near at (on) hand*

   Je n'ai pas votre livre à portée de la main. *I don't have your book near at hand (on hand).*

---

porter—*to bring, to carry, to wear*

   être porté à—*to be inclined to*

   Nous ne sommes pas portés à croire tout ce qu'il dit. *We aren't inclined to believe everything he says.*

   il n'est pas bien porté de—*it is not considered proper to*

   Il n'est pas bien porté de se moucher sur sa manche. *It is not considered proper to wipe one's nose on one's sleeve.*

   porter atteinte à—*to strike a blow at (to)*

   Cette nouvelle loi porte atteinte à la liberté de la presse. *This new law strikes a blow at (to) freedom of the press.*

   porter aux nues—*to praise to the skies*

   Ils ont porté aux nues la cuisine du nouveau chef. *They praised the new chef's cooking to the skies.*

   porter de l'eau à la rivière—*to carry coals to Newcastle*

   Ouvrir un autre restaurant ici, c'est porter de l'eau à la rivière. *Opening another restaurant here is like carrying coals to Newcastle.*

   porter la main sur—*to lay a finger on, to raise one's hand to*

   Vous n'oseriez pas porter la main sur votre père! *You wouldn't dare lay a finger on (raise your hand to) your father!*

   porter le chapeau de—*to take responsibility for*

   On lui a fait porter le chapeau de la défaite. *They made him take responsibility for the defeat.*

   porter plainte—*to lodge a complaint*

   Je vais porter plainte contre cet escroc. *I'm going to lodge a complaint against that crook.*

   se faire porter pâle—*to report in sick*

   Ce soldat se fait souvent porter pâle. *That soldier is always reporting in sick.*

213

se porter acquéreur (candidat, etc.)—*to come forward as a buyer (candidate, etc.)*

Il s'est porté acquéreur du tableau. *He came forward as a buyer of the picture.*

se porter bien (mal)—*to feel well (ill)*

Depuis son accident il ne se porte plus aussi bien. *Since his accident he hasn't been feeling so well any more.*

se porter comme un charme (comme le Pont-neuf)—*to be as fit as a fiddle (as sound as a dollar)*

Depuis son opération elle se porte comme un charme (comme le Pont-neuf). *Since her operation she has been as fit as a fiddle (as sound as a dollar).*

---

portion—*portion*

à la portion congrue—*to a bare minimum*

Ils ont été réduits à la portion congrue. *They have been limited to a bare minimum.*

---

portrait—*portrait*

le portrait craché (tout le portrait) de—*the (living, spit and) image of*

Cet enfant est le portrait craché (tout le portrait) de sa mère. *That child is the (living, spit and) image of her mother.*

---

poser—*to place, to pose, to put*

poser pour la galerie—*to make a grandstand play*

Ce qu'il dit n'est pas sincère; il pose pour la galerie. *What he's saying isn't sincere; he's making a grandstand play.*

poser un lapin à quelqu'un—*to stand someone up*

Je l'ai attendu longtemps, mais il m'a posé un lapin. *I waited for him for a long time, but he stood me up.*

se poser—*to land*

L'avion endommagé s'est posé sans incident. *The damaged airplane landed without incident.*

se poser en—*to play the part of, to act*

Pour attire la pitié, il se pose toujours en victime. *To attract sympathy, he always plays the part of (acts) the victim.*

---

possible—*possible*

au possible—*as can be*

Il est gentil au possible. *He is as nice as can be.*

faire (tout) son possible—*to do all one can*

Elle a fait (tout) son possible pour arriver à l'heure. *She did all she could to arrive on time.*

Pas possible!—*You don't say! Really!*

---

pot—*can, jar, pot*

avoir du pot—*to be in luck*

J'ai raté l'épreuve de conduite; je n'ai pas eu de pot. *I failed the driving test; I was out of luck.*

boire (prendre) un pot—*to have a drink*

Allons prendre un pot ensemble au café. *Let's go have a drink together at the café.*

un pot de vin—*a bribe*

Tout le monde savait que le fonctionnaire acceptait des pots de vin. *Everyone knew that the official was taking bribes.*

---

pouce—*inch, thumb*

dire "pouce"—*to cry (to say) "uncle"*

Elle a dit "pouce!" et le jeu s'est arrêté. *She cried (said) "Uncle!" and the game stopped.*

et le pouce—*and a bit more*

Il pèse cent kilos—et le pouce! *He weighs two hundred twenty pounds—and a bit more!*

---

poule—*hen*

C'est une poule mouillée.—*He's a coward.*

quand les poules auront des dents—*when hell freezes over*

Il me rendra mon argent quand les poules auront des dents. *He'll pay me back my money when hell freezes over.*

215

pour—*for*

en être pour—*to have nothing to show for*

Ils m'ont trompé et j'en suis pour mon argent. *They tricked me and I have
nothing to show for my money.*

pour de bon—*for good, for keeps*

Est-ce que vous nous quittez pour de bon, alors? *Are you leaving us for
good (for keeps), then?*

pour…que—*however (+ adjective)*

Pour important qu'il soit, on le traitera comme les autres. *However important he may be, he'll be treated like the others.*

pour un oui, pour un non—*over trifles*

Ils sont toujours prêts à se battre pour un oui, pour un non. *They are always
ready to fight over trifles.*

pousser—*to grow, to push*

faire pousser (des plantes, etc.)—*to grow (plants, etc.)*

Je fais pousser des haricots dans mon jardin cette année. *I'm growing beans
in my garden this year.*

pousser à la roue—*to give a nudge*

Il faudra que je pousse à la roue pour qu'ils finissent le travail. *I'll have to
give them a nudge so they finish the work.*

pousser dans ses derniers retranchements—*to drive into a corner*

Ses concurrents ont réussi à le pousser dans ses derniers retranchements.
His competitors have managed to drive him into a corner.

pousser quelqu'un à bout—*to exhaust someone's patience*

Il a fini par me pousser à bout par son insistance. *He ended up by exhaust-
ing my patience with his insistence.*

se pousser—*to make one's way; to move over*

Ce jeune homme ambitieux se pousse dans le monde. *That ambitious
young man is making his way in society.* Pousse-toi; je veux m'asseoir.
Move over; I want to sit down.

poussière—*dust*

et des poussières—*and a bit more*

Cela vous coûtera mille euros et des poussières. *That will cost you a thousand euros and a bit more.*

pouvoir—*to be able, to be allowed*

  il se peut que—*it is possible that*

  Il se peut qu'ils soient déjà partis. *It is possible that they have already gone.*

  n'en pouvoir mais—*to be powerless*

  J'aurais voulu l'aider, mais j'avoue que je n'en peux mais. *I would have liked to help him, but I confess that I'm powerless.*

  n'en pouvoir plus—*to have reached the end of one's rope*

  J'y renonce; je n'en peux plus. *I give up; I've reached the end of my rope.*

  ne pas pouvoir sentir (souffrir) quelqu'un, ne pas pouvoir voir quelqu'un en peinture—*not to be able to stand someone*

  Je n'ai pas vu ce film parce que je ne peux pas sentir (souffrir) l'acteur principal (je ne peux pas voir l'acteur principal en peinture). *I didn't see that film because I can't stand the leading actor.*

  on ne peut plus—*as can be, ever so*

  Cette méthode est on ne peut plus simple. *This method is as simple as can be (ever so simple).*

prêcher—*to preach*

  prêcher dans le désert—*to talk to deaf ears*

  Parler raison à ces adolescents, c'est prêcher dans le désert. *Trying to reason with those teen-agers is talking to deaf ears.*

  prêcher d'exemple—*to set an example*

  Pour prêcher d'exemple, l'officier s'élança vers les lignes ennemies. *To set an example, the officer dashed toward the enemy lines.*

  prêcher pour son saint—*to have an ax to grind*

  Dans cette commission, chaque député prêche pour son saint. *In that committee, every congressman has an ax to grind.*

premier—*first*

  à la première heure—*first thing in the morning*

  Je le ferai demain à la première heure. *I'll do it first thing in the morning tomorrow.*

  au premier abord—*at first sight*

  Au premier abord la maison paraissait trop petite. *At first sight the house seemed too small.*

au premier chef—*preeminently*

Ce projet m'intéresse au premier chef. *This project concerns preeminently.*

de premier ordre—*first-rate, tops, top-notch*

Son nouveau secrétaire est de premier ordre. *Her new secretary is first-rate (tops, top-notch).*

du premier jet—*right off the bat*

Il a écrit son article du premier jet. *He wrote his article right off the bat.*

faire ses premières armes—*to be just starting out (in a job)*

Il faisait ses premières armes dans le commerce. *He was just starting out in business.*

le premier venu—*the first to come along*

Elle a accepté la première situation venue. *She accepted the first job to come along.*

---

prendre—*to catch, to take*

à tout prendre—*all in all, on the whole*

A tout prendre, nous l'avons échappé belle dans cette affaire. *All in all (on the whole), we had a narrow escape in this business.*

en prendre à son aise—*to do as one likes*

Quoi qu'on lui dise, il n'en prend qu'à son aise. *Whatever you tell him, he just does as he likes.*

en prendre de la graine—*to follow someone's example*

Votre soeur a réussi; prenez-en de la graine. *Your sister has succeeded; follow her example.*

en prendre pour son grade—*to get a real dressing-down*

L'élève qui avait triché en a pris pour son grade. *The student who had cheated got a real dressing-down.*

être pris—*to be tied up*

Je ne peux pas déjeuner avec vous; je suis pris. *I can't go out to lunch with you; I'm tied up.*

faire prendre des vessies pour des lanternes—*to pull the wool over someone's eyes*

Ne le croyez pas; il veut nous faire prendre des vessies pour des lanternes. *Don't believe him; he's trying to pull the wool over our eyes.*

le prendre de haut—*to get on one's high horse*

Si vous allez le prendre de haut, je ne vais plus rien dire. *If you are going to get on your high horse, I won't say anything more.*

ne pas prendre de gants—*not to mince words*

Il n'a pas pris de gants pour leur dire ce qu'il pensait. *He didn't mince words in telling them what he thought.*

prendre à partie—*to take to task; to set upon*

Les directeurs l'ont pris à partie pour le mauvais rendement de son département. *The managers took him to task for the poor output of his department.* Au cours du débat, le candidat a été pris a partie par l'opposition. *During the debate, the candidate was set upon by the opposition.*

prendre à tâche de—*to make it one's duty to*

Il a pris à tâche d'achever l'oeuvre de son père. *He made it his duty to finish his father's work.*

prendre au sérieux (à la légère, etc.)—*to take seriously (lightly, etc.)*

Vous ne prenez pas cette histoire au sérieux! *You don't take that story seriously!*

prendre de court—*to catch by surprise*

Leur décision inattendue nous a pris de court. *Their unexpected decision caught us by surprise.*

prendre du bon côté—*to take the right way*

Il a pris notre plaisanterie du bon côté, heureusement. *He took our joke the right way, fortunately.*

prendre (du poids)—*to gain (weight)*

J'ai pris cinq kilos pendant les vacances. *I gained eleven pounds during the vacation.*

prendre du ventre—*to get a paunch (a pot belly)*

Avec l'âge il prend du ventre. *As he gets older, he's getting a paunch (a pot belly).*

prendre en bonne (mauvaise) part—*to take well (badly)*

Elle a pris en bonne (mauvaise) part ce que vous lui avez dit. *She took what you told her well (badly).*

prendre en écharpe—*to sideswipe*

Les deux voitures se sont prises en écharpe. *The two cars sideswiped each other.*

prendre en grippe—*to take a dislike to*

Je sens que notre directeur m'a pris en grippe dès le départ. *I sense that our director took a dislike to me right from the start.*

prendre en main—*to get the feel of; to take charge of*

Je commence à prendre cette nouvelle voiture en main. *I'm beginning to get the feel of this new car.* Elle a tout de suite pris l'opération en main. *She immediately took charge of the operation.*

prendre fait et cause pour—*to go to bat for, to stand up for*

Je ne peux pas oublier qu'il a pris fait et cause pour moi autrefois. *I can't forget that he went to bat (he stood up) for me in the past.*

prendre fin—*to come to an end*

Le spectacle prendra fin vers trois heures. *The show will come to an end around three o'clock.*

prendre garde—*watch out*

Et si tu recommences, prends garde à toi! *And if you do it again, watch out!*

prendre goût à—*to acquire a taste for*

J'ai pris goût à la cuisine vietnamienne. *I've acquired a taste for Vietnamese cooking.*

prendre la clé des champs—*to run away*

Au lieu de rentrer au pensionnat, l'enfant a pris la clé des champs. *Instead of returning to boarding school, the child ran away.*

prendre la mer—*to put out to sea*

Le bateau a pris la mer au coucher du soleil. *The boat put out to sea at sunset.*

prendre la mouche—*to get into a huff*

Si vous prenez la mouche à chaque instant, nous ne nous entendrons jamais. *If you get into a huff every minute, we'll never reach an agreement.*

prendre langue avec—*to make contact with*

Le président a pris langue avec plusieurs gouvernements étrangers. *The president made contact with several foreign governments.*

prendre la parole—*to take the floor*

Le délégué chinois a pris la parole pour protester. *The Chinese delegate took the floor to protest.*

prendre la poudre d'escampette—*to fly the coop*

Pendant l'absence des gardiens, le prisonnier a pris la poudre d'escampette.
During the guards' absence, the prisoner flew the coop.

prendre le frais—*to get a breath of fresh air*

J'ai la tête lourde; allons prendre le frais. *My head is stuffy; let's go and get
a breath of fresh air.*

prendre le large—*to clear out, to go out to sea*

Quand on l'a recherché, le bandit avait pris le large. *When they searched
for him, the bandit had cleared out (gone out to sea).*

prendre le pli de—*to get into the habit of*

Elle avait pris le pli d'y aller très tôt tous les matins. *She had gotten into
the habit of going there early every morning.*

prendre parti pour—*to side with*

Il prenait toujours parti pour les plus faibles. *He would always side with the
underdogs.*

prendre pied—*to get a foothold*

Sa société n'arrivait pas à prendre pied en France. *His company couldn't
manage to get a foothold in France.*

prendre pour argent comptant—*to take as gospel truth (at face value)*

Ne prenez pas tout ce qu'il dit pour argent comptant. *Don't take everything
he says as gospel truth (at face value).*

prendre ses jambes à son cou—*to take to one's heels*

A l'approche du propriétaire, les vandales ont pris leurs jambes à leur cou.
At the owner's approach, the vandals took to their heels.

prendre son parti de—*to resign oneself to*

L'inégalité existera toujours; il faut en prendre son parti. *Inequality will
always exist; you have to resign yourself to it.*

prendre sous son bonnet—*to take into one's own hands*

Il a pris sous son bonnet de réorganiser l'entreprise. *He took it into his own
hands to reorganize the company.*

prendre sur le fait—*to catch flat-footed (red-handed)*

La police a pris le cambrioleur sur le fait. *The police caught the burglar
flat-footed (red-handed).*

prendre un coup de vieux—*to age suddenly*

Notre ami a pris un coup de vieux. *Our friend has aged suddenly.*

prendre une culotte—*to lose a fortune, to take a beating*

Ce soir-là il a pris une culotte au casino. *That night he lost a fortune (he took a beating) at the casino.*

s'en prendre à—*to pick on, to blame*

Ce n'est pas de ma faute; pourquoi vous en prenez-vous à moi? *It isn't my fault; why are you picking on (blaming) me?*

se prendre d'amitié (de sympathie) pour—*to make friends with, to take up with*

Il s'est pris d'amitié (de sympathie) pour le fils des voisins. *He made friends with (took up with) the neighbors' son.*

s'y prendre—*to go about it, to deal with*

Il s'y prend bien avec les enfants. *He deals well with children.*

---

près—*near*

à cela près que—*except that, with the exception that*

Ils se ressemblent à cela près que l'un a les yeux bleus. *They look alike except (with the exception) that one has blue eyes.*

à ... près—*within*

Cela fait le poids, à trois grammes près. *It's within three grams of making the weight.*

pas près de—*a long way from, not about to*

Je ne suis pas près de recommencer. *I'm a long way from doing that again (I'm not about to do that again).*

près de ses sous—*tightfisted*

Malgré sa fortune, elle est près de ses sous. *In spite of her wealth, she is tightfisted.*

---

présenter—*to introduce, to present*

présenter (se présenter à) un concours (un examen)—*to take an exam*

Il a présenté le concours (il s'est présenté au concours) de Polytechnique. *He took the exam to enter the Polytechnic Institute.*

se présenter à—*to be up for; to report to*

Le sénateur se présente aux élections. *The senator is up for election.* Vous devrez vous présenter au commissariat de police demain. *You have to report to the police station tomorrow.*

presse—*(printing) press*

   avoir bonne (mauvaise) presse—*to have a good (bad) reputation*

   Une fois établies, les fortunes ont bonne presse. *Once established, fortunes have good reputations.*

---

presser—*to hasten, to press*

   Cela ne presse pas (Rien ne presse).—*There is no (great) rush.*

   presser comme un citron—*to squeeze dry*

   Ils l'ont pressé comme un citron et puis l'ont abandonné. *They squeezed him dry and then they abandoned him.*

   se presser—*to throng*

   La foule se pressait aux portes du théâtre. *The crowd thronged the doors of the theater.*

   Si on lui pressait le nez, il en sortirait du lait.—*He's not dry behind the ears (He's a babe in the woods).*

---

prêter—*to lend*

   prêter à—*to give rise to, to invite*

   Ces règlements compliqués prêtent à des abus. *These complicated rules give rise to (invite) abuse.*

   prêter le flanc à—*to lay oneself open to*

   Le gouverneur a prêté le flanc à la critique. *The governor has laid himself open to criticism.*

   prêter main-forte à—*to come to the aid (assistance) of*

   Ils ont demandé à leurs amis de leur prêter main-forte. *They asked their friends to come to their aid (assistance).*

   prêter serment—*to swear (take) an oath*

   Le chef exigeait que ses alliés lui prêtent serment. *The chief required his allies to swear (take) an oath to him.*

   se prêter à—*to (let oneself) be a party to, to go along with*

   Je refuse de me prêter à cette intrigue. *I refuse to (let myself) be a party to that plot (to go along with that plot).*

---

preuve—*proof*

   faire preuve de—*to display*

223

Il a fait preuve d'un grand courage dans ces circonstances. *He displayed great courage in those circumstances.*

---

prier—*to beg, to pray*

Je vous en prie.—*Please. You're welcome.*

se faire prier—*to play hard to get, to need coaxing*

Elle s'est fait prier avant de jouer du piano. *She played hard to get (needed coaxing) before she played the piano.*

---

prise—*capture, catch, hold*

aux prises avec—*struggling against*

Il était aux prises avec des difficultés insurmontables. *He was struggling against insuperable difficulties.*

une prise de bec—*a run-in*

Il a eu une prise de bec avec son contremaître. *He had a run-in with his foreman.*

---

prix—*price, prize*

à prix d'or—*for a (small) fortune*

Ils ont acheté leur maison à prix d'or. *They bought their house for a (small) fortune.*

au prix coûtant—*at cost*

Il a accepté de me vendre la calculatrice au prix coûtant. *He agreed to sell me the calculator at cost.*

au prix de—*by dint of*

Il a réussi au prix d'un immense effort. *He succeeded by dint of a tremendous effort.*

de prix—*costly, valuable*

Ce sont des meubles de prix. *These are costly (valuable) pieces of furniture.*

---

procès—*lawsuit, trial*

faire le procès de—*to pick holes in, to criticize*

L'opposition a fait le procès du nouveau projet de loi. *The opposition picked holes in (criticized) the new bill.*

---

proche—*near(by)*

  de proche en proche—*little by little*

  L'épidémie se répand de proche en proche. *The epidemic is spreading little by little.*

promenade—*stroll, walk*

  faire une promenade (à pied)—*to go for (to take) a walk*

  Nous avons décidé de faire une promenade (à pied) après dîner. *We decided to go for (to take) a walk after dinner.*

  faire une promenade (en voiture, à bicyclette, en bateau, etc.)—*to go for a (car, bicycle, boat, etc.) ride*

  Le dimanche la famille fait souvent une promenade (en voiture). *On Sundays the family often goes for a (car) ride.*

promener—*to lead, to walk*

  envoyer promener—*to get rid of*

  Il nous agace; envoyons-le promener! *He's annoying us; let's get rid of him!*

  promener son regard sur—*to look out over*

  L'orateur promena son regard sur la foule. *The speaker looked out over the crowd.*

  se promener (à cheval, en voiture, etc.)—*to go for a (horseback, car) ride*

  Nous nous sommes promenés (à cheval, en voiture) dans le parc. *We went for a (horseback, car) ride in the park.*

promettre—*to promise*

  Ça promet!—*That bodes well! (ironic)*

  Il gèle en septembre? Ça promet! *It's freezing in September? That bodes well!*

  promettre monts et merveilles—*to promise the moon (pie in the sky)*

  Le candidat promettait monts et merveilles à ses électeurs. *The candidate was promising the moon (pie in the sky) to his constituents.*

prononcer—*to pronounce*

  se prononcer—*to reach a decision (a verdict)*

Le jury n'a pas pu se prononcer après de longues délibérations. *The jury couldn't reach a decision (a verdict) after long deliberation.*

propos—*purpose, talk*

à ce propos—*in this (that) connection*

Je dois dire, à ce propos, qu'il s'est trompé. *I must say, in this (that) connection, that he was wrong.*

à propos—*at the right time; by the way; to the point*

Son offre d'aide tombe à propos. *His offer of help comes at the right time.* A propos, avez-vous vu ce nouveau film? *By the way, have you seen that new film?* Ce que vous avez dit était vraiment à propos. *What you said was really to the point.*

à propos de bottes—*for no reason*

Ils se disputaient à propos de bottes. *They would argue for no reason.*

propre—*clean, own, proper*

C'est du propre (et du joli)!—*That's just fine! (ironic) What a mess!*

de son propre chef—*on one's own (authority)*

Il a pris la décision de partir de son propre chef. *He made the decision to leave on his own (authority).*

Me voilà propre!—*I'm in a nice fix (mess)!*

propre à rien—*good-for-nothing*

Ne l'écoutez pas: C'est un propre à rien. *Don't listen to him: He's a good-for-nothing.*

propre comme un sou neuf—*as clean as a whistle*

Sa voiture est toujours propre comme un sou neuf. *His car is always as clean as a whistle.*

prouver—*to prove*

prouver par a plus b—*to prove beyond the shadow of a doubt*

Il a prouvé par a plus b que la direction avait raison. *He proved beyond the shadow of a doubt that the management was right.*

prune—*plum*

pour des prunes—*for nothing, without reason (pop.)*

Ce n'est pas pour des prunes qu'il a été choisi. *It's not for nothing (without reason) that he was chosen.*

---

prunelle—*(eye)ball, plum*

la prunelle de ses yeux—*the apple of one's eye*

Elle leur est (chère) comme la prunelle de leurs yeux. *She is as dear to them as the apple of their eye.*

---

puissance—*power*

en puissance—*potential(ly)*

C'est un grand artiste en puissance. *He is potentially a great artist.*

---

puits—*well*

un puits de science—*a fount of knowledge*

Le professeur Dupont est un puits de science; demandez-lui. *Professor Dupont is a fount of knowledge; ask him.*

---

punir—*to punish*

Il est puni par où il a péché.—*He is reaping what he sowed.*

---

purée—*puree, mashed vegetables*

dans la purée—*down and out (fam.)*

Il faudra que tu nous aides; nous sommes dans la purée. *You'll have to help us; we're down and out.*

---

qualité—*quality*

avoir qualité pour—*to be empowered to*

Avez-vous qualité pour signer ce document? *Are you empowered to sign this document?*

en qualité de—*as, in one's capacity as*

En qualité de médecin, il vous a interdit de sortir. *(In his capacity) as a physician, he forbade you to go out.*

---

quand—*when*

   quand bien même—*even if (though)*

Quand bien même il aurait raison, nous ne le ferons pas. *Even if (though) he may be right, we won't do it.*

   quand même—*anyway, nonetheless*

Si vous ne voulez pas y aller, j'irai quand même. *If you won't go there, I'll go anyway (nonetheless).*

---

quartier—*neighborhood, quarter*

   quartier libre—*leave, time off*

Le samedi après-midi les soldats auront quartier libre. *Saturday afternoons the soldiers will have time off (leave).*

---

quatre—*four*

   à quatre pattes—*on all fours, on one's hands and knees*

Les enfants s'amusaient à marcher à quatre pattes. *The children had fun crawling on all fours (on their hands and knees).*

   faire les quatre cents coups—*to kick up one's heels, to run wild*

Malgré sa dignité actuelle, il a fait les quatre cents coups pendant sa jeunesse. *For all his present dignity, he kicked up his heels (he ran wild) during his youth.*

   faire les quatre volontés de quelqu'un—*to dance to somebody's tune*

Elle est très docile et fait toujours les quatre volontés de son père. *She is very submissive and always dances to her father's tune.*

   Il n'y avait que quatre pelés et un tondu.—*Hardly anyone was there.*

   les quatre fers en l'air—*(flat) on one's back*

J'ai perdu l'équilibre et je suis tombé les quatre fers en l'air. *I lost my balance and fell (flat) on my back.*

   un de ces quatre matins—*one of these days*

Un de ces quatre matins, elle va vous quitter. *One of these days, she's going to leave you.*

quelque—*some*

...et quelques—*...odd*

Il y avait cinquante et quelques personnes à la réunion. *There were fifty-odd people at the meeting.*

quelque peu—*something (somewhat) of a*

On dit que le nouveau président est quelque peu conservateur. *They say that the new president is something (somewhat) of a conservative.*

question—*question*

Pas question!—*Nothing doing!*

queue—*tail*

à la queue de—*at the bottom of*

Il était toujours à la queue de sa classe. *He was always at the bottom of his class.*

à la queue leu leu—*one after another, in single file*

Les enfants sont partis à la queue leu leu. *The children went off one after another (in single file).*

faire la queue—*to line up, to stand in line*

Une centaine de personnes faisaient la queue au guichet. *A hundred people or so were lined up (were standing in line) at the box office.*

faire une queue de poisson—*to cut in front (of a car)*

Un chauffard m'a fait une queue de poisson. *A reckless driver cut in front of my car.*

(histoire, propos) sans queue ni tête—*cock-and-bull story*

Comment croire cette histoire (ces propos) sans queue ni tête? *How was one to believe that cock-and-bull story?*

quitte—*quits*

en être quitte pour—*to get off with*

Heureusement, j'en ai été quitte pour un avertissement. *Luckily, I got off with a warning.*

quitte à—*even if it means*

Nous partirons très tôt, quitte à les attendre à l'arrivée. *We'll leave very early, even if it means waiting for them on our arrival.*

quitte ou double—*double or nothing*

Il a joué ses derniers sous à quitte ou double, et il a tout perdu. *He bet his last few cents double or nothing, and he lost everything.*

---

quitter—*to leave*

ne pas quitter d'une semelle—*not to leave for a second*

Son enfant ne veut pas la quitter d'une semelle. *Her child won't leave her for a second.*

Ne quittez pas!—*Don't hang up! Hold the wire!*

---

quoi—*what*

A quoi bon?—*What's the use?*

de quoi—*the means, the wherewithal*

Il a de quoi bien vivre. *He has the means (the wherewithal) to live well.*

Il n'y a pas de quoi.—*Don't mention it. You're welcome.*

Il n'y a pas de quoi fouetter un chat.—*There's nothing to it. There's nothing to make a fuss about.*

quoi que (qui)—*no matter what*

Quoi qui arrive, vous pouvez compter sur moi. *No matter what happens, you can count on me.*

---

rabattre—*to fold back*

en rabattre—*to back down*

Attends un peu; tu verras qu'il en rabattra malgré ses menaces. *Wait a minute; you'll see that he'll back down despite his threats.*

rabattre le caquet à—*to pull down a peg*

Ma réponse a rabattu le caquet à ce prétentieux. *My answer pulled that pretentious fellow down a peg.*

se rabattre sur—*to fall back on*

Le président du parti étant malade, on s'est rabattu sur le secrétaire. *Since the party's president was ill, they fell back on the secretary.*

rade—*harbor, roads*

en rade—*in the lurch, up in the air*

Nos projets sont restés en rade. *Our plans were left in the lurch (up in the air).*

rage—*rage*

faire rage—*to be (all) the rage; to rage*

Les robes décolletées font rage cette année. *Low-cut dresses are (all) the rage this year.* La tempête faisait rage dehors. *The storm was raging outside.*

raide—*stiff*

Ça, c'est raide! (Elle est raide, celle-là!)—*That's hard to swallow!*

raison—*reason*

à raison de—*at the rate of*

Les lettres arrivaient à raison de cinquante par semaine. *The letters came at the rate of fifty per week.*

avoir raison—*to be right*

Je sais que j'ai raison dans cette histoire. *I know I'm right in this matter.*

avoir raison de—*to get the better of*

Elle a fini par avoir raison de ma résistance. *She ended up by getting the better of my resistance.*

en raison de—*on account of*

En raison des grèves, les trains seront retardés aujourd'hui. *On account of the strikes, the trains will be delayed today.*

se faire une raison—*to give in, to make do*

Il aurait voulu vivre à Paris, mais il s'est fait une raison et le voilà à Nantes. *He would have liked to live in Paris, but he had to give in (to make do), and he is staying in Nantes.*

ramasser—*to pick up*

  à ramasser à la petite cuiller—*ready to be carted away*

  Après l'examen, les étudiants étaient à ramasser à la petite cuiller. *After the test, the students were ready to be carted away.*

  ramasser une gamelle (une pelle)—*to take a spill*

  La piste était si glacée qu'elle a ramassé une gamelle (une pelle). *The trail was so icy that she took a spill.*

  ramasser une veste—*to lose out*

  Il s'est présenté aux élections, mais il a ramassé une veste. *He ran for election, but he lost out.*

---

rang—*rank, row, order*

  au rang de—*among*

  Je le compte au rang de mes meilleurs amis. *I count him among my best friends.*

  en rang d'oignons—*all in a row*

  Les enfants attendaient à la porte en rang d'oignons. *The children were waiting all in a row at the door.*

---

ranger—*to arrange, to put in order*

  se ranger—*to settle down; to step aside*

  Il s'est marié pour se ranger. *He got married to settle down.* Je me suis rangé pour laisser passer les autres. *I stepped aside to let the others pass.*

---

rapport—*relation(ship), report*

  en rapport avec—*in touch with; in keeping with*

  Mettez-vous tout de suite en rapport avec votre ambassade. *Get in touch with your embassy right away.*

  Cherchez un poste en rapport avec vos qualifications. *Look for a position in keeping with your qualifications.*

  par rapport à—*as against, in comparison with*

  Il faut regarder leurs bénéfices par rapport à leur production globale. *You have to look at their profits as against (in comparison with) their overall production.*

---

rapporter—*to bring back*

s'en rapporter à—*to rely on*

Je m'en rapporte à vous pour les invitations. *I'm relying on you for the invitations.*

ras—*cut close, level*

à ras bord—*to the brim*

Elle a rempli son verre à ras bord. *She filled her glass to the brim.*

à (au) ras de—*at the level of*

Les hirondelles volaient à (au) ras du sol. *The swallows were flying at ground level.*

rate—*spleen*

désopiler (dilater, épanouir) la rate—*to tickle*

Cette histoire va vous désopiler (dilater, épanouir) la rate. *This story is going to tickle you.*

rater—*to miss*

Il n'en rate pas une!—*He's always putting his foot in it!*

rater le coche—*to miss the boat*

C'était une belle occasion, mais vous avez raté le coche. *It was a fine opportunity, but you missed the boat.*

rayon—*ray, shelf, range*

C'est mon rayon.—*That's just my cup of tea (right up my alley).*

rebrousser—*to brush up, to rub up*

à rebrousse-poil—*the wrong way*

Il a pris le prof à rebrousse-poil. *He rubbed the teacher the wrong way.*

rebrousser chemin—*to go back (the way one came)*

C'était un cul de sac, et nous avons dû rebrousser chemin. *It was a dead end, and we had to go back (the way we came).*

recette—*recipe, returns*

faire recette—*to go over well; to be a winner*

233

Son idée a fait recette. *His idea went over well.* Son livre a fait recette. *His book was a winner.*

---

recevoir—*to receive, to admit*

être reçu (à un examen, etc.)—*to pass (an exam, etc.)*

Il a été reçu docteur l'année dernière. *He passed his doctoral exams last year.*

J'ai été reçu comme un chien dans un jeu de quilles.—*I was given the cold shoulder.*

---

réclame—*advertisement*

en réclame—*on (special) sale*

Ces articles sont en réclame pendant toute la semaine. *These items are on (special) sale all week.*

---

réclamer—*to complain, to lay claim to*

se réclamer de—*to give as a reference*

Je me suis réclamé de vous pour avoir le poste. *I gave you as a reference to get the job.*

---

reconnaître—*to recognize*

ne pas s'y reconnaître—*not to know one's way around, to lose one's bearings*

Je ne m'y reconnais pas dans cette partie de la ville. *I don't know my way around (I lose my bearings) in this part of the city.*

---

recueillir—*to gather (up), to take in*

se recueillir—*to gather one's thoughts*

Il se recueillit un moment avant de donner sa réponse. *He gathered his thoughts for a moment before giving his answer.*

---

reculer—*to move back, to recoil*

reculer devant—*to balk (to stop) at*

Il ne reculera devant rien pour avoir ce qu'il veut. *He will balk (stop) at nothing to get what he wants.*

reculer pour mieux sauter—*to put things off*

Attendre demain pour commencer ce travail, c'est seulement reculer pour
   mieux sauter. *Waiting until tomorrow to start that job is just putting it
   off.*

redorer—*to gild again*

redorer son blason—*to restore one's family fortunes*

Le comte espérait redorer son blason en épousant une riche Américaine.
   *The count hoped to restore his family fortunes by marrying a rich
   American woman.*

refus—*refusal*

Ce n'est pas de refus.—*I (You) can't say no to that.*

refuser—*to refuse*

refuser de marcher—*not to go along*

Quand ils ont suggéré la trahison, nous avons refusé de marcher. *When they
   suggested treason, we wouldn't go along.*

refuser sa porte à—*to bar one's door to*

Outré de sa conduite, je lui ai refusé ma porte. *Outraged by his behavior, I
   barred my door to him.*

se refuser—*to deny oneself*

Il ne se refuse jamais rien. *He never denies himself anything.*

regard—*look, regard*

au regard de—*from the point of view of*

Au regard des Européens, la politique américaine ne se comprend pas.
   *From the point of view of the Europeans, American policy cannot be
   understood.*

en regard—*facing*

Notre maison se trouvait dans la rue principale, et la leur était en regard.
   Our house was on the main street, and theirs was facing us.

en regard de—*compared with*

En regard de la conjoncture économique en Europe, l'économie japonaise marche très bien. *Compared with the economic situation in Europe, the Japanese economy is doing just fine.*

---

regarder—*to look (at)*

Cela ne vous regarde pas.—*That's none of your business.*

regarder à—*to keep an eye (a close eye) on*

L'avare regardait toujours à la dépense. *The miser always kept an eye (a close eye) on expenses.*

regarder de travers—*to look askance at*

Quand j'ai dit cela, il m'a regardé de travers. *When I said that, he looked askance at me.*

se regarder en chiens de faïence—*to glare at one another*

A travers la barrière les deux voisins se regardaient en chiens de faïence. *The two neighbors glared at each other across the fence.*

y regarder à deux fois (de près)—*to think twice*

Il vaut mieux y regarder à deux fois (de près) avant d'acheter cette voiture. *You'd better think twice before buying that car.*

---

règle—*rule, ruler*

de règle—*common practice*

Il est de règle d'inviter le président à cette réunion. *It is common practice to invite the president to this meeting.*

en règle—*in order*

Tous vos papiers sont en règle, monsieur. *All your papers are in order, sir.*

---

règlement—*regulation, ruling, settlement*

un règlement de comptes—*a (gangland) settling of scores*

Il a été tué dans un règlement de comptes. *He was killed in a (gangland) settling of scores.*

---

régler—*to rule, to settle*

réglé comme du papier à musique—*as regular as clockwork*

Il est comme un robot; sa vie est réglée comme du papier à musique. *He is like a robot; his life is as regular as clockwork.*

régler son compte à quelqu'un—*to settle one's score with someone*
S'il continue à m'embêter, je vais lui régler son compte. *If he keeps on
    annoying me, I'm going to settle my score with him.*

regret—*nostalgia, regret*
  à regret—*reluctantly*
  Elle nous a quittés à regret. *She left us reluctantly.*
  être au regret de—*to regret, to be sorry*
  La directrice est au regret de ne pas pouvoir vous recevoir. *The head-
    mistress regrets (is sorry) that she is unable to receive you.*

rein—*kidney, small of the back*
  avoir les reins solides—*to be able to take it*
  Cette entreprise résistera à la crise; elle a les reins solides. *This business
    will weather the crisis; it can take it.*

relever—*to raise, to relieve, to collect, to note*
  relever de—*to be just getting over; to fall within the domain of*
  Elle relève d'une grippe. *She is just getting over the flu.* Ce cas relève du
    psychiatre. *This case falls within the domain of the psychiatrist.*
  se relever de—*to recover from*
  Le pays mettra longtemps à se relever de la guerre. *The country will take a
    long time recovering from the war.*

remarquer—*to notice, to remark*
  se faire remarquer—*to draw attention*
  Il se fait remarquer partout où il va. *He draws attention wherever he goes.*

remède—*cure, remedy*
  un remède de bonne femme—*an old wives' remedy*
  Jamais vous ne guérirez avec ce remède de bonne femme. *You will never
    get better with that old wives' remedy.*
  un remède de cheval—*a drastic remedy*
  Le chômage est un remède de cheval pour combattre l'inflation!
    Unemployment is a drastic remedy to fight inflation!

remercier—*to thank*

remercier un employé—*to dismiss an employee*

Après de longues années de service, plusieurs employés ont été remerciés par la compagnie. *After long years of service, several employees have been dismissed by the company.*

---

remettre—*to put back, to put off, to hand in*

en remettre—*to stretch things*

Quand il raconte une histoire, il en remet toujours. *When he tells a story, he always stretches things.*

Ne remettez plus les pieds ici!—*Don't show your face around here again!*

remettre à sa place—*to cut down to size*

Il se vante mais nous allons le remettre à sa place. *He talks big but we're going to cut him down to size.*

remettre quelqu'un—*to place someone*

Dites-moi encore votre nom; je ne vous remets pas. *Tell me your name again; I can't place you.*

s'en remettre à—*to rely on*

Je m'en remets à votre générosité. *I'm relying on your generosity.*

se remettre à—*to start again*

Il s'est remis à pleuvoir. *It has started raining again.*

se remettre de—*to get over*

Je ne peux pas me remettre de mon étonnement de les voir ici. *I can't get over my surprise at seeing them here.*

---

remonter—*to go back (up), to take up again*

remonter à—*to date back to*

Cette mode remonte au début du siècle. *That fashion dates back to the turn of the century.*

---

remorque—*trailer*

être à la remorque—*to tag along*

Ce petit parti politique est à la remorque des socialistes. *That little political party tags along with the socialists.*

rencontre—*encounter, meeting*

aller à la rencontre de—*to (go and) meet*

J'irai à sa rencontre s'il pleut. *I'll (go and) meet him if it rains.*

---

rendre—*to give back, to render, to turn in*

On vous le rend bien.—*The feeling is mutual.*

rendre + adjectif—*to make + adjective*

Cette bonne nouvelle nous a rendus tous heureux. *That good news made us all happy.*

rendre compte de—*to report on*

Le journal n'a pas encore rendu compte de leur congrès. *The newspaper has not yet reported on their convention.*

rendre gorge—*to pay up*

L'inspecteur des contributions directes lui a fait rendre gorge. *The income tax service inspector made him pay up.*

rendre l'âme—*to give up the ghost*

Son arrière-grand-père rendit l'âme en 1889. *His great-grandfather gave up the ghost in 1889.*

rendre la monnaie de sa pièce (la pareille) à quelqu'un—*to get back at someone, to give someone a taste of his own medicine*

Il m'a trompé, mais je lui ai rendu la monnaie de sa pièce (la pareille). *He fooled me, but I got back at him (gave him a taste of his own medicine).*

rendre service—*to do a favor; to be of use*

Elle m'a rendu un grand service en gardant les enfants pendant les vacances. *She did me a great favor by keeping the children during the vacation.*

Cet appareil peut encore rendre service: Ne le jetez pas. *That appliance can still be of use: Don't throw it away.*

se rendre—*to surrender*

La ville s'est rendue sans combat. *The city surrendered without a fight.*

se rendre compte de—*to realize*

Je ne me rendais pas compte de la gravité de la situation. *I didn't realize the seriousness of the situation.*

se rendre (quelque part)—*to go (somewhere)*

Il s'est rendu à l'hôpital en toute hâte. *He went to the hospital in a great hurry.*

renfort—*reinforcement*

    à grand renfort de—*with a good deal of*

    Il a rassemblé son courage à grand renfort de cognac. *He summoned up his*
      courage with a good deal of brandy.

---

rentrer—*to go back, to hold back*

    faire rentrer les paroles dans la gorge à quelqu'un—*to make someone*
      eat his words

    Il m'a traité de menteur, mais je lui ferai rentrer les paroles dans la gorge.
      He called me a liar, but I'll make him eat his words.

    rentrer dans—*to run into*

    Son camion est rentré dans la voiture de son copain. *His truck ran into his*
      pal's car.

    rentrer dans son argent (ses frais)—*to break even, to get one's money*
      (expenses) back

    Il n'a pas fait de bénéfices, mais il est rentré dans son argent (ses frais). *He*
      didn't make a profit, but he broke even (he got his money [his expenses]
      back).

    rentrer dedans (dans le chou) à—*to pile (to pitch) into*

    S'il continue à m'insulter, je vais lui rentrer dedans (dans le chou). *If he*
      keeps on insulting me, I'm going to pile (to pitch) into him.

---

renverser—*to overturn*

    se renverser—*to lean (to sit) back*

    Il se renversa dans son fauteuil et écouta la musique. *He leaned (sat) back*
      in his armchair and listened to the music.

---

renvoyer—*to dismiss, to send back, to put off*

    renvoyer aux calendes grecques—*to put off indefinitely*

    Etant trop pris, il a renvoyé notre rendez-vous aux calendes grecques. *Since*
      he was too busy, he put our appointment off indefinitely.

    renvoyer la balle—*to throw it right back, to pass the buck*

    A quoi bon discuter? Il va me renvoyer la balle. *What's the use arguing?*
      He's going to throw it right back at me (to pass the buck to me).

    renvoyer l'ascenseur—*to repay in kind*

Les vrais amis renvoient l'ascenseur quand on leur rend service. *True friends repay you in kind when you do them a favor.*

---

répandre—*to spill, to spread*

se répandre en—*to burst into*

Il se répandit en compliments exagérés. *He burst into exaggerated compliments.*

---

répondre—*to answer, to correspond*

répondre de—*to vouch for*

Ne vous inquiétez pas; je réponds de son intégrité. *Don't worry; I'll vouch for his integrity.*

répondre en Normand—*to give an evasive answer*

A toutes nos questions il répondait en Normand; peut-être bien que oui. *He gave an evasive answer to all our questions: maybe so.*

---

repos—*rest, repose*

de tout repos—*secure, safe*

C'est un placement de tout repos. *It's a secure (safe) investment.*

---

reposer—*to rest, to put back*

se reposer sur—*to rely on*

Vous pouvez vous reposer sur moi pour ce service. *You can rely on me for that favor.*

---

reprendre—*to reprimand, to regain, to take back*

On ne m'y reprendra plus!—*You won't catch me doing that again!*

reprendre du poil de la bête—*to get one's strength back*

Il faut que tu reprennes du poil de la bête avant de pouvoir aller travailler. *You have to get your strength back before you can go to work.*

reprendre haleine—*to get one's second wind*

Il s'est remis à courir après avoir repris haleine. *He started running again when he had gotten his second wind.*

reprendre le collier—*to get back in harness, to go back to work*

Malgré son âge, il a fallu qu'il reprenne le collier pour gagner sa vie. *In spite of his age, he had to get back in harness (go back to work) to earn his living.*

s'y reprendre à plusieurs fois—*to make several tries*

Nous nous y sommes repris à quatre fois sans réussir à attraper la balle. *We made four tries without managing to catch the ball.*

---

représenter—*to represent*

représenter une pièce—*to perform a play*

La troupe a représenté *L'Avare* de Molière. *The company performed Moliere's The Miser.*

---

reprise—*mending, recovery, taking up again*

à deux (à plusieurs, etc.) reprises—*two (several, etc.) times*

Je lui ai dit cela à plusieurs reprises. *I told him that several times.*

---

réserve—*reservation, reserve*

faire des réserves sur—*to have mixed feelings about*

Je fais toujours des réserves sur la valeur de son projet. *I still have mixed feelings about the validity of his project.*

sous réserve de—*subject to*

Votre demande sera acceptée, sous réserve de l'approbation du directeur. *Your request will be accepted, subject to the approval of the director.*

sous toutes réserves—*without any guarantees*

Je vous donne le renseignement sous toutes réserves. *I give you the information without any guarantees.*

---

respect—*respect*

sauf votre respect—*with all due respect*

Sauf votre respect, monsieur, votre associé est un fainéant. *With all due respect, sir, your partner is a loafer.*

---

ressembler—*to resemble*

Ils se ressemblent comme deux gouttes d'eau.—*They are as alike as two peas in a pod.*

---

ressort—*spring, competence*

   du ressort de—*one's responsibility*

   Ne me demandez pas de le faire, ce n'est pas de mon ressort. *Don't ask me to do it, it's not my responsibility.*

---

reste—*remainder, rest*

   au (du) reste—*besides, moreover*

   Il ne vient pas; au (du) reste, je ne l'ai pas invité. *He isn't coming; besides (moreover), I didn't invite him.*

   de reste—*left over*

   J'ai de l'argent de reste que je vais placer. *I have some money left over that I am going to invest.*

   en reste—*in arrears, indebted*

   Je ne voulais pas être en reste envers eux. *I didn't want to be in arrears (indebted) to them.*

   sans attendre (demander) son reste—*without waiting for an answer*

   A notre grande surprise, il est parti sans attendre (demander) son reste. *To our great surprise, he left without waiting for an answer.*

---

rester—*to remain, to stay*

   en être resté à—*to be still back with (in the time of)*

   Ils en sont restés à la lampe à pétrole. *They're still back with (in the time of) the oil lamp.*

   en rester là—*to leave it at that*

   Si vous n'acceptez pas mon offre, restons-en là. *If you won't accept my offer, let's leave it at that.*

   il reste … à—*to have … left*

   Il me reste cent euros pour finir le mois. *I have a hundred euros left until the end of the month.*

   ne pas rester sur un refus—*not to take no for an answer*

   Il faut venir parce que nous ne resterons pas sur un refus. *You have to come because we won't take no for an answer.*

   reste à savoir si …—*it remains to be seen whether*

   Reste à savoir si elles viendront chez nous. *It remains to be seen whether they'll come to our house.*

   rester le bec dans l'eau—*to be left high and dry*

243

Ses camarades ont abandonné et lui est resté le bec dans l'eau. *His friends gave up and he was left high and dry.*

rester les bras croisés—*to sit back*

Ils sont restés les bras croisés pendant que l'ennemi envahissait leur pays. *They sat back while the enemy invaded their country.*

rester sur le carreau—*to be knocked out cold; not to make the grade*

Quand le type l'a frappé, Paul est resté sur le carreau. *When the fellow hit him, Paul was knocked out cold.* Il pensait être admis, mais il est resté sur le carreau. *He thought he would pass, but he didn't make the grade.*

rester sur sa faim—*to go away (to remain) unsatisfied*

Comme le musée avait fermé les salles des impressionnistes, il a dû rester sur sa faim. *Since the museum had closed the impressionist wing, he had to go away (to remain) unsatisfied.*

---

retard—*delay*

en retard—*late*

Vous êtes en retard de dix minutes pour la réunion. *You're ten minutes late for the meeting.*

en retard sur—*behind*

A cause de la grève, le train est en retard sur l'horaire. *Because of the strike, the train is behind schedule.*

---

retomber—*to fall back*

retomber sur ses pattes (pieds)—*to come out unscathed*

C'est un débrouillard qui réussit toujours à retomber sur ses pattes (pieds). *He's a shrewd operator who always manages to come out unscathed.*

---

retour—*return*

de retour—*back*

Je ne savais pas que vous étiez déjà de retour de votre voyage. *I didn't know you were already back from your trip.*

faire un retour sur soi-même—*to examine one's (own) conscience*

Avant d'accuser les autres, faites un retour sur vous-même. *Before you accuse others, examine your (own) conscience.*

sans retour—*once and for all*

Votre argent est perdu sans retour. *Your money is lost once and for all.*

sur le retour—*past one's prime*

C'était un grand acteur, mais il est sur le retour maintenant. *He was a great actor, but he is past his prime now.*

---

retourner—*to go back, to return, to turn over*

de quoi il retourne—*what it's all about*

Je n'arrive pas à comprendre de quoi il retourne. *I can't manage to understand what it's all about.*

retourner le couteau (le fer) dans la plaie—*to rub it in*

J'ai compris mon erreur; ne retournez pas le couteau (le fer) dans la plaie. *I've understood my mistake; don't rub it in.*

retourner quelqu'un comme une crêpe (un gant)—*to change someone's mind at will*

Elle sait retourner son mari come une crêpe (un gant). *She can change her husband's mind at will.*

retourner sa veste—*to (be a) turncoat*

Ce libéral a retourné sa veste et a voté avec les conservateurs. *That liberal was a turncoat (turned coat) and voted with the conservatives.*

se retourner—*to turn around*

Les hommes se retournent sur son passage pour la regarder. *Men turn around to look at her when she goes by.*

---

retrouver—*to find (again), to meet (again), to regain*

s'y retrouver—*to know where one is (at); to make up for it*

Lui seul sait s'y retrouver dans ce désordre. *He is the only one who knows where he is (at) in this mess.* Le boucher ne gagne pas grand'chose sur le veau, mais il s'y retrouve sur le boeuf. *The butcher doesn't make much on veal, but he makes up for it on beef.*

---

réussir—*to succeed, to bring off*

réussir à—*to turn out well for*

Tout ce qu'il entreprend lui réussit. *Everything he undertakes turns out well for him.*

---

revanche—*revenge*

    en revanche—*on the other hand*

    Il n'est pas brilliant, mais en revanche il est travailleur. *He isn't brilliant, but on the other hand he is hard working.*

---

revenir—*to come back, to return*

    Cela revient à dire que …—*That amounts to saying…*

    en être revenu—*to be disillusioned*

    Il croyait au socialisme, mais il en est revenu maintenant. *He used to believe in socialism, but he is disillusioned now.*

    en revenir à—*to come back to*

    J'en reviens toujours à ce que je disais avant. *I keep coming back to what I said before.*

    faire revenir—*to brown*

    Faites revenir l'oignon dans du beurre. *Brown the onion in butter.*

    revenir à—*to amount (come) to; to appeal to; to be the share of; to be up to*

    La réparation reviendra à trois cents dollars. *The repairs will amount (come) to three hundred dollars.* Elle est peut-être gentille, mais sa tête ne me revient pas. *Perhaps she's nice, but her face doesn't appeal to me.* Dans le partage, la maison revient à Paul. *In the distribution, the house is Paul's share.* Le dernier tour revient à Camille. *The last turn is up to Camille.*

    revenir à la charge—*to keep harping on something*

    Nous voulions éviter cette question, mais il revenait toujours à la charge. *We wanted to avoid that question, but he kept on harping on it.*

    revenir de—*to get over*

    Il est revenu de son engouement. *He has gotten over his infatuation.* Je n'en reviens pas! *I can't get over it!*

    revenir de loin—*to have had a close call*

    Nous revenons de loin; le fusil était chargé. *We had a close call; the gun was loaded.*

    revenir sur—*to go back on; to go back over*

    Il est revenu sur sa promesse. *He went back on his promise.* Ne revenons pas sur cette question éternellement. *Let's not keep going back over that question.*

revenir sur le tapis—*to come (to crop) up*

La question des impôts est revenue de nouveau sur le tapis. *The question of taxes came (cropped) up again.*

---

rien—*nothing*

Cela ne fait rien.—*It doesn't matter.*

Comme si de rien n'était.—*As if nothing had happened.*

De rien.—*Don't mention it. You're welcome.*

en un rien de temps—*in no time at all, in short order*

Nous avons fini le travail en un rien de temps. *We finished the job in no time at all (in short order).*

Je n'en ai rien à cirer.—*That doesn't concern me.*

n'avoir rien à voir avec—*to have nothing to do with*

Ce film n'a rien à voir avec le roman du même titre. *This film has nothing to do with the novel with the same title.*

pour rien au monde—*not for the world*

Je ne ferais cela pour rien au monde. *I wouldn't do that for the world.*

rien moins que—*anything but; nothing short of*

La maison n'est rien moins que confortable. *The house is anything but comfortable.* Ce ne serait rien moins que malhonnête. *That would be nothing short of dishonest.*

rien ne sert de—*it's no use*

Rien ne sert d'essayer d'éviter cette responsabilité. *It's no use trying to avoid this responsibility.*

un rien de—*a hint (a shade) of*

J'ai senti un rien de regret dans sa lettre. *I sensed a hint (a shade) of regret in his letter.*

---

rigueur—*rigor, strictness*

à la rigueur—*if need be*

Vous pouvez à la rigueur arriver plus tard. *If need be, you may arrive later.*

de rigueur—*a must, obligatory*

La tenue de soirée est de rigueur pour cette réception. *Evening dress is a must (is obligatory) for that reception.*

---

rimer—*to rhyme, to versify*

    Cela ne rime à rien.—*That doesn't make sense. That has no rhyme or reason.*

---

rincer—*to rinse*

    se faire rincer—*to get soaking wet*

    Je me suis fait rincer en rentrant sous la pluie. *I got soaking wet walking home in the rain.*

    se rincer la dalle—*to wet one's whistle*

    Je suis allé au bar pour me rincer la dalle avant d'aller au travail. *I went to the bar to wet my whistle before going to work.*

    se rincer l'oeil—*to get an eyeful*

    Maintenant que tu t'es rincé l'oeil à la regarder, viens m'aider un peu. *Now that you've gotten an eyeful looking at her, come on and help me a little.*

---

rire—*to laugh*

    pour rire—*as a joke, for fun*

    Ne t'en fais pas; j'ai dit cela pour rire. *Don't get upset; I said that as a joke (for fun).*

    rire à gorge déployée (aux éclats, aux larmes, comme un bossu)—*to laugh one's head off, to roar with laughter*

    Ce film comique m'a fait rire aux éclats. *That comic film made me laugh my head off (roar with laughter).*

    rire à la barbe (au nez) de quelqu'un—*to laugh in someone's face*

    Je suis impatient de le voir, pour lui rire à la barbe (au nez). *I can't wait to see him, so I can laugh in his face.*

    rire dans sa barbe (sous cape)—*to laugh up one's sleeve*

    Il riait dans sa barbe (sous cape) en voyant les ennuis que nous nous étions attirés. *He laughed up his sleeve, seeing the trouble we had gotten ourselves into.*

    rire jaune—*to laugh on the other side of one's face*

    Il a ri jaune en apprenant mon succès. *He laughed on the other side of his face on learning of my success.*

se rire de—*to make light of*

Elle se rit des difficultés que nous prévoyons. *She makes light of the diffi-culties that we foresee.*

Vous voulez rire!—*You're joking!*

risque—*risk*

aux risques et périls de—*at one's own risk*

Vous empruntez cette route en construction à vos risques et périls. *You take this road under construction at your own risk.*

risquer—*to risk*

risquer le coup—*to shoot the works, to take a chance*

N'ayez pas peur; allez-y, risquez le coup. *Don't be afraid; go ahead and shoot the works (take a chance).*

risquer le paquet—*to stake everything*

C'est ma dernière chance; je vais risquer le paquet sur ce cheval. *It's my last chance; I'm going to stake everything on that horse.*

river—*to rivet, to nail*

river son clou à quelqu'un—*to shut someone up*

S'il continue à parler comme cela, je vais lui river son clou. *If he goes on talking that way, I'm going to shut him up.*

roi—*king*

de roi—*fit for a king*

Le tournedos est un morceau de roi. *The filet mignon is a piece fit for a king.*

Le roi n'est pas son cousin.—*He's full of himself.*

rompre—*to break*

rompre des lances (en visière) avec—*to attack publicly*

Le ministre a rompu des lances (en visière) avec ses anciens collègues. *The minister attacked his former colleagues publicly.*

rompu à—*experienced in*

Ce n'est pas un débutant; il est rompu à la politique. *He is no beginner; he is experienced in politics.*

---

rond—*round*

 faire des ronds de jambe—*to bow and scrape*

Tous ses associés faisaient des ronds de jambe devant lui. *All his associates bowed and scraped before him.*

 rond en affaires—*on the level*

J'aime bien traiter avec lui car il est rond en affaires. *I like to do business with him because he is on the level.*

---

ronde—*round*

 à la ronde—*within (a radius of)*

Il n'y a pas un motel à dix kilomètres à la ronde. *There isn't a motel within (a radius of) ten kilometers.*

---

ronger—*to erode, to gnaw*

 ronger son frein—*to chafe (champ) at the bit*

Le nouveau directeur rongeait son frein en attendant le début de la saison. *The new director was chafing (champing) at the bit, waiting for the season to begin.*

 se ronger les foies (les sangs)—*to eat one's heart out*

Ils se rongeaient les foies (les sangs) d'inquiétude. *They were eating their hearts out with worry.*

---

roue—*wheel*

 faire la roue—*to strut and preen*

L'acteur faisait la roue devant les dames. *The actor strutted and preened before the ladies.*

---

rouler—*to roll, to drive*

 rouler carosse—*to live in high style*

Si je roulais carosse comme vous, je ne casserais pas des cailloux. *If I were living in high style like you, I wouldn't be breaking up stones.*

 rouler quelqu'un—*to sell someone a bill of goods*

J'ai cru à votre promesse et vous m'avez roulé. *I took you at your word and you sold me a bill of goods.*

rouler sa bosse—*to be around, to knock about*

Il a roulé sa bosse à travers le monde. *He has been around (has knocked about) all over the world.*

rouler sur (un sujet)—*to turn on (a subject)*

La conversation roulait sur les scandales politiques récents. *The conversation turned on the recent political scandals.*

rouler sur l'or—*to be rolling in money*

Sa fiancée est belle, intelligente, et elle roule sur l'or. *His fiancée is beautiful, intelligent, and rolling in money.*

se rouler les pouces (se les rouler)—*to twiddle one's thumbs*

Pourquoi est-ce que tu te roules les pouces (tu te les roules), au lieu de m'aider? *Why are you twiddling your thumbs, instead of helping me?*

---

roulette—*roulette, wheel*

comme sur des roulettes—*like clockwork*

L'opération a marché comme sur des roulettes. *The operation went off like clockwork.*

---

route—*road, way*

En route!—*All aboard! Let's get going!*

en route pour—*on one's (the) way to*

Nous étions déjà en route pour Paris quand il nous a rattrapés. *We were already on our (on the) way to Paris when he caught up with us.*

---

ruer—*to kick, to rear up*

ruer dans les brancards—*to get rebellious, to protest*

Après des années de besogne, il rue dans les brancards. *After years of hard work, he's getting rebellious (protesting).*

---

sage—*good, wise*

sage comme une image—*as good as can be (as gold)*

Son bébé est toujours sage comme une image. *Her baby is always as good as can be (as good as gold).*

---

saigner—*to bleed*

saigné à blanc—*drained dry*

Le dictateur laisse le pays saigné à blanc. *The dictator is leaving the country drained dry.*

se saigner aux quatre veines—*to sacrifice oneself*

Ils se sont saignés aux quatre veines pour envoyer leurs enfants en pensionnat. *They sacrificed themselves to send their children to boarding school.*

---

sain—*healthy, sound*

sain et sauf—*safe and sound*

Malgré la tempête, ils sont arrivés sains et saufs. *Despite the storm, they arrived safe and sound.*

---

saint—*saint*

à la saint-glinglin—*till the cows come home*

Il continue à remettre ce projet à la saint-glinglin. *He keeps putting this project off till the cows come home.*

C'est une sainte-nitouche.—*Butter wouldn't melt in her mouth. She's a hypocrite.*

---

saisir—*to grasp, to seize*

saisir la balle au bond—*to grasp an opportunity*

Voyant le moment venu, il a saisi la balle au bond. *Seeing the right time had come, he grasped the opportunity.*

---

saison—*season*

  de saison—*fitting, suitable*

  Votre optimisme ne me semble pas vraiment de saison. *Your optimism doesn't seem really fitting (suitable) to me.*

  hors de saison—*out of place*

  Ces remarques sont absolument hors de saison. *Those observations are definitely out of place.*

salaire—*salary, wages*

  un salaire de famine (de misère)—*starvation wages, a pittance*

  Pour un si gros travail on lui payait un salaire de famine (de misère). *For such a hard job he was paid starvation wages (a pittance).*

sang—*blood*

  avoir du sang de navet—*to be lethargic (a wimp)*

  Ne compte pas sur lui; il a du sang de navet. *Don't count on him; he's lethargic (a wimp).*

  Bon sang!—*Hang it! Damn it!*

  le sang-froid—*cool(ness)*

  Il ne perd jamais son sang-froid, quel que soit le danger. *He never loses his cool(ness), whatever the danger may be.*

  Mon sang n'a fait qu'un tour.—*My heart skipped a beat.*

sans—*without*

  sans aucun doute—*without a doubt*

  Le bateau arrivera sans aucun doute demain. *The boat will arrive tomorrow without a doubt.*

  sans autre forme de procès—*without further ceremony*

  Il m'a mis à la porte sans autre forme de procès. *He threw me out without further ceremony.*

  sans ça (sans quoi)—*otherwise*

  Il était malade; sans ça (sans quoi) nous l'aurions vu au match. *He was ill; otherwise we would have seen him at the game.*

  sans crier gare—*without warning*

  Il est arrivé à midi sans crier gare. *He arrived at noon without warning.*

sans doute—*probably*

Il nous a sans doute oubliés. *He has probably forgotten us.*

Sans rancune!—*No hard feelings!*

santé—*health*

boire à la santé de (porter une santé à)—*to drink (a toast) to*

A la fin du repas on a bu à la santé de (porté une santé à) l'hôte. *After dinner a toast was drunk (they drank) to the host.*

une santé de fer (une petite santé)—*an iron (a frail) constitution*

Etant donné son âge, il a une santé de fer (une petite santé). *Considering his age, he has an iron (a frail) constitution.*

saut—*jump, leap*

au saut du lit—*just as one is getting up*

Il est venu me trouver au saut du lit. *He came to see me just as I was getting up.*

faire le saut—*to take the plunge*

Après des mois d'hésitation, il a décidé de faire le saut. *After months of hesitation, he decided to take the plunge.*

faire un saut chez—*to drop in on*

En passant à Paris, ils ont fait un saut chez leur ami. *Going through Paris, they dropped in on their friend.*

il n'y a qu'un saut—*it's only a stone's throw*

D'ici au centre ville il n'y a qu'un saut. *It's only a stone's throw from here downtown.*

sauter—*to jump, to leap, to skip, to blow up*

Cela saute aux yeux.—*That's as plain as the nose on your face.*

Il a fait sauter la banque.—*He broke the bank.*

que ça saute—*snap to it*

Nettoyez cette chambre et que ça saute! *Clean this room up and snap to it!*

sauter au cou à (de)—*to throw one's arms around*

En me voyant, elle m'a sauté au cou. *When she saw me, she threw her arms around me.*

sauter au plafond—*to blow one's top (to blow up), to hit (to raise) the roof*

Son père a sauté au plafond quand elle a échoué à l'examen. *Her father blew his top (blew up, hit the roof, raised the roof) when she failed her exam.*

sauter du coq à l'âne—*to jump from one topic to another*

Le conférencier n'a fait que sauter du coq à l'âne. *The speaker did nothing but jump from one topic to another.*

sauter le pas—*to take the plunge*

Il a hésité longtemps avant de sauter le pas et d'adhérer au parti. *He hesitated for a long time before taking the plunge and joining the party.*

se faire sauter la cervelle—*to blow one's brains out*

En voyant le cours de la bourse si bas, il s'est fait sauter la cervelle. *Seeing the stock market index so low, he blew his brains out.*

---

sauver—*to rescue, to save*

Sauve-qui-peut!—*Every man for himself!*

sauver les apparences—*to keep up appearances*

Ils tenaient toujours leur salon du jeudi pour sauver les apparences. *They still held their Thursday salon to keep up appearances.*

sauver les meubles—*to salvage the essentials*

Il nous faut au moins faire un effort pour sauver les meubles. *At least we have to try to salvage the essentials.*

se sauver—*to be off, to run; to run away*

Au revoir; il faut que je me sauve. *So long; I have to be off (to run).*

L'enfant s'était sauvé, mais on l'a retrouvé. *The child had run away, but he was found again.*

---

savoir—*to know*

à savoir—*namely, to wit*

Nous avons du bétail à vendre, à savoir des boeufs, des chevaux, et des moutons. *We have cattle for sale, namely (to wit) oxen, horses, and sheep.*

en savoir long sur—*to know a thing or two about*

L'inspecteur en sait long sur cette affaire mystérieuse. *The inspector knows a thing or two about that mysterious business.*

le savoir-faire—*know-how*

Il a le savoir-faire qu'il faut pour accomplir cette tâche. *He has the neces-sary know-how to get this job done.*

le savoir-vivre—*savoir-faire, good manners*

Son expérience du monde lui avait donné un grand savoir-vivre. *His expe-rience of the world had given him a good deal of* savoir-faire *(very good manners).*

ne pas savoir à quel saint se vouer—*to be at one's wit's end*

Elle avait tout essayé sans succès et ne savait pas à quel saint se vouer. *She had tried everything unsuccessfully and was at her wit's end.*

ne pas savoir où donner de la tête (sur quel pied danser)—*not to know what to do next*

Il était débordé et ne savait plus où donner de la tête (sur quel pied danser). *He was overwhelmed and no longer knew what to do next.*

savoir à quoi s'en tenir—*to know what's what*

Maintenant je sais à quoi m'en tenir dans cette affaire. *Now I know what's what in that business.*

savoir ce que quelqu'un a dans le ventre—*to find out what someone has on his mind (is capable of)*

Je veux d'abord savoir ce que ce candidat a dans le ventre. *First I want to find out what this candidate has on his mind (is capable of).*

savoir gré à—*to be grateful to*

Je lui sais gré de sa discrétion dans cette affaire. *I am grateful to him for his discretion in this matter.*

savoir s'y prendre avec—*to have a way with*

Mon frère sait s'y prendre avec les chiens. *My brother has a way with dogs.*

un je ne sais quoi—*(a certain) something*

Elle a un je ne sais quoi qui rend tous les hommes fous. *She has (a certain) something that drives all men crazy.*

---

scie—*saw*

Quelle scie!—*What a nuisance! What a bore!*

---

scier—*to saw*

    Cela m'a scié!—*It bowled me over!*

séance—*meeting, session*

    séance tenante—*on the spot*

    Nous avons dû prendre la décision séance tenante. *We had to make the decision on the spot.*

sec—*dry*

    à sec—*flat broke*

    J'ai tout dépensé et maintenant je suis à sec. *I've spent everything and now I'm flat broke.*

    aussi sec—*right away*

    Elle m'a lâché aussi sec pour un homme qui avait plus d'argent. *She dropped me, right away, for a man with more money.*

    sec comme un coup de trique—*skinny as a rail*

    Il est grand et sec comme un coup de trique. *He is tall and as skinny as a rail.*

sécher—*to dry (out)*

    sécher sur pied—*to be left high and dry*

    Son ami, en partant, l'a laissée à sécher sur pied. *Her friend, in leaving, has left her high and dry.*

    sécher un cours—*to cut a class*

    Il a séché son cours d'algèbre à cause du match. *He cut his algebra class because of the game.*

secouer—*to shake*

    secouer les puces à—*to tell off*

    Quand il est rentré tard, son père lui a secoué les puces. *When he came home late, his father told him off.*

    se secouer—*to pull oneself together*

    Secouez-vous un peu; ce n'est pas la fin du monde! *Pull yourself together a little; it's not the end of the world!*

secret—*secret*

   au secret—*in solitary*

   On gardait le prisonnier au secret. *The prisoner was being kept in solitary.*

   C'est le secret de Polichinelle.—*It's an open secret.*

sein—*bosom, breast, womb*

   au sein de—*in the lap of; within*

   Il vit au sein du luxe. *He is living in the lap of luxury.* Il n'y a pas d'una-
      nimité au sein de la commission. *There is no agreement within the com-
      mittee.*

selle—*saddle, stool*

   aller à la selle—*to have a bowel movement*

   Le malade est-il allé à la selle aujourd'hui? *Did the patient have a bowel
      movement today?*

sellette—*stool*

   sur la sellette—*on the hot seat (on the carpet)*

   Le procureur a mis le témoin sur la sellette. *The prosecutor put the witness
      on the hot seat (on the carpet).*

selon—*according to*

   C'est selon.—*It depends.*

   selon toute apparence—*in all likelihood (probability)*

   Le président démissionnera demain, selon toute apparence. *The president
      will resign tomorrow, in all likelihood (probability)*

semaine—*week*

   de semaine—*on duty (for the week)*

   Je serai de semaine à la fin du mois. *I'll be on duty (for the week) at the
      end of the month.*

   en semaine—*during the week*

   Il n'est jamais libre en semaine; il faut venir dimanche. *He is never free
      during the week; you have to come Sunday.*

   la semaine des quatre jeudis—*when hell freezes over*

Vous reverrez votre argent la semaine des quatre jeudis. *You'll see your money again when hell freezes over.*

---

semblant—*appearance, pretense*

faire semblant (de)—*to pretend (to)*

Il fait semblant de dormir mais il est éveillé. *He is pretending to sleep but he is awake.*

ne faire semblant de rien—*to take no notice*

Quand la police est arrivée, il n'a fait semblant de rien. *When the police arrived, he took no notice.*

---

sembler—*to seem*

comme bon me (te, lui, etc.) semble—*as I (you, he, etc.) see(s) fit*

Quoi que tu dise, je ferai comme bon me semble. *No matter what you say, I'll do as I see fit.*

Que vous en semble?—*What do you think (of it)?*

---

semer—*to sow*

semer la zizanie—*to sow discord*

Son nouvel ami essayait de semer la zizanie entre elle et ses copines. *Her new boyfriend tried to sow discord between her and her friends.*

semer quelqu'un—*to ditch (to get rid of) someone*

J'ai eu du mal à semer ce casse-pied. *I had a hard time ditching (getting rid of) that bore.*

---

sens—*direction, sense*

dans le sens de—*-wise*

Coupez les planches dans le sens de la longueur. *Cut the planks lengthwise.*

sens dessus-dessous—*topsy-turvy, upside down*

Tout est sens dessus-dessous dans sa chambre: quelle pagaille! *Everything is topsy-turvy (upside-down) in his room: what a mess!*

---

sentir—*to feel, to sense, to smell*

ne pas se sentir de colère (de joie, etc.)—*to be beside oneself with anger (joy, etc.)*

Je ne me sens pas de colère, après tous les cadeaux qu'ils ont reçus de moi!
*I'm beside myself with anger, after all the presents they've received from
me!*

sentir le fagot—*to smack of heresy*

Le curé lui a dit que ses idées sentaient le fagot. *The priest told him that
his ideas smacked of heresy.*

sentir le sapin—*to be at death's door*

Les gens du village disaient que le père Michel sentait le sapin. *The people
in the village said that old man Michel was at death's door.*

se sentir tout chose—*to feel funny*

Après la piqûre je me sentais tout chose. *After the injection I felt funny.*

septième—*seventh*

au septième ciel—*on cloud nine, walking on air*

Depuis qu'il a rencontré cette fille, il est au septième ciel. *Since he met that
girl, he's been on cloud nine (walking on air).*

serrer—*to press, to tighten*

serrer la vis à—*to put the heat (the screws) on*

Nous devrons lui serrer la vis pour qu'il termine le travail à temps. *We'll
have to put the heat (the screws) on him so he'll finish the job in time.*

serrer le coeur à quelqu'un—*to wring someone's heart*

Le récit de ses malheurs m'a serré le coeur. *The story of his misfortunes
wrung my heart.*

serrer les dents—*to grit one's teeth, to keep a stiff upper lip*

Il faut que nous serrions les dents devant cette nouvelle difficulté. *We have
to grit our teeth (keep a stiff upper lip) in the face of this new difficulty.*

serrer les rangs (se serrer les coudes)—*to close ranks*

En face du danger, tout le monde a serré les rangs (s'est serré les coudes).
In the face of danger, everyone closed ranks.

service—*favor, service*

être de service—*to be on duty*

Je suis de service un samedi sur deux. *I am on duty every other Saturday.*

faire le service entre—*to run between*

Il y a un car qui fait le service entre la gare et l'aéroport. *There is a bus that runs between the station and the airport.*

---

servir—*to serve*

  servir à—*to be used for*

  Cette machine sert à fabriquer des boulons. *This machine is used for making bolts.*

  servir de—*to be used as, to serve as*

  Cette église a servi d'entrepôt pendant la révolution. *This church was used as (served as) a storehouse during the revolution.*

  se servir de—*to use*

  Puis-je me servir de votre téléphone pour appeler mon frère? *May I use your telephone to call my brother?*

---

seul—*alone, only, sole*

  comme un seul homme—*unanimously*

  Quand elle a fini son discours, tous ont applaudi comme un seul homme. *When she finished her speech, everyone applauded unanimously.*

  seul à seul—*alone together*

  Nous en reparlerons plus tard seul à seul. *We'll talk of it again later when we're alone together.*

---

si—*if*

  et si—*what if*

  Et si tes parents rentraient tout à coup? *What if your parents came home all of a sudden?*

  si nous … (si l'on …, etc.)—*how about*

  Si nous faisions (Si l'on faisait) une promenade avant dîner? *How about going for a walk before dinner?*

---

sien—*one's*

  les siens—*one's (own) flesh and blood, one's own people*

  Je ne m'attendais pas à une telle indifférence de la part des miens. *I didn't expect such indifference from my (own) flesh and blood (my own people).*

---

signe—*sign*

faire signe à—*to signal, to wave to*

Il m'a fait signe d'avancer lentement. *He signaled me (waved to me) to come forward slowly.*

faire signe du doigt à—*to beckon (to)*

Il m'a fait signe du doigt depuis l'autre côté de la barrière. *He beckoned (to) me from the other side of the fence.*

faire un signe de (la) tête—*to nod*

Elle n'a pas répondu un mot, mais elle a fait un signe de (la) tête. *She didn't say a word in reply, but she nodded.*

se signer—*to cross oneself*

Elle s'est signée en entrant dans l'église. *She crossed herself as she entered the church.*

simple—*simple, single*

C'est simple comme bonjour.—*It's as easy as pie.*

dans le plus simple appareil—*in the altogether (nude)*

Entrant soudain, il la trouva dans le plus simple appareil. *Entering suddenly, he found her in the altogether (nude).*

sitôt—*as soon (as)*

pas de sitôt—*not for a long while*

Vous n'aurez pas votre argent de sitôt. *You won't get your money for a long while.*

Sitôt dit, sitôt fait.—*No sooner said than done.*

soi—*oneself*

soi-disant—*of sorts, so-called, some sort of; supposedly*

C'est un soi-disant guérisseur. *He is a healer of sorts (a so-called healer, some sort of healer).*

Il est venu ici, soi-disant pour nous aider. *He came here, supposedly to help us out.*

somme—*sum*

somme toute—*all in all, in sum*

Somme toute, nous n'avons pas perdu grand'chose. *All in all (In sum), we haven't lost much.*

---

sommeil—*sleep*

avoir sommeil—*to be sleepy*

Couchons l'enfant; il a sommeil. *Let's put the child to bed; he's sleepy.*

---

songer—*to (day) dream, to think*

sans songer à mal (à malice)—*with no ill intent, without thinking*

Elle a dit cela sans songer à mal (à malice). *She said that with no ill intent (without thinking).*

---

sonner—*to ring, to sound*

avoir ... ans (bien) sonnés—*to be (well) past ...*

Bien qu'il ait l'air jeune, il a cinquante ans (bien) sonnés. *Although he seems young, he is (well) past fifty.*

On ne t'a pas sonné!—*Nobody asked you!*

se faire sonner les cloches—*to get bawled out*

S'il rentre après minuit, il va se faire sonner les cloches. *If he comes home after midnight, he is going to get bawled out.*

sonner juste (faux)—*(not) to ring true*

Je trouve que son explication sonne juste (faux). *I think his explanation rings (doesn't ring) true.*

---

sorcier—*sorcerer*

Ce n'est pas sorcier.—*There's nothing so hard about that.*

---

sort—*fate, lot*

faire un sort à—*to finish up*

Nous avons fait un sort à la dernière bouteille de vin. *We finished up the last bottle of wine.*

Le sort en est jeté.—*The die is cast.*

---

sorte—*sort, kind*

faire en sorte que—*to see to it that*

Faites en sorte qu'on ne vous entende plus! *See to it that we don't hear you any more!*

---

sortie—*exit, way out*

à la sortie de—*upon leaving*

A sa sortie de l'école, il a trouvé un bon poste. *Upon leaving school, he found a good job.*

faire une sortie contre—*to lash out at*

Le député conservateur a fait une sortie contre les lois sur l'avortement. *The conservative congressman lashed out at the laws on abortion.*

---

sortir—*to go out, to take out*

D'où sortez-vous?—*Where have you been (not to know that)?*

ne pas être sorti de l'auberge—*not to be out of the woods*

Le comptable dit que son client n'est pas encore sorti de l'auberge. *The accountant says that his client isn't out of the woods yet.*

s'en sortir—*to get out of difficulty, to manage*

Pourrez-vous vous en sortir avec trois mille euros? *Will you be able to get out of difficulty (to manage) with three thousand euros?*

sortir de l'ordinaire—*to be out of the ordinary*

C'est un cas curieux et qui sort de l'ordinaire. *It's a curious case and one that is out of the ordinary.*

sortir de ses gonds—*to blow a fuse, to blow (to flip) one's lid, to fly off the handle*

En entendant cette injure, il est sorti de ses gonds. *On hearing that insult, he blew a fuse (he blew, he flipped his lid, he flew off the handle).*

---

sou—*cent, penny*

être sans le sou (n'avoir ni sou ni maille, ne pas avoir le sou, ne pas avoir un sou vaillant)—*to be penniless*

Il était beau et de famille noble, mais il était sans le sou (n'avait ni sou ni maille, n'avait pas le sou, n'avait pas un sou vaillant). *He was handsome and of noble family, but he was penniless.*

pas pour un sou (deux sous)—*not in the least*

Il n'est pas fier pour un sou (deux sous), malgré sa célébrité. *He's not in the least proud, despite his celebrity.*

---

souffrance — *suffering*

en souffrance — *in abeyance, pending*

Le projet est resté en souffrance faute de crédits. *The project was left in abeyance (pending) for lack of funds.*

---

souhait — *wish*

à souhait — *perfectly*

A ce grand hôtel, nous avons été servis à souhait. *At that grand hôtel, we were waited on perfectly.*

A vos souhaits! — *Bless you! Gesundheit!*

---

soulever — *to lift, to raise*

soulever le coeur à quelqu'un — *to turn someone's stomach*

La vue de cette destruction m'a soulevé le coeur. *The sight of that destruction turned my stomach.*

---

soupe — *soup*

être soupe au lait (s'emporter comme une soupe au lait) — *to fly off the handle (easily)*

Il a un coeur d'or, mais il est soupe au lait (il s'emporte comme une soupe au lait). *He has a heart of gold, but he flies off the handle (easily).*

---

souple — *flexible, supple*

souple comme un gant — *easygoing*

Elle ne vous fera pas d'histoires; elle est souple comme un gant. *She won't make any problems for you; she is easygoing.*

---

sourd — *deaf*

C'est un dialogue de sourds. — *Neither one will listen to the other.*

comme un sourd — *with all one's might*

Il est tombé sur le voleur et l'a frappé comme un sourd. *He jumped on the robber and struck him with all his might.*

faire la sourde oreille—*to turn a deaf ear*

Elle a fait la sourde oreille quand ses locataires se sont plaints. *She turned a deaf ear when her tenants complained.*

sourd comme un pot—*stone deaf*

Parlez très fort; il est sourd comme un pot! *Speak very loudly; he's stone deaf!*

---

sourire—*to smile*

ne pas sourire à—*not to appeal to*

Cette perspective ne me sourit guère. *That prospect doesn't appeal much to me.*

---

sous—*under*

sous le boisseau—*under wraps*

Ils gardent les nouveaux modèles sous le boisseau avant le Salon. *They are keeping the new models under wraps before the show.*

---

style—*style*

de style—*period*

Son appartement était plein de meubles de style. *His apartment was full of period furniture.*

---

sucer—*to suck*

sucer avec le lait—*to be weaned on*

Elle a sucé le jeu d'échecs avec le lait. *She was weaned on the game of chess.*

sucer jusqu'à la moelle—*to bleed dry*

Quand ses créanciers l'auront sucé jusqu'à la moelle, ils le lâcheront. *When his creditors have bled him dry, they will let him go.*

---

sucrer—*to sweeten*

se sucrer—*to help oneself to more than one's share*

Le partage n'est pas juste; le patron s'est sucré. *The portions aren't fair; the boss helped himself to more than his share.*

sucrer les fraises—*to have the shakes*

Son âge se voyait seulement du fait qu'il sucrait les fraises. *You could tell his age only from the fact that he had the shakes.*

---

suer—*to sweat*

faire suer—*to be a pain in the neck*

Il nous fait suer avec ses histoires de pêche. *He is a pain in the neck with his fish stories.*

faire suer le burnous—*to exploit the natives*

Ce colon a fait fortune en faisant suer le burnous. *That settler made a fortune by exploiting the natives.*

suer la misère (l'ennui, etc.)—*to reek of poverty (boredom, etc.)*

Ce quartier de la ville sue la misère. *This part of the city reeks of poverty.*

suer sang et eau—*to sweat blood*

Il a sué sang et eau pour établir cette entreprise. *He has sweated blood to establish this business.*

---

suite—*consequence, rest, sequel, sequence*

à la suite de—*following*

De fortes inondations sont venues à la suite de la tempête. *Heavy flooding came following the storm.*

avoir de la suite dans les idées—*to follow through on one's ideas*

Elle ne laisse pas tomber ses projets; elle a de la suite dans les idées. *She doesn't drop her projects; she follows through on her ideas.*

dans (par) la suite—*later on*

J'ai appris dans (par) la suite qu'elle s'était mariée. *I learned later on that she had married.*

de suite—*in a row; on end*

Il a avalé trois verres de cognac de suite. *He downed three glasses of brandy in a row.* Ils ont travaillé douze heures de suite. *They worked for twelve hours on end.*

donner suite à—*to follow up on*

Il a promis de donner suite à ma demande. *He promised to follow up on my request.*

Suite à votre lettre …—*Referring to your letter …*

(tout) de suite—*right away, right now*

Je veux que tu fasses tes devoirs (tout) de suite! *I want you to do your homework right away (right now)!*

---

suivre—*to attend, to follow*

A suivre.—*To be continued.*

Au suivant!—*Next?*

faire suivre—*to forward*

Je vous serais reconnaissant de faire suivre cette lettre. *I would be grateful if you forwarded this letter.*

suivre un cours—*to take a class*

Elle a suivi un cours de phonétique à l'Institut britannique. *She took a phonetics course at the British Institute.*

---

supplice—*torture*

au supplice—*in agony*

Il était au supplice en attendant le résultat de l'examen. *He was in agony waiting for the results of the exam.*

---

sûr—*safe, sure*

bien sûr—*of course*

Tu as oublié d'aller chez le dentiste, bien sûr. *You forgot to go to the dentist's, of course.*

sois (soyez) sûr—*rest assured*

Soyez sûr que je ferai tout mon possible. *Rest assured that I will do everything in my power.*

---

surcroît—*increase*

de (par) surcroît—*what is more*

Elle était étrangère et, de (par) surcroît, ne parlait pas leur langue. *She was a foreigner and, what is more, did not speak their language.*

---

surplus—*surplus*

au surplus—*moreover*

Je ne vous crois pas; au surplus, cela n'a pas d'importance. *I don't believe you; moreover, that is of no importance.*

suspendre—*to hang, to suspend*

  être suspendu aux lèvres de quelqu'un—*to hang on someone's words*

  Le public était suspendu aux lèvres du conférencier. *The audience was hanging on the lecturer's words.*

  suspendu aux jupes de sa mère—*tied to one's mother's apron strings*

  Leur frère était encore suspendu aux jupes de leur mère. *Their brother was still tied to their mother's apron strings.*

système—*system*

  le système D—*resourcefulness*

  Malgré les restrictions, il se tirait d'affaire grâce au système D. *Despite the restrictions, he got along thanks to his resourcefulness.*

tabac—*tobacco*

  faire un tabac—*to be a hit*

  Sa dernière pièce a fait un tabac. *His latest play was a hit.*

table—*table*

  faire table rase de—*to make a clean sweep of*

  Avec ses théories il voulait faire table rase du système politique. *With his theories he wanted to make a clean sweep of the political system.*

tableau—*picture*

  (jouer, miser) sur les deux (sur tous les) tableaux—*(to bet on, to back) both sides*

  Pour être sûr de gagner, il jouait sur les deux (sur tous les) tableaux. *To be sure of winning, he would bet on (he would back) both sides.*

tache—*spot, stain*

  faire tache—*to stick out like a sore thumb*

Ses vieux vêtements faisaient tache dans cette société élégante. *His old clothes stuck out like a sore thumb in that elegant company.*

faire tache d'huile—*to be contagious, to spread*

La démagogie fait tache d'huile dans cette ambiance politique. *Demagogy is contagious (is spreading) in this political atmosphere.*

---

taille—*cut, size, waist*

avoir la taille bien prise—*to have a good figure*

Cette femme est grande et elle a la taille bien prise. *That woman is tall and she has a good figure.*

de taille—*massive, weighty*

Le chômage est un problème économique de taille. *Unemployment is a massive (weighty) economic problem.*

être de taille à—*to be able (strong enough) to*

Son chien était de taille à tuer un homme. *His dog was able (strong enough) to kill a man.*

---

tailler—*to cut, to hack*

se tailler—*to skip out*

Il s'est taillé sans payer la note. *He skipped out without paying the bill.*

tailler des croupières à—*to make problems for*

Ayant perdu, il cherche à tailler des croupières à son adversaire. *Having lost, he is trying to make problems for his opponent.*

tailler une bavette—*to chew the fat (the rag), to shoot the breeze*

Nous avons arrêté de travailler un instant pour tailler une bavette. *We stopped working for a while to chew the fat (to chew the rag, to shoot the breeze).*

---

tambour—*drum*

sans tambour ni trompette—*without fuss*

Il est parti tout d'un coup, sans tambour ni trompette. *He left all of a sudden, without fuss.*

---

tamponner—*to dab, to ram, to plug*

s'en tamponner (le coquillard)—*not to give a damn, couldn't care less*

Le parti politique de son mari? Elle' s'en tamponne (le coquillard). *She
doesn't give a damn (couldn't care less) about her husband's political
party.*

---

tant—*so much*

en tant que—*in the capacity of; insofar as*

Il est à Paris en tant qu'ambassadeur. *He is in Paris in the capacity of
ambassador.* Il nous aide en tant que nous pouvons lui être utile. *He
helps us insofar as we can be useful to him.*

tant bien que mal—*after a fashion, somehow or other*

Faute de temps, le menuisier a terminé le bahut tant bien que mal. *For lack
of time, the cabinetmaker finished the chest after a fashion (somehow or
other).*

tant et si bien que—*with the result that*

Il a bavardé sans regarder l'heure, tant et si bien qu'il est arrivé en retard.
*He chatted without looking at the time, with the result that he arrived
late.*

Tant mieux!—*Fine! So much the better!*

Tant pis!—*So what! Too bad!*

tant que—*as (so) long as*

Je resterai ici tant que vous continuerez à m'aider. *I'll stay here as (so)
long as you continue to help me.*

tant s'en faut que—*far be it from*

Tant s'en faut que j'en dise du mal. *Far be it from me to speak ill of it.*

(un) tant soit peu—*just a bit*

Il est (un) tant soit peu affecté. *He is just a bit affected.*

---

taper—*to hit, to strike*

se taper quelque chose—*to treat oneself to something; to end up doing*

Pour célébrer, je vais me taper un verre de cognac. *To celebrate, I'm going
to treat myself to a glass of brandy.*

Je me suis tapé toute la vaisselle. *I ended up doing all the dishes.*

se taper la cloche—*to eat to one's heart's content*

On s'est tapé la cloche au mariage de nos amis. *We ate to our heart's content at our friends' wedding.*

taper à côté—*to be off the mark*

Elle essayait de deviner mais elle tapait toujours à côté. *She tried to guess but she was always off the mark.*

taper dans le tas—*to grab a handful; to strike out at random*

Nous avons des kilos de pommes; vous n'avez qu'à taper dans le tas. *We have kilos of apples; just grab a handful.* Au cours de la mêlée avec les manifestants, la police tapait dans le tas. *During the scuffle with the demonstrators the police struck out at random.*

taper dans l'oeil à quelqu'un—*to strike someone's fancy*

Cette robe rouge m'a tapé dans l'oeil. *That red dress has struck my fancy.*

tapis—*carpet*

au tapis—*down for the count*

Son coup a envoyé son adversaire au tapis. *His blow sent his opponent down for the count.*

sur le tapis—*up for discussion*

La question du budget était sur le tapis. *The question of the budget was up for discussion.*

tapisserie—*tapestry, wallpaper*

faire tapisserie—*to be a wallflower*

Elle n'est pas allée au bal de crainte de faire tapisserie. *She didn't go to the dance for fear of being a wallflower.*

tard—*late*

Il se fait tard.—*It's getting late.*

pas plus tard qu'hier—*just (only) yesterday*

Elle est toujours là; je l'ai vue pas plus tard qu'hier. *She is still here; I saw her just (only) yesterday.*

sur le tard—*late in life*

Il a épousé sa seconde femme sur le tard. *He married his second wife late in life.*

tarder—*to delay*

il lui (etc.) tarde de—*he (etc.) can't wait to*

Il nous tarde de revoir notre pays. *We can't wait to see our country again.*

tarder à — *to be slow in*

La fin de l'inflation tarde à venir. *The end of inflation is slow in coming.*

tarte — *pie*

Ce n'est pas de la tarte! — *It's no easy matter!*

tas — *pile*

dans le tas — *in(to) the crowd*

La police a tiré dans le tas. *The police fired into the crowd.*

sur le tas — *on the job*

Au lieu d'aller à un lycée technique, il a appris son métier sur le tas.

Instead of going to a vocational school, he learned his trade on the job.

tâter — *to feel, to touch*

tâter le pouls de quelqu'un — *to sound someone out*

Avant de m'engager plus loin, je veux lui tâter le pouls. *Before I get further involved, I want to sound him out.*

tâter le terrain — *to get the lay of the land, to see how the land lies*

Je vais leur poser quelques questions afin de tâter le terrain. *I'm going to ask them a few questions to get the lay of the land (to see how the land lies).*

tel — *such*

M. un Tel — *Mr. So-and-so*

tel quel — *as is*

Ils me l'ont vendu tel quel, à un prix réduit. *They sold it to me as is, at a reduced price.*

tempérament — *temperament*

à tempérament — *on installment*

Ils ont payé les meubles a tempérament. *They paid for the furniture on installment.*

tempête—*storm*

 C'est une tempête dans un verre d'eau.—*It's a tempest in a teapot.*

temps—*time, weather*

 dans le temps—*formerly, a long time ago*

 Dans le temps, elle était professeur de français. *Formerly (A long time ago), she was a teacher of French.*

 de temps à autre (de temps en temps)—*from time to time, once in a while*

 Nous nous voyons de temps à autre (de temps en temps). *We see each other from time to time (once in a while).*

 en temps utile (voulu)—*in due time*

 Vous recevrez votre permis en temps utile (voulu). *You will get your license in due time.*

 le temps de—*as soon as, by the time*

 Le temps de me coiffer, je serai prêt. *As soon as (by the time) I've combed my hair, I'll be ready.*

 n'avoir qu'un temps—*to be short-lived*

 Son succès n'a eu qu'un temps. *Her success was short-lived.*

 par le(s) temps qui court (courent)—*as things go today*

 Par le(s) temps qui court (courent), cela ne sert à rien d'économiser son argent. *As things go today, it's no use saving your money.*

 un temps mort—*a break, a pause*

 Au cours de sa conférence, il y a eu plusieurs temps morts gênants. *During his lecture there were several embarrassing breaks (pauses).*

tenant—*supporter, holder*

 connaître les tenants (et aboutissants)—*to know the ins and outs*

 Elle connaît tous les tenants (et aboutissants) de l'affaire. *She knows all the ins and outs of the affair.*

tendre—*to stretch (out)*

 tendre la main—*to beg; to hold out one's hand*

Il en est réduit maintenant à tendre la main. *He is reduced now to begging.*
Elle m'a tendu la main cordialement. *She held out her hand to me cor-*
dially.

tendre la perche—*to lend a helping hand*
Je leur suis reconnaissant parce qu'ils m'ont tendu la perche lorsque j'avais
des ennuis. *I'm grateful to them because they lent me a helping hand*
when I was in trouble.

tendre le dos—*to brace one's back*
S'attendant à être battu, l'homme tendit le dos. *Expecting to be beaten, the*
man braced his back.

tendre l'oreille—*to prick up one's ears*
Le chien tendait l'oreille au moindre bruit. *The dog pricked up its ears at*
the slightest noise.

tendre un piège—*to set a trap*
Tout à coup il comprit qu'on lui avait tendu un piège. *All of a sudden he*
understood that a trap had been set for him.

tendu de—*draped in (with)*
L'église est tendue de blanc pour la fête. *The church is draped in (with)*
white for the celebration.

---

tenir—*to hold, to keep*

avoir de qui tenir—*to be a chip off the old block*
Son fils est grand et maigre; il a de qui tenir. *His son is tall and skinny;*
he's a chip off the old block.

il ne tient qu'à—*it's up to*
Il ne tient qu'à vous de réussir. *It's up to you to succeed.*

n'y plus tenir—*not to be able to stand it any longer*
Je pars tout de suite; je n'y tiens plus. *I'm leaving right away; I can't stand*
it any longer.

Qu'à cela ne tienne.—*Never mind that. That's no problem.*

se le tenir pour dit—*to let it be said once and for all*
Tenez-vous le pour dit: c'est moi qui commande ici. *Let it be said once and*
for all: I'm in charge here.

se tenir—*to behave; to be held, to take place*

Tenez-vous bien, les enfants. *Behave properly, children.* Le concert se tiendra dans l'église. *The concert will be held (will take place) in the
church.*

se tenir à carreau—*to play (it) safe*

Se sachant surveillé, il se tenait à carreau. *Knowing he was being watched,
he played (it) safe.*

se tenir à quatre—*to be all one can do to*

Je me tenais à quatre pour éviter de rire. *It was all I could do to keep from
laughing.*

se tenir coi—*to lie low*

Vous feriez mieux de vous tenir coi pendant quelque temps. *You would do
better to lie low for a while.*

se tenir les côtes—*to split one's sides*

Le public se tenait les côtes de rire. *The audience split its sides laughing.*

Tenez bon la rampe!—*Hang in there!*

tenir à—*to insist on; to prize; to result from*

Malgré ce que vous dites, je tiens à aller le voir. *Despite what you say, I
insist on going to see him.* Elle tient à ces vieux meubles. *She prizes this
old furniture.* A quoi cette situation défavorable tient-elle? *What does
this unfavorable situation result from?*

tenir bon—*to hold one's ground (one's own), to stand fast (one's ground)*

Malgré leurs assauts répétés, il a tenu bon. *Despite their repeated attacks,
he held his ground (his own, he stood fast, he stood his ground).*

tenir de—*to take after*

L'enfant tient plus de sa mère que de son père. *The child takes after his
mother more than his father.*

tenir debout—*to hold up (hold water); to hold out.*

Ce raisonnement est ridicule; il ne tient pas debout. *That reasoning is
ridiculous; it doesn't hold up (hold water).* Je ne tiens plus debout; je
suis trop fatigué. *I can't hold out any longer; I'm too tired.*

tenir en haleine—*to hold (to keep) in suspense*

Cette histoire passionnante nous a tenus en haleine. *That exciting story held
(kept) us in suspense.*

tenir en respect—*to keep at bay*

Elle a tenu le cambrioleur en respect avec un pistolet, pendant que son mari appelait la police. *She kept the burglar at bay with a gun while her husband called the police.*

tenir la dragée haute à—*to keep on a short leash*

Depuis leur mariage elle lui tient la dragée haute. *Since their marriage she has kept him on a short leash.*

tenir l'affiche—*to stay on the bill*

La pièce a tenu l'affiche pendant plusieurs semaines. *The play stayed on the bill for several weeks.*

tenir la jambe à—*to buttonhole*

Ce casse-pieds m'a tenu la jambe pendant une bonne heure. *That bore buttonholed me for a solid hour.*

tenir le bon bout—*to have the matter (well) in hand*

Ce n'est pas le moment de faiblir; nous tenons le bon bout. *This isn't the time to weaken: we have the matter (well) in hand.*

tenir le coup—*to hold out (up), to weather the storm*

Je ne sais pas si je vais pouvoir tenir le coup encore longtemps. *I don't know if I'm going to be able to hold out (to hold up, to weather the storm) much longer.*

tenir le haut du pavé—*to be (the) cock of the walk, to take pride of place*

Depuis son succès de librairie, ce romancier tient le haut du pavé. *Since his book became a best seller, that novelist is (the) cock of the walk (takes pride of place).*

tenir lieu de—*to take the place of, to substitute for*

J'espère que cette petite notice tiendra lieu d'introduction. *I hope that this brief note will take the place of (will substitute for) an introduction.*

tenir quelque chose de quelqu'un—*to have heard something from someone*

Je tiens ce renseignement d'un journaliste. *I heard this information from a journalist.*

tenir rigueur à quelqu'un de quelque chose—*to hold something against someone*

Il me tient rigueur de mes absences trop fréquentes. *He holds my too frequent absences against me.*

tenir tête à—*to stand up to*

Maintenant qu'il a dix-huit ans, il commence à tenir tête à son père. *Now that he is eighteen, he is beginning to stand up to his father.*

tenir un discours (des propos)—*to make remarks*

Il nous a tenu un discours désobligeant (des propos désobligeants). *He made unflattering remarks to us.*

---

tenter—*to attempt, to tempt*

tenter le coup—*to have (to take) a shot at it*

C'est difficile, mais ça vaut la peine de tenter le coup. *It's difficult, but it's worth the trouble to have (to take) a shot at it.*

---

tenue—*behavior, dress*

avoir de la tenue (manquer de tenue)—*to behave properly (to misbehave)*

Nos enfants ont eu de la tenue (ont manqué de tenue) pendant la cérémonie. *Our children behaved properly (misbehaved) during the ceremony.*

en petite tenue—*scantily dressed*

Quand nous avons téléphoné, elle était encore en petite tenue. *When we phoned, she was still scantily dressed.*

---

terme—*term, time limit*

mettre un terme à—*to put a stop (an end) to*

Nous avons mis un terme à leur discussion. *We put a stop (an end) to their argument.*

---

terre—*earth, land, soil*

à terre—*ashore*

Les marins étaient heureux d'être à terre. *The sailors were happy to be ashore.*

à (par) terre—*on the floor, on the ground*

En entendant les balles, il s'est couché à (par) terre. *Hearing the bullets, he lay down on the floor (on the ground).*

terre-à-terre—*down-to-earth, no-nonsense*

Ce médecin a une manière terre-à-terre qui rassure. *That doctor has a down-to-earth (no-nonsense) manner which is reassuring.*

---

tête—*head, mind*

à tête reposée—*when one has had time to reflect*

J'examinerai cette question à tête reposée. *I'll examine that question when I have had time to reflect.*

avoir la tête près du bonnet—*to be hotheaded*

Ne le taquinez pas; il a la tête près du bonnet. *Don't tease him; he's hot-headed.*

avoir la tête qui tourne—*to feel dizzy*

En haut de l'échelle, j'ai eu soudain la tête qui tournait. *Atop the ladder, I suddenly felt dizzy.*

être tête d'affiche—*to have top billing*

Charles était tête d'affiche. *Charles had top billing.*

faire la tête à—*to sulk*

Elle fait la tête depuis notre discussion. *She has been sulking since our argument.*

faire un tête à queue—*to go into a spin*

Roulant trop vite sur la glace, sa voiture a fait un tête à queue. *Going too fast on the ice, his car went into a spin.*

Il a la tête du métier.—*He looks just like one (He looks just like you'd expect).*

par tête (de pipe)—*per person*

Le dîner coûtera deux cents euros par tête (de pipe). *The dinner will cost two hundred euros per person.*

une tête de Turc—*a butt, a whipping boy*

Je refuse de servir de tête de Turc à leurs plaisanteries. *I refuse to serve as a butt (whipping boy) for their jokes.*

un tête-à-tête—*a private conversation (occasion, etc.)*

Au cours d'un tête-à-tête, je lui ai fait savoir ce que je pensais de ses activités. *During a private conversation, I told him what I thought of his activities.*

---

ticket—*ticket*

avoir le (un) ticket avec—*to have made a hit with*

279

Il m'a dit que j'avais le (un) ticket avec sa sœur. *He told me that I had made a hit with his sister.*

---

tiers—*third*

en tiers—*a third party*

J'étais en tiers à leur rendez-vous. *I was a third party at their meeting.*

une tierce personne—*an outsider (a third party)*

Ne voulant pas être une tierce personne, elle est partie. *Not wanting to be an outsider (a third party), she left.*

---

tirer—*to draw, to pull, to shoot*

(Après ça) il n'y a plus qu'à tirer l'échelle.—*That beats all.*

à tire d'aile—*swiftly, in a flurry of feathers*

Les oiseaux se sont envolés à tire d'aile. *The birds flew swiftly away (flew away in a flurry of feathers).*

Cela ne tire pas à conséquence.—*That's of no importance.*

se faire tirer l'oreille—*to drag one's heels*

Cet étudiant se fait tirer l'oreille pour remettre son travail. *That student is dragging his heels about handing in his work.*

s'en tirer—*to pull through*

Le médecin croit que vous allez vous en tirer. *The doctor thinks you're going to pull through.*

se tirer—*to shove off*

Au revoir—il faut que je me tire! *So long—I have to shove off!*

se tirer d'affaire—*to get by; to get out of difficulty (to get away with it)*

Ils se tirent d'affaire avec ce qu'elle gagne. *They get by on what she earns.*

Il s'est tiré d'affaire en prétextant une maladie. *He got out of difficulty (got away with it) by claiming he was ill.*

se tirer d'un mauvais pas—*to get out of a bad spot*

Il s'est servi de ce prétexte pour se tirer d'un mauvais pas. *He used that excuse to get out of a bad spot.*

tiré à quatre épingles—*dressed to the nines*

Elle est toujours tirée à quatre épingles. *She is always dressed to the nines.*

tiré par les cheveux—*farfetched*

Son explication était tirée par les cheveux. *His explanation was farfetched.*

tirer à hue et à dia—*to pull and tug in opposite directions*

Ses soi-disant collaborateurs tiraient à hue et à dia. *His so-called collaborators were pulling and tugging in opposite directions.*

tirer à la courte paille—*to draw straws*

On a tiré à la courte paille pour voir qui irait. *They drew straws to see who would go.*

tirer au clair—*to clear up*

Il faut tirer au clair cette histoire mystérieuse. *This mysterious business has to be cleared up.*

tirer au flanc—*to goldbrick*

Arrête de tirer au flanc et viens nous aider. *Stop goldbricking and come help us.*

tirer au sort—*to draw lots*

On a tiré au sort pour voir qui irait. *They drew lots to see who would go.*

tirer des plans sur la comète—*to count one's chickens before they're hatched, to build castles in the air*

Compter sur la victoire de tes amis, c'est tirer des plans sur la comète. *Reckoning on your friends' victory is counting your chickens before they're hatched (building castles in the air).*

tirer en longueur—*to drag on (to be drawn out)*

La conversation commençait à tirer en longueur. *The conversation was beginning to drag on (to be drawn out).*

tirer la couverture à soi—*to take the lion's share (of the credit)*

Je n'aime pas collaborer avec Jean parce qu'il tire toujours la couverture à lui. *I don't like to work with John because he always takes the lion's share (of the credit).*

tirer la langue—*to stick out one's tongue*

En me voyant, la petite fille a tiré la langue. *On seeing me, the little girl stuck out her tongue.*

tirer le diable par la queue—*to be hard up, to live from hand to mouth*

Pendant la Dépression ils ont tiré le diable par la queue. *During the Depression they were hard up (they lived from hand to mouth).*

tirer les cartes—*to read (someone's fortune in) the cards*

Une gitane m'a tiré les cartes à la foire. *A gypsy read (my fortune in) the cards for me at the fair.*

tirer les marrons du feu pour quelqu'un—*to pull someone's irons from the fire*

Qu'il se débrouille; j'en ai assez de tirer les marrons du feu pour lui. *Let him deal with it; I'm tired of pulling his irons from the fire.*

tirer les vers du nez à—*to worm secrets out of*

Tu essaies de me tirer les vers du nez, mais je ne dirai rien. *You're trying to worm secrets out of me, but I won't say a thing.*

tirer parti de—*to make the most of*

Ma couturière sait tirer parti du moindre chiffon. *My dressmaker can make the most of the least scrap of material.*

tirer sa révérence—*to bow out*

Plutôt que d'accepter leur proposition, j'ai tiré ma révérence. *Rather than accept their proposal, I bowed out.*

tirer son chapeau—*to tip one's hat*

Ils ont du courage; je leur tire mon chapeau. *They have guts; I tip my hat to them.*

tirer son épingle du jeu—*to get out while the getting is good*

Son associé, qui est astucieux, a tiré son épingle du jeu. *His partner, who is shrewd, got out while the getting was good.*

tirer sur la corde (la ficelle)—*to push one's luck*

La secrétaire a tellement tiré sur la corde (la ficelle) qu'on l'a mise à la porte. *The secretary pushed her luck so far that they fired her.*

titre—*title*

à juste titre—*rightly*

On l'a accusé à juste titre d'être indécis. *He was rightly accused of being indecisive.*

à titre … —*in a … way*

Je te dis ceci à titre confidentiel. *I'm telling you this in a confidential way.*

à titre de—*as, in the capacity of*

Je te donne ce conseil à titre d'ami. *I give you this advice as (in the capacity of) a friend.*

au même titre que—*in the same way as*

La radio est libre au même titre que la presse. *The radio is free in the same way as the press.*

toilette—*dress, toilet*

faire sa toilette—*to wash up (and dress)*

Le temps de faire ma toilette et je suis à vous. *Let me just get washed up (and dressed) and I'll be right with you.*

---

tombeau—*tomb, grave*

à tombeau ouvert—*at breakneck speed*

La voiture roulait à tombeau ouvert lorsque l'accident a eu lieu. *The car was going at breakneck speed when the accident occurred.*

---

tomber—*to fall*

Elle n'est pas tombée de la dernière pluie.—*She wasn't born yesterday.*

Il tombe des hallebardes.—*It's raining cats and dogs.*

tomber à la renverse (de surprise)—*to fall over backward*

En le voyant, elle est tombée à la renverse (de surprise). *Seeing him, she fell over backward.*

tomber à l'eau (dans le lac)—*to fall through*

Faute de crédits, tous nos projets sont tombés à l'eau (dans le lac). *For lack of funds, all our plans fell through.*

tomber amoureux de—*to fall for, to fall in love with*

Elle a quitté son fiancé parce qu'elle était tombée amoureuse d'un marin. *She left her fiancé because she had fallen for (fallen in love with) a sailor.*

tomber bien (juste)—*to come (just) at the right time*

Ce chèque de mon père tombe bien (tombe juste). *This check from my father comes (just) at the right time.*

tomber dans les pommes—*to pass out (cold)*

La vue du sang l'a fait tomber dans les pommes. *The sight of blood made him pass out (cold).*

tomber dans un guêpier—*to stir up a hornet's nest*

Il ne se rendait pas compte en posant la question qu'il allait tomber dans un guêpier. *He didn't realize in asking the question that he was going to stir up a hornet's nest.*

tomber de Charybde en Scylla—*to jump out of the frying pan into the fire*

Pensant trouver refuge chez ses anciens allies, il est tombé de Charybde en Scylla. *Thinking he would find refuge with his former allies, he jumped out of the frying pan into the fire.*

tomber de haut—*to be (unpleasantly) surprised*

Quand ils ont échoué malgré tout, je suis tombé de haut. *When they failed in spite of everything, I was (unpleasantly) surprised.*

tomber des nues—*to be thunderstruck*

Moi, je tombais des nues; je ne m'y attendais pas du tout. *As for me, I was thunderstruck; I didn't expect it at all.*

tomber du ciel—*to be a godsend*

Cette nouvelle tombait du ciel. *That news was a godsend.*

tomber en enfance—*to be in one's second childhood*

Son grand-père est tombé en enfance; il faut s'occuper de lui tout le temps. *Her grandfather is in his second childhood; he has to be looked after constantly.*

tomber en panne—*to break down*

Ils auraient gagné, mais leur voiture est tombée en panne. *They would have won, but their car broke down.*

tomber sous le sens—*to be self-evident*

Ce n'est pas la peine d'en discuter; cela tombe sous le sens. *It's not worth discussing; it is self-evident.*

tomber sur—*to fall in with, to happen upon, to run into; to light into; to come across*

En me promenant, je suis tombé sur mon vieil ami Paul. *While walking, I fell in with (I happened upon, I ran into) my old friend Paul.* Les deux soldats sont tombés sur la sentinelle. *The two soldiers lit into the sentry.* Je suis tombé sur cette référence dans le journal. *I came across this reference in the newspaper.*

tomber sur un bec (un os)—*to come up against (to hit) a snag*

Au bout de trois heures de recherches, il est tombé sur un bec (un os). *After three hours of searching, he came up against (he hit) a snag.*

---

tondre—*to clip, to mow*

Il tondrait un oeuf.—*He is a skinflint.*

---

tonnerre—*thunder*

  du tonnerre—*tremendous, terrific*

  C'est un pilote de course du tonnerre! *He's a tremendous (a terrific) race driver!*

  Tonnerre de Brest!—*Shiver my timbers!*

torchon—*dish towel*

  le coup de torchon—*purge*

  Pour se débarrasser de ses anciens militants, le parti a donné un coup de torchon. *To get rid of its old militants, the party had a purge.*

  Le torchon brûle.—*Things aren't going well between them.*

tordre—*to twist, to wring*

  se tordre (de rire)—*to be rolling in the aisles, to laugh one's head off*

  Le public se tordait (de rire). *The audience was rolling in the aisles (was laughing its head off).*

tort—*fault, wrong*

  à tort—*wrongfully*

  Il m'accusait à tort d'avoir volé le tableau. *He wrongfully accused me of stealing the picture.*

  à tort et à travers—*without rhyme or reason*

  Elle a parlé à tort et à travers. *She spoke without rhyme or reason.*

  avoir tort—*to be wrong*

  J'ai eu tort de ne pas en parler plus tôt. *I was wrong not to speak of it earlier.*

  dans son tort—*in the wrong*

  L'autre chauffeur était dans son tort. *The other driver was in the wrong.*

touche—*touch, key*

  sur la touche—*on the sidelines.*

  L'ancien directeur s'aimait pas être sur la touche. *The former director did not like being on the sidelines.*

toucher—*to touch*

  toucher de près—*to be of personal concern to*

  Je m'occupe de cette question parce qu'elle me touche de près. *I'm taking care of this matter because it is of personal concern to me.*

  toucher du doigt—*to get to the heart of, to put one's finger on*

  Là, vous touchez du doigt le problème essentiel. *There, you're getting to the heart of (putting your finger on) the basic problem.*

  toucher un chèque—*to cash a check*

  On lui a dit de ne pas toucher le chèque tout de suite. *He was told not to cash the check right away.*

  toucher un mot—*to drop a hint*

  Je lui ai touché un mot sur ses absences fréquentes. *I dropped him a hint about his frequent absences.*

  toucher un salaire de—*to make (a salary of)*

  Cet employé touche un salaire de cinq mille dollars. *This employee makes (a salary of) five thousand dollars.*

  un air de ne pas y toucher—*acting the innocent*

  Son air de ne pas y toucher ne trompait personne. *Her acting the innocent didn't fool anyone.*

---

toujours—*always, still*

  C'est toujours cela.—*At least it's something.*

  toujours est-il que—*the fact remains that*

  Toujours est-il que nous n'avons pas l'argent nécessaire. *The fact remains that we don't have the required money.*

---

tour—*lathe, trick, trip, turn*

  à tour de bras—*with all one's might*

  Ils l'ont frappé à tour de bras. *They hit him with all their might.*

  à tour de rôle—*in turn, taking turns*

  Pendant la longue route, nous avons conduit à tour de rôle. *During the long trip, we drove in turn (we drove taking turns).*

  avoir … de tour—*to be … around*

  Sa propriété a trois kilomètres de tour. *His property is three kilometers around.*

en un tour de main (un tournemain)—*in a jiffy*

Ne vous impatientez pas; ce travail sera fait en un tour de main (un tournemain). *Don't get impatient; this job will be done in a jiffy.*

faire le tour du cadran—*to sleep around the clock*

Après sa longue veillée, il a fait le tour du cadran. *After his long watch, he
slept around the clock.*

faire le tour d'une question—*to look at a question from all sides*

Faisons d'abord le tour de cette question; puis nous examinerons les possi-
bilités. *Let's first look at this question from all sides; then we'll go into
the possibilities.*

faire un tour (à bicyclette, en voiture, etc.)—*to go for a walk, a ride (on
a bicycle, in a car, etc.)*

Nous avons fait un tour (en voiture) avant dîner. *We went for a walk (for a
ride in our car) before dinner.*

le tour de main—*the knack*

Je ne peux plus le faire parce que j'ai perdu le tour de main. *I can't do it
any more because I've lost the knack.*

tour à tour—*in turn; one after the other*

Ils ont tous parlé tour à tour. *They all spoke in turn.*

Il a occupé tour à tour des postes de tout genre. *He occupied all sorts of
positions, one after the other.*

un tour de force—*quite a feat*

Son exécution de la sonate était un tour de force. *His performance of the
sonata was quite a feat.*

un tour de reins—*a sprained back*

Elle s'est donné un tour de reins en soulevant le bureau. *She got a sprained
back lifting the desk.*

---

tournant—*turn*

attendre quelqu'un au tournant—*to wait for a chance to get back at
(even with) someone*

Il m'a trompé, mais je l'attends au tournant. *He fooled me, but I'm waiting
for a chance to get back at (even with) him.*

prendre un tournant à la corde—*to make a tight turn*

Pour essayer de semer l'autre voiture, il prenait les tournants à la corde.
   Trying to lose the other car, he made tight turns.

---

tourner—*to stir, to turn*

faire tourner en bourrique—*to drive crazy (up a wall), to have running
      around in circles*

Son amie le fait tourner en bourrique avec ses caprices. *His girlfriend
      drives him crazy (up a wall), has him running around in circles) with her
      whims.*

faire tourner la tête à quelqu'un—*to turn someone's head*

Leurs compliments lui faisaient tourner la tête. *Their compliments turned
      his head.*

ne pas tourner rond—*to be off one's rocker*

Si ton copain croit cela, c'est qu'il ne tourne pas rond. *If your pal believes
      that, he's off his rocker.*

se (re)tourner—*to turn around*

Il se (re)tournait constamment pour voir s'il était suivi. *He kept turning
      around to see if he was being followed.*

se tourner les pouces—*to twiddle one's thumbs*

Viens nous aider au lieu de te tourner les pouces. *Come and help us instead
      of twiddling your thumbs.*

tourner autour du pot—*to beat around the bush*

Quand tu auras fini de tourner autour du pot, nous pourrons discuter
      sérieusement. *When you've stopped beating around the bush, we'll be
      able to discuss it seriously.*

tourner bride—*to turn back*

Les soldats, voyant l'embuscade, ont tourné bride. *The soldiers, seeing the
      ambush, turned back.*

tourner casaque—*to make an about-face, to turn coat*

Au moment des élections, plusieurs députés ont tourné casaque. *At election
      time, several congressmen made an about-face (turned coat).*

tourner court—*to come to a sudden end*

Leurs projets grandioses ont tourné court. *Their grandiose plans came to a
      sudden end.*

tourner de l'oeil—*to faint dead away*

En voyant la souris, elle a tourné de l'oeil. *On seeing the mouse, she faint dead away.*

tourner en eau de boudin—*to die (to wither) on the vine*

Tous leurs beaux projets ont tourné en eau de boudin. *All their fine plans died (withered) on the vine.*

tourner en ridicule—*to make fun of*

Son adversaire n'a pas eu de mal à le tourner en ridicule. *His opponent had no trouble making fun of him.*

tourner rond—*to run (to work) smoothly*

Leur système est bien rôdé et il tourne rond. *Their system is well broken-in and it runs (works) smoothly.*

tourner un film—*to shoot a film*

N'entrez pas; on est en train de tourner un film. *Don't go in there; they're shooting a film now.*

---

tout—*all, every, quite; everything*

à tous crins—*out-and-out*

C'est un républicain à tous crins. *He is an out-and-out Republican.*

à toutes les sauces—*every which way*

Il raconte toujours la même histoire, qui'il accommode à toutes les sauces. *He always tells the same story, which he arranges every which way.*

à tous les coups—*at every shot (try)*

Quelle chance! Il gagne à tous les coups. *What luck! He wins at every shot (try).*

A tout à l'heure!—*See you later! So long!*

à tout bout de champ—*at every turn*

Elle cite Marx à tout bout de champ. *She quotes Marx at every turn.*

à tout casser—*at most; terrific*

A tout casser ils gagnent dix mille dollars par an. *At most they earn ten thousand dollars a year.*

On leur a offert un repas à tout casser. *They were given a terrific meal.*

à toute allure—*full blast, top speed*

Le train roulait à toute allure. *The train was going full blast (top speed).*

à toute épreuve—*foolproof*

C'est un mécanisme à toute épreuve. *It's a foolproof mechanism.*

à toutes fins utiles—*for whatever it may be worth, for whatever purpose it may serve*

Je vous envoie ce document à toutes fins utiles. *I am sending you this document for whatever it may be worth (for whatever purpose it may serve).*

à toutes jambes—*at top speed*

Il s'est sauvé à toutes jambes en nous voyant. *He ran away at top speed when he saw us.*

à tout hasard—*on an off chance*

Je lui ai posé la question à tout hasard. *I asked him the question on an off chance.*

à tout prendre—*in the main, on the whole*

A tout prendre, leur entreprise est très solide. *In the main (On the whole), their business is very sound.*

à tout propos—*at every opportunity*

Il vient m'interrompre à tout propos. *He comes and interrupts me at every opportunity.*

à tout va—*at top speed*

L'urbanisation crée de nouveaux quartiers à tout va. *Urbanization is creating new neighborhoods at top speed.*

C'est tout un.—*It comes to the same thing.*

comme tout un chacun—*like anybody else*

Je veux faire ce que je veux, comme tout un chacun. *I want to do as I wish, like anybody else.*

dans tous ses états—*in a state (a stew)*

Mon frère était dans tous ses états à cause de ses examens. *My brother was in a state (in a stew) because of his exams.*

de tous bords—*of all persuasions*

Le projet de loi a été attaqué par des gens de tous bords. *The bill was attacked by people of all persuasions.*

de toute façon—*in any case*

De toute façon, nous n'y pouvons rien. *In any case, we can't do anything about it.*

de toutes pièces—*from whole cloth, total(ly)*

C'est une histoire fabriquée de toutes pièces. *It's a story fabricated from whole cloth (a totally fabricated story).*

du tout—*a bit, at all*

Cela ne m'a pas fait mal du tout. *That didn't hurt me a bit (at all).*

le tout est de (que)—*the most important thing is*

Gagner est facile; le tout est de garder ce qu'on a gagné. *Winning is easy; the most important thing is keeping what one has won.*

le tout-(Paris, etc.)—*everyone who is anyone (in Paris, etc.)*

Le tout-Paris est venu au vernissage du peintre. *Everyone who is anyone in Paris came to the painter's vernissage.*

pour tout (+ nom)—*as one's only (entire) (+ noun)*

Le roi de Sardaigne avait pour toute armée quatre-vingt-dix paysans. *The king of Sardinia had ninety peasants as his only (entire) army.*

pour tout potage—*all told*

Ses héritiers ont reçu quelques milliers d'euros, pour tout potage. *His heirs received a few thousand euros, all told.*

sur tous les tons—*in every possible way*

J'ai essayé sur tous les tons de le lui faire comprendre. *I tried in every possible way to make him understand it.*

tous azimuts—*all-points, all-quarters, all-out*

L'agence publicitaire a entrepris une opération tous azimuts. *The advertising agency undertook an all-points (all-quarters, all-out) campaign.*

tous les combien?—*how often?*

Tu leur téléphones tous les combien? *How often do you phone them?*

tous les deux jours (mois, etc.)—*every other day (month, etc.)*

Je le vois tous les deux jours. *I see him every other day.*

tous les trente-six du mois—*once in a blue moon*

Nous nous parlons tous les trente-six du mois. *We talk with each other once in a blue moon.*

tout à coup (tout d'un coup)—*all of a sudden*

Il a cessé de pleuvoir tout à coup (tout d'un coup). *It stopped raining all of a sudden.*

tout + adj. + que—*for all one may*

Tout riche qu'il soit, il ne donne rien aux pauvres. *For all he may be rich, he gives nothing to the poor.*

tout à fait—*completely, absolutely*

Ce qu'il a dit est tout à fait ridicule. *What he said is completely (absolutely) ridiculous.*

tout à l'heure—*a little while ago; by and by, in a little while*

Je l'ai vu passer tout à l'heure. *I saw him go by a little while ago.* Je suis
    sûr que nous le reverrons tout à l'heure. *I'm sure we'll see him again by
    and by (in a little while).*

tout au moins—*at the very least*

Vous pourriez tout au moins leur dire bonjour. *You might at the very least
    say hello to them.*

tout au plus—*at the outside, at (the very) most*

Le programme peut accepter douze candidats tout au plus. *The program
    can accept twelve applicants at the outside (at most, at the very most).*

tout de go—*straight off*

Il a accepté notre offre tout de go. *He accepted our offer straight off.*

tout fait—*ready-made*

Ses opinions sur ce point sont toutes faites. *His opinions on this point are
    ready-made.*

tout feu tout flamme—*a ball of fire*

Au début, quand elle a pris ce travail, elle était tout feu tout flamme. *In the
    beginning, when she took this job, she was a ball of fire.*

toute la sainte journée—*all (the whole) day long*

Je suis si fatigué que je veux dormir toute la sainte journée. *I'm so tired
    that I want to sleep all (the whole) day long.*

toute proportion gardée—*allowing for the difference (in size, etc.)*

Toute proportion gardée, son château est aussi beau que celui de Versailles.
    Allowing for the difference in size, his castle is as fine as Versailles.

toute une affaire—*quite a job*

Corriger ce texte, c'est toute une affaire. *Correcting this text is quite a job.*

toutes voiles dehors—*under full sail; all out*

Le bateau voguait toutes voiles dehors. *The boat was going under full sail.*

Ils ont mis toutes voiles dehors pour terminer le travail à temps. *They went
    all out to finish the job on time.*

tout juste—*(just) barely*

Elle a tout juste quinze ans. *She is (just) barely fifteen.*

tout le bataclan (le fourbi, le saint-frusquin, le tremblement)—*the
    whole kit and caboodle*

Ils ont essayé de fourrer tout le bataclan (le fourbi, le saint-frusquin, le
    tremblement) dans leur voiture. *They tried to stuff the whole kit and
    caboodle into their car.*

tout le monde—*everyone, everybody*

Tout le monde sait que ça ne va plus entre eux. *Everyone (Everybody)
    knows that it's all over between them.*

train—*train*

au (du) train où—*at the rate*

Au (Du) train où vont les choses, la situation ne sera jamais normale. *At the
    rate things are going, the situation will never be normal.*

en train—*in (good) shape; under way*

Vous avez l'air en train aujourd'hui. *You look in (good) shape today.*

L'opération est déjà en train. *The operation is already under way.*

en train de—*in the midst of*

Quand tu es entré, j'étais en train de faire mes devoirs. *When you came in,
    I was in the midst of doing my homework.*

le train de vie—*lifestyle*

Ayant perdu leur fortune, ils ne pouvaient plus maintenir leur train de vie.
    Having lost their fortune, they could no longer maintain their lifestyle.

traînée—*trail, streak*

comme une traînée de poudre—*like wildfire*

La nouvelle s'est répandue comme une traînée de poudre. *The news spread
    like wildfire.*

traîner—*to drag, to draw*

faire traîner en longueur—*to drag (to spin) out*

Ne faites pas traîner votre histoire en longueur; venez-en au fait. *Don't
    drag (spin) out your story; get to the point.*

trait—*line, trait, stroke*

avoir trait à—*to be concerned with (related to)*

Il s'intéresse à tout ce qui a trait à l'électronique. *He is interested in every-
    thing that is concerned with (related to) electronics.*

d'un trait—*in one gulp*

Il a avalé sa bière d'un trait. *He swallowed his beer in one gulp.*

---

traiter—*to deal, to treat, to use*

traiter de—*to call*

Elle l'a traité d'imbécile. *She called him an idiot.*

traiter de haut—*to act condescendingly toward*

Elle prend des airs et traite tout le monde de haut. *She puts on airs and acts condescendingly toward everyone.*

---

traître—*treacherous, traitor*

pas un traître mot—*not a single word*

Elle n'a pas dit un traître mot pendant la soirée. *She didn't say a single word all evening.*

---

tranchant—*(cutting) edge*

à double tranchant—*that cuts both ways*

Le sarcasme est une arme à double tranchant. *Sarcasm is a weapon that cuts both ways.*

---

transe—*trance, agony*

entrer en transe—*to see red, to fly into a rage*

Chaque fois qu'on parlait religion, elle entrait en transe. *Every time we talked of religion, she would see red (would fly into a rage).*

---

travail—*job, work*

les travaux forcés—*hard labor*

Il a été condamné à dix ans de travaux forcés. *He was sentenced to ten years' hard labor.*

---

travailler—*to work*

Il travaille du chapeau.—*He has a screw loose.*

travailler au noir—*to moonlight*

Le livreur travaillait au noir pour joindre les deux bouts. *The deliveryman was moonlighting to make ends meet.*

travailler l'esprit de quelqu'un—*to prey on someone's mind*

Ce souci m'a travaillé l'esprit toute la nuit. *That worry preyed on my mind all night long.*

travailler pour le roi de Prusse—*to work for nothing (for peanuts)*

J'ai démissionné, ne voulant pas travailler pour le roi de Prusse. *I resigned, since I didn't want to work for nothing (for peanuts).*

---

travers—*breadth, fault*

à travers—*across, through*

Nous sommes partis à travers champs. *We set out across (through) the fields.*

au travers de—*through*

Au travers des arbres, on apercevait la mer. *Through the trees, you could see the ocean.*

de travers—*the wrong way*

J'ai avalé de travers. *I swallowed the wrong way.*

en travers de—*across, athwart*

Il s'est mis en travers du chemin. *He set himself across (athwart) the path.*

---

tremper—*to dip, to soak, to temper*

trempé jusqu'aux os (comme une soupe)—*soaked to the skin*

Surpris par la pluie, ils sont rentrés trempés jusqu'aux os (comme une soupe). *Caught in the rain, they came home soaked to the skin.*

tremper dans une affaire—*to be involved (to have a hand) in a deal*

On dit qu'il a trempé dans cette affaire louche. *People say that he was involved (had a hand) in that shady deal.*

---

trente—*thirty*

Il n'y a pas trente-six façons de le faire.—*There's only one way to do it.*

sur son trente-et-un—*all dolled up*

Elle s'était mise sur son trente-et-un pour aller danser. *She had gotten all dolled up to go dancing.*

---

tresser—*to braid*

tresser des couronnes à quelqu'un—*to sing someone's praises*

Cesse de lui tresser des couronnes, et dis-nous ce que tu penses vraiment. *Stop singing his praises, and tell us what you really think.*

---

trève—*truce*

    la trève des confiseurs—*a political truce (at Christmas/New Year's)*

    Pendant les fêtes, les députés marquaient la trève des confiseurs. *During the (Christmas/New Year's) holidays, the congressmen marked a political truce.*

    trève de—*(that's) enough, stop*

    Trève de compliments; je veux avoir votre opinion sincère. *(That's) Enough compliments (Stop the compliments); I want to get your sincere opinion.*

---

trier—*to select, to sort*

    triés sur le volet—*a select few*

    Les soldats de ce régiment sont triés sur le volet. *The soldiers in this regiment are a select few.*

---

tringle—*(curtain) rod*

    se mettre la tringle—*to tighten one's belt*

    Nous avons été obligés de nous mettre la tringle pendant la récession. *We were forced to tighten our belts during the recession.*

---

tripe—*tripe, gut*

    rendre tripes et boyaux—*to be sick as a dog*

    Après avoir mangé des produits avariés, ils ont rendu tripes et boyaux. *After eating spoiled products, they were sick as a dog.*

---

triste—*sad*

    faire triste mine à—*to give a cold reception to*

    Après sa longue absence, son amie lui a fait triste mine. *After his long absence, his girlfriend gave him a cold reception.*

    triste comme un bonnet de nuit—*as dull as dishwater*

    Son mari est riche mais il est triste comme un bonnet de nuit. *Her husband is rich but he's as dull as dishwater.*

    un triste sire—*an unsavory individual*

L'homme avec lequel vous parliez me paraissait un triste sire. *The man you were talking with seemed like an unsavory individual to me.*

troisième—*third*

le troisième âge—*senior citizens*

La municipalité offre beaucoup de services au troisième âge. *The city offers many services to senior citizens.*

tromper—*to deceive, to fool*

se tromper—*to be wrong, to make a mistake*

Si vous croyez tout ce qu'il dit, vous vous trompez. *If you believe everything he says, you're wrong (you're making a mistake).*

se tromper d'adresse (de numéro, etc.)—*to have the wrong address (number, etc.); to be barking up the wrong tree*

Je n'ai pas trouvé le bureau parce que je me suis trompé d'étage. *I didn't find the office because I had the wrong floor.*

Si vous pensez que je vais vous donner de l'argent, vous vous trompez d'adresse. *If you think I'm going to give you money, you're barking up the wrong tree.*

tromper la faim (la soif)—*to stave off hunger (thirst)*

Rien ne vaut un verre d'eau pour tromper la faim (la soif). *There's nothing like a glass of water to stave off hunger (thirst).*

tromper l'attente de—*not to live up to the expectations of*

Leur fils a trompé l'attente de la famille. *Their son didn't live up to his family's expectations.*

trop—*too, too many, too much*

de (en) trop—*to spare*

Prêtez-moi du sucre si vous en avez de (en) trop. *Lend me some sugar if you have any to spare.*

de trop—*in the way, not welcome*

Je sentais que j'étais de trop dans ce groupe. *I felt that I was in the way (not welcome) in that group.*

Je ne sais pas trop.—*I don't know exactly.*

par trop—*far (much) too*

J'ai trouvé sa réponse par trop insolente. *I found his reply far (much) too insolent.*

---

trou—*hole, gap*

  faire son trou—*to find one's place (in the world)*

  D'une façon ou d'une autre, je veux faire mon trou. *One way or another, I want to find my place (in the world).*

---

trousse—*bundle, kit*

  aux trousses de—*(hot) on the heels of*

  La police était aux trousses du cambrioleur. *The police were (hot) on the heels of the burglar.*

---

trouver—*to find*

  aller trouver—*to go and see*

  Allez trouver le directeur pour cette question. *Go and see the director about that question.*

  C'est bien trouvé.—*That's a good one.*

  il se trouve que—*it (so) happens that*

  Il se trouve que je n'étais pas là ce jour-là. *It (so) happens I was not here that day.*

  ne pas se trouver dans le pas d'un cheval—*to be few and far between (in short supply)*

  De telles occasions, ça ne se trouve pas dans le pas d'un cheval. *Such opportunities are few and far between (in short supply).*

  ne pas trouver amateur—*to go begging, not to have any takers*

  Il y a de beaux terrains à batir qui ne trouvent toujours pas amateur. *There are beautiful building lots that are still going begging (do not have any takers).*

  se trouver—*to be, to feel; to be (situated)*

  Comment vous trouvez-vous maintenant? *How are you (feeling) now?* La villa se trouve au bord d'un lac. *The cottage is (situated) on a lakeshore.*

  se trouver bien (mal) de—*to be glad about (to regret) having*

  Elle se trouvait bien (mal) d'avoir rendu visite à sa tante. *She was glad about (She regretted) having visited her aunt.*

se trouver mal—*to faint, to pass out*

Il se trouvait mal à cause du manque d'air. *He was fainting (passing out) for the lack of air.*

trouver à qui parler—*to meet one's match*

Après quelques victoires faciles, le champion a enfin trouvé à qui parler. *After a few easy victories, the champion finally met his match.*

trouver à redire à—*to find fault with, to take exception to*

Ce client trouve à redire à tout ce qu'on lui offre. *This customer finds fault with (takes exception to) everything we offer him.*

trouver bon de—*to see fit to*

Le professeur a trouvé bon de recommencer la leçon. *The teacher saw fit to start the lesson over.*

trouver chaussure à son pied—*to find one's proper match (mate)*

Il ne s'est jamais marié, n'ayant pas trouvé chaussure à son pied. *He never married, not having found a proper match (mate).*

trouver la mort—*to lose one's life*

Il a trouvé la mort dans un accident d'auto. *He lost his life in an automobile accident.*

trouver la pie au nid—*to make an important discovery*

L'agent a trouvé la pie au nid, et il espère décrocher la prime. *The agent has made an important discovery, and he hopes to get a reward.*

trouver le joint—*to get a handle on it*

Je n'arrive pas à trouver le joint. *I can't seem to get a handle on it.*

---

tu—*thou, you*

à tu et à toi—*on a first-name basis, on familiar terms*

Ils se connaissent depuis peu, mais ils sont déjà à tu et à toi. *They have known each other only a short time, but they're already on a first-name basis (on familiar terms).*

---

tuer—*to kill*

à tue-tête—*at the top of one's lungs*

Tous les galopins criaient à tue-tête. *All the kids were screaming at the top of their lungs.*

se tuer—*to be (to get) killed*

Ses parents se sont tués dans une avalanche. *His parents were (got) killed in an avalanche.*

---

turc—*Turkish*

à la turque—*cross-legged*

Tous les enfants étaient assis à la turque, et lisaient. *All the children were sitting cross-legged, reading.*

---

un—*a, an, one*

à la une—*on the front page*

Mettez cet article à la une. *Put this article on the front page.*

comme pas un—*like nobody's business*

Elle fait ce travail comme pas un. *She does this work like nobody's business.*

Et d'un(e)!—*One down!*

l'un dans l'autre—*all in all*

L'un dans l'autre, ils gagnent dix mille dollars par an. *All in all, they make ten thousand dollars a year.*

---

urgence—*urgency, emergency*

d'urgence—*immediately, emergency (adj. or adv.)*

Etant donné la gravité de son état, il a été opéré d'urgence. *Given the seriousness of his condition, he was operated on immediately (was given an emergency operation).*

---

urne—*urn*

aller aux urnes—*to go to the polls*

Presque la totalité des Français sont allés aux urnes dimanche dernier. *Nearly all the French went to the polls last Sunday.*

---

usage—*custom, use, wear*

   avoir l'usage du monde—*to be worldly-wise, to know one's way around*
   Grâce à son experience, il a l'usage du monde. *Thanks to his experience,*
      he is worldly-wise (he knows his way around).
   d'usage—*customary*
Il était d'usage de porter le deuil des membres de la famille pendant un an.
   It was customary to wear mourning for family members for a year.
   faire de l'usage—*to wear (well)*
Ces vêtements nous ont fait beaucoup d'usage. *These clothes have worn*
   very well for us.

user—*to use, to wear out*

   en user avec—*to treat*
   Elle en a très mal usé avec lui. *She has treated him very badly.*

usure—*wear (and tear)*

   On finira par l'avoir à l'usure. *We'll end up wearing him down.*

vache—*cow*

   une vache à lait—*easy pickings*
   Ce mécène est une véritable vache à lait pour l'Opéra. *That donor is really*
      easy pickings for the Opera.
   en vache—*on the sly*
   Elle lui donnait des coups de pied en vache. *She was kicking him on the sly.*

vaisselle—*crockery*

   faire la vaisselle—*to do (to wash) the dishes*
   C'est votre tour de faire la vaisselle ce soir. *It's your turn to do (to wash)*
      the dishes this evening.

301

valoir—*to be worth*

　　Cela ne vaut pas un clou.—*It's not worth a hill of beans (a tinker's damn).*

　　Ça vaut le coup!—*It's worth it (the trouble)!*

　　faire valoir—*to do justice to, to make the most of; to impress upon (someone)*

　　Cette photo ne fait pas valoir sa beauté réelle. *This picture doesn't do justice to (make the most of) her real beauty.*

　　Il tenait à faire valoir ses droits au tribunal. *He insisted on impressing his rights upon the court.*

　　ne pas valoir cher—*not to be much good*

　　Il ne vaut pas cher comme cuisinier. *He isn't much good as a cook.*

　　ne valoir rien à—*not to agree with*

　　Les concombres ne me valent rien, alors j'évite de les manger. *Cucumbers don't agree with me, so I avoid eating them.*

　　se faire valoir—*to blow one's own horn*

　　Quand le patron est là, Jean essaie toujours de se faire valoir. *When the boss is around, John always tries to blow his own horn.*

　　vaille que vaille—*come what may*

　　Je vais tenter le coup vaille que vaille. *I'm going to give it a try, come what may.*

　　valoir la peine—*to be worthwhile*

　　Cela vaut la peine de lui demander. *It's worthwhile asking him.*

　　valoir mieux—*to be better*

　　Il vaut mieux que vous essayiez de la calmer. *It's better for you to try to calm her.*

---

valser—*to waltz*

　　envoyer valser—*to send flying*

　　D'un geste violent, il a envoyé valser tous les papiers. *With a violent gesture, he sent all the papers flying.*

　　faire valser l'argent—*to spend money like water*

　　Ils prétendaient essayer de faire des économies, mais en réalité ils faisaient valser l'argent. *They claimed they were trying to economize, but in reality they were spending money like water.*

vase—*receptacle, vase*

  en vase clos—*in a vacuum, in isolation*

  Les étudiants se plaignent de vivre en vase clos. *The students complain of living in a vacuum (in isolation).*

vau—*valley*

  à vau-l'eau—*down the drain, to the dogs*

  Son entreprise allait à vau-l'eau. *His business was going down the drain (to the dogs).*

veau—*calf, veal*

  faire le veau—*to lie around*

  Cesse de faire le veau et mets-toi au travail. *Stop lying around and start working.*

vedette—*star, vedette*

  en vedette—*in the limelight*

  Avec la crise, les économistes sont en vedette actuellement. *With the crisis, economists are in the limelight at present.*

veiller—*to keep watch, to stay awake*

  veiller à ce que—*to see to it that*

  Veillez à ce que tout reste tranquille pendant mon absence. *See to it that everything remains quiet during my absence.*

  veiller au grain—*to keep one's eyes open*

  Notre situation est précaire; il faut veiller au grain. *Our situation is shaky; we have to keep our eyes open.*

veine—*vein, luck*

  en veine de—*in a mood (a frame of mind) to*

  Je ne me sens pas en veine d'écrire. *I don't feel in a mood (a frame of mind) to write.*

vendre—*to sell*

  vendre aux enchères—*to auction off, to put under the hammer*

Après leur faillite, tous leurs biens ont été vendus aux enchères. *After their bankruptcy, all their possessions were auctioned off (were put under the hammer).*

vendre la peau de l'ours—*to count one's chickens before they are hatched*

En fêtant si tôt son élection, il vendait la peau de l'ours. *In celebrating his election so soon, he was counting his chickens before they were hatched.*

---

venir—*to come*

en venir à—*to arrive at*

Finalement, j'en viens à votre question principale. *Finally, I arrive at your main question.*

en venir aux mains—*to come to blows*

Après s'être injuriés, ils en sont venus aux mains. *After insulting each other, they came to blows.*

faire venir—*to send for*

Nous avons fait venir le médecin. *We sent for the doctor.*

faire venir l'eau à la bouche à quelqu'un—*to make someone's mouth water*

L'odeur de ce ragoût me fait venir l'eau à la bouche. *The smell of this stew makes my mouth water.*

Venez(-en) au fait!—*Come (get) to the point!*

venir à—*to happen to*

S'il venait à pleuvoir, nous pourrions aller au cinéma. *If it happened to rain, we could go to the movies.*

venir à bout de—*to cope with; to overcome, to wear down*

Je ne pourrai jamais venir à bout de ce travail tout seul. *I'll never be able to cope with this job myself.* Son obstination est venue à bout de notre résistance. *Her stubbornness overcame (wore down) our resistance.*

venir chercher—*to call for, to come and get*

Attendez-moi; je viendrai vous chercher à huit heures ce soir. *Wait for me; I'll call for (I'll come and get) you at eight o'clock this evening.*

venir de—*to have just*

Ils venaient de rentrer quand je les ai vus. *They had just returned when I saw them.*

Vient de paraître.—*Just published.*

vent—*wind*

avoir le vent en poupe—*for everything to be going one's way*

Après le grand succès de cet acteur à Broadway, il a le vent en poupe.
*Following that actor's big success on Broadway, everything is going his
way.*

avoir vent de—*to get wind of*

J'ai eu vent de cette transaction avant les autres. *I got wind of that deal
before the others did.*

contre vents et marées—*through thick and thin*

Elle m'a soutenu contre vents et marées. *She has stayed with me through
thick and thin.*

dans le vent—*in the swim*

Malgré son âge, il reste toujours dans le vent. *Despite his age, he still
remains in the swim.*

Il a du vent dans les voiles.—*He's loaded to the gills.*

Il fait un vent à écorner les boeufs.—*It's windy enough to blow you over.*

Quel bon vent vous amène?—*To what do we owe the pleasure of your
company?*

ventre—*belly, stomach*

ventre à terre—*at full gallop*

Le cavalier est parti ventre à terre. *The horseman rode off at full gallop.*

verbe—*verb, word*

avoir le verbe haut—*to sound high and mighty*

Même après sa défaite, il avait toujours le verbe haut. *Even after his defeat,
he still sounded high and mighty.*

verre—*glass*

avoir un verre dans le nez—*to have had one too many*

Il avait un verre dans le nez et titubait en marchant. *He had had one too
many and staggered as he walked.*

boire (prendre) un verre—*to have a drink*
Allons boire (prendre) un verre ensemble au café. *Let's go have a drink together at the café.*

verrou—*bolt*

sous les verrous—*under lock and key*
Je ne me sentirai pas tranquille tant que ce malfaiteur ne sera pas sous les verrous. *I won't feel at ease until that criminal is under lock and key.*

vert—*green*

Ils (les raisins) sont trop verts.—*Sour grapes.*
des vertes et des pas mûres—*shocking things*
Elle nous en a dit des vertes et des pas mûres. *She said some shocking things to us.*

veste—*coat*

prendre (ramasser, remporter) une veste—*to take a beating (a licking)*
Le candidat républicain a pris (a ramassé, a remporté) une veste aux élections. *The Republican candidate took a beating (a licking) in the elections.*

vestiaire—*cloakroom, dressing room*

Au vestiaire!—*Get off the field (the stage)!*

vidange—*emptying*

faire la vidange—*to change the oil*
N'oubliez pas de faire la vidange de votre voiture. *Don't forget to have the oil changed in your car.*

vider—*to empty*

vider les lieux—*to clear out, to vacate the premises*
La police lui a intimé l'ordre de vider les lieux immédiatement. *The police ordered him to clear out (to vacate the premises) immediately.*
vider son sac—*to get it (things) off one's chest, to make a clean breast of it*

Ne pouvant plus garder le silence sur cette affaire, il a décidé de vider son
    sac. *Unable to remain silent about that affair any longer, he decided to*
    get it (things) off his chest (to make a clean breast of it).

vider un différend (une querelle, etc.)—*to settle an argument (a dispute,*
    etc.)

Nous avons fait appel à un médiateur indépendant pour vider notre dif-
    férend. *We appealed to an independent arbitrator to settle our argument.*

---

vie—*life*

avoir la vie dure—*to die hard*

Cette vieille superstition a la vie dure. *That old superstition dies hard.*

faire la vie—*to live it up; to make a scene*

Depuis la mort de sa femme, il fait la vie. *Since his wife's death, he's been*
    living it up.

Quand elle rentre trop tard, son mari lui fait la vie. *When she comes home*
    too late, her husband makes a scene.

mener (rendre) la vie dure à—*to give a hard time to, to make life hard for*

Le directeur menait (rendait) la vie dure à ses employés. *The director gave*
    a hard time to (made life hard for) his employees.

---

vieux—*old*

un vieux de la vieille—*an old-timer*

Son grand-père, un vieux de la vieille, lui déconseille de travailler à la
    mine. *His grandfather, an old-timer, advises him not to work in the mine.*

vieux comme les chemins (le monde, les rues)—*as old as the hills*

Cette idée n'est pas originale; elle est vieille comme les chemins (le
    monde, les rues). *That idea isn't original; it's as old as the hills.*

vieux jeu—*old hat*

Votre notion de la politesse est vieux jeu. *Your idea of courtesy is old hat.*

---

vif—*alive, lively, quick*

au vif—*to the quick*

Votre observation m'a blessé au vif. *Your remark cut me to the quick.*

à vif—*bare, open*

Elle avait toujours une plaie à vif. *She still had a bare (an open) wound.*

couper (tailler, trancher) dans le vif—*to take drastic action*

Etant donné le mauvais état de l'économie, le gouvernement se sentait
obligé de couper (tailler, trancher) dans le vif. *Given the poor state of
the economy, the government felt forced to take drastic action.*

le vif du sujet—*the heart of the matter*

Le conférencier est entré tout de suite dans le vif du sujet. *The lecturer
went to the heart of the matter right away.*

sur le vif—*from life*

On voit bien que ce tableau a été peint sur le vif. *You can see that this picture was painted from life.*

---

vigne—*vine, vineyard*

dans les vignes du Seigneur—*in one's cups (drunk)*

A la fin de la fête, les hommes du village étaient tous dans les vignes du
Seigneur. *At the end of the celebration, the men of the village were all in
their cups (drunk).*

---

vigueur—*vigor*

en vigueur—*in force, in effect*

Ce vieux règlement est toujours en vigueur. *This old regulation is still in
force (in effect).*

---

vilain—*bad, naughty, ugly*

un vilain oiseau—*a bad egg, an ugly customer*

Evitez de le déranger; c'est un vilain oiseau. *Try not to bother him; he's a
bad egg (an ugly customer).*

Il y a eu du vilain.—*There was trouble.*

---

vin—*wine*

avoir le vin gai (mauvais, triste)—*to be a cheerful (nasty, sad) drunk*

Ne lui donnez plus à boire; il a le vin mauvais. *Don't give him any more to
drink; he's a nasty drunk.*

---

violent—*violent*

C'est un peu violent!—*That's going a bit far!*

violon—*violin*

un violon d'Ingres—*a hobby*

La peinture était le violon d'Ingres de Winston Churchill. *Painting was Winston Churchill's hobby.*

visage—*face*

à visage découvert—*openly*

Je vais lui en parler à visage découvert. *I'm going to speak openly to him about it.*

faire bon visage à—*to put on a show of friendliness toward*

Elle lui faisait bon visage, mais il savait ce qu'elle pensait vraiment. *She was putting on a show of friendliness toward him, but he knew what she really thought.*

vite—*quickly*

aller plus vite que les violons—*to jump the gun*

Doucement; nous ne voulons pas aller plus vite que les violons. *Take it easy; we don't want to jump the gun.*

vitesse—*gear, speed*

à toute vitesse (en quatrième vitesse, en vitesse)—*at top speed*

Quand on les a appelés, ils sont venus à toute vitesse (en quatrième vitesse, en vitesse). *When they were called, they came at top speed.*

gagner (prendre) de vitesse—*to outstrip; to steal a march on*

Son cheval a gagné (a pris) le favori de vitesse. *His horse outstripped the favorite.* Sa compagnie a gagné (a pris) ses concurrents de vitesse grâce à ce brevet. *His company stole a march on its competitors thanks to this patent.*

vivre—*to live*

du vivant de—*during the lifetime of*

Du vivant de mon père, ce n'était pas ainsi. *During my father's lifetime, it wasn't like that.*

Vive …!—*Long live …!*

vivre au jour le jour—*to live from day to day, from hand to mouth*

Au lieu de penser à l'avenir, il préfère vivre au jour le jour. *Instead of thinking of the future, he prefers to live from day to day (from hand to mouth).*

vivre aux crochets de—*to live off (of)*

Il vit aux crochets de ses parents. *He is living off (of) his parents.*

vivre d'amour et d'eau fraîche—*to live on love alone*

Il vous faut de l'argent; vous ne pouvez pas vivre d'amour et d'eau fraîche. *You need money; you can't live on love alone.*

vivre en bonne intelligence—*to get along well*

Malgré leurs différences, ils ont réussi à vivre en bonne intelligence. *Despite their differences, they have managed to get along well.*

---

voguer—*to sail*

(Et) Vogue la galère!—*Come what may!*

---

voie—*track, way*

en voie de—*nearing, on one's way to*

Les baleines semblent être en voie de disparition. *The whales seem to be nearing (on their way to) extinction.*

les voies de fait—*acts of violence*

Il est accusé de voies de fait. *He is accused of acts of violence.*

---

voilà—*there is (are)*

Voilà le hic.—*That's the catch (hitch); There's the rub.*

---

voir—*to see*

Allez voir ailleurs si j'y suis!—*Go fly a kite!*

au vu et au su de tous—*to everybody's knowledge*

Ils vivent ensemble au vu et au su de tous. *They are living together, to everybody's knowledge.*

en faire voir (de belles, de toutes les couleurs) à—*to give a hard time to*

Elle en fait voir (de belles, de toutes les couleurs) à son mari. *She gives her husband a hard time.*

faire voir—*to show*

Fais voir tes mains avant d'aller à table. *Show (me) your hands before you sit down to eat.*

laisser voir—*to give away, to reveal*

Son expression laissait voir sa crainte. *His expression gave his fear away (revealed his fear).*

ne pas voir les choses du même oeil—*not to see eye to eye*

Les deux associés ne voient pas toujours les choses du même oeil. *The two partners don't always see eye to eye.*

Ni vu ni connu!—*Mum's the word!*

n'y voir que du bleu (feu)—*to be taken in*

On avait falsifié les chiffres et les actionnaires n'y voyaient que du bleu (du feu). *The figures had been doctored and the stockholders were taken in.*

se faire bien (mal) voir de—*to get into the good (bad) books of*

Il s'est fait mal voir du proviseur en séchant ses cours. *He got into the principal's bad books by skipping classes.*

se voir (+ infinitif)—*to find oneself (+ past participle)*

Elle s'est vu refuser l'entrée du restaurant. *She found herself refused admission to the restaurant.*

voir du pays—*to get around*

Je vois que vous avez vu du pays pendant vos vacances. *I see that you've gotten around during your vacation.*

voir la vie en rose—*to see life through rose-colored glasses*

Elle est optimiste; elle voit toujours la vie en rose. *She is an optimist; she always sees life through rose-colored glasses.*

voir le jour—*to be born*

Napoléon a vu le jour en Corse. *Napoleon was born in Corsica.*

voir trente-six chandelles—*to see stars*

Le coup lui a fait voir trente-six chandelles. *The blow made him see stars.*

voir trouble—*to have blurred vision*

Depuis son accident d'auto il voit trouble. *Since his automobile accident he has had blurred vision.*

voir venir quelqu'un (avec ses gros sabots)—*to see through someone*

N'essayez pas de me tromper; je vous vois venir (avec vos gros sabots).
   Don't try to fool me; I can see through you.

Vous voyez le tableau?—*You get the picture?*

y voir—*to (be able to) see*

Je n'y vois goutte parce qu'il fait trop noir. *I don't (can't) see a thing
   because it's too dark.*

y voir clair—*to see the light*

Je n'avais pas compris leurs mobiles, mais je commence à y voir clair. *I
   hadn't understood their motives, but I'm beginning to see the light.*

---

voix—*voice*

avoir voix au chapitre—*to have a say in things*

C'est seulement grâce à son argent qu'il a voix au chapitre. *It's only thanks
   to his money that he has a say in things.*

de vive voix—*orally*

Il a donné sa démission de vive voix, non par écrit. *He tendered his resignation orally, not in writing.*

---

vol—*flight, robbery*

attraper (saisir) au vol—*to catch quickly*

Elle a attrapé (saisi) au vol ce que nous voulions dire. *She quickly caught
   what we meant.*

au vol—*in flight*

Il a attrapé la balle au vol. *He caught the ball in flight.*

à vol d'oiseau—*as the crow flies*

Le lac est à trois kilomètres d'ici à vol d'oiseau. *The lake is three kilometers from here as the crow flies.*

---

volée—*flight, volley*

à toute volée—*full-force*

Elle m'a giflé à toute volée. *She slapped me full force.*

---

voler—*to fly, to steal*

On entendrait voler une mouche.—*You could hear a pin drop.*

Tu ne l'as pas volé!—*You asked for it!*

voler de ses propres ailes—*to fend for oneself, to stand on one's own two feet*

Tu es grand maintenant; tu peux voler de tes propres ailes. *You're a big boy now; you can fend for yourself (stand on your own two feet).*

voler en éclats—*to be shattered (to fly) to pieces*

Pendant la tempête, la vitrine a volé en éclats. *During the storm, the shop window was shattered (flew) to pieces.*

voleur—*thief*

Au voleur!—*Stop, thief!*

volume—*volume*

faire du volume—*to act important*

Il fait du volume pour masquer son insignifiance. *He acts important to hide his insignificance.*

vouloir—*to want, to wish*

En veux-tu, en voilà.—*As much as you like (galore).*

en vouloir à—*to have it in for (to hold it against); to be after*

Je sais qu'il m'en veut toujours de mon refus. *I know that he still has it in for (holds it against) me because I refused.*

Il en veut à son argent.—*He's after her money.*

Il en veut (Ils en veulent)!—*He's (They're) bent on succeeding!*

ne rien vouloir savoir—*not to want to hear of it*

Il n'a rien voulu savoir quand on lui a demandé d'y participer. *He wouldn't hear of it when he was asked to take part.*

Que voulez-vous?—*What do you expect?*

s'en vouloir de—*to kick oneself for*

Je m'en veux d'avoir négligé cet aspect de la question. *I could kick myself for neglecting that side of the issue.*

vouloir bien—*to be willing*

Elle nous a dit qu'elle voulait bien venir avec nous. *She told us that she was willing to come with us.*

vouloir dire—*to mean*

Savez-vous ce que veut dire son silence? *Do you know what his silence means?*

Vous l'avez voulu!—*You asked for it!*

---

vrai—*true*

à vrai dire (à dire vrai)—*to tell the truth*

A vrai dire (A dire vrai), la musique populaire m'ennuie. *To tell the truth, popular music bores me.*

dans le vrai—*right*

Vous êtes dans le vrai en le traitant de vaurien. *You're right in calling him a good-for-nothing*

Pas vrai?—*Isn't it? O.K.? Right?*

pour de vrai—*for real, really*

Un jour il va le faire pour de vrai. *Someday he'll do it for real (He'll really do it).*

---

vue—*sight, view*

avoir des vues sur—*to have designs on*

Il est évident que cet homme a des vues sur votre terrain. *It's obvious that this man has designs on your land.*

à vue de nez—*at a rough guess, by rule of thumb*

A vue de nez, vous devez avoir dix mètres de tissu ici. *At a rough guess (by rule of thumb), you must have ten meters of cloth here.*

à vue d'oeil—*visibly*

Cet homme vieillit à vue d'oeil. *That man is aging visibly.*

en vue—*in the public eye*

Cette actrice est très en vue en ce moment. *That actress is very much in the public eye right now.*

en vue de—*with a view (an eye) to*

Faisons-le maintenant, en vue d'une future amélioration. *Let's do it now, with a view (an eye) to improving it in the future.*

une vue de l'esprit—*a theoretical view*

Leurs notions politiques ne sont qu'une vue de l'esprit. *Their political ideas are only a theoretical view.*

zéro—*zero*

avoir le moral à zéro—*to be down in the dumps*

Après le départ de son amie, il avait le moral à zéro. *After his girlfriend left him, he was down in the dumps.*

C'est zéro!—*That's useless (worthless)!*

French Pronunciation Guide

French Alphabet	Approximate Pronunciation
a (ah)	
à	*ah* (father)
â	
ai	*eh, ay* (egg, day)
am, an	*a(nh); am, an* (before vowel) (yonder)
au	*oh* (over)
b (bay)	(as in English)
c (say)	(as in English)
ca, co, cu	*ka, koh, kew* (king)
ce, ci	*suh, see* (send)
ça, ço, çu	*sa, soh, siew* (send)
ch	*sh* (shoe)
d (day)	(as in English)
e (uh)	
è	*eh* (egg)
e	*uh* (the)
é	*ay* (day)
eau	*oh* (over)
ei	*eh* (egg)
en	*a(nh), eh(nh)* (yonder)
eu	*uh* (the)
euil-	*oy* (joy)
f (eff)	(as in English)
g (zhay)	
ga, go, gu	*ga, go, gew* (good)
ge, gi	*zhe, zhi* (pleasure)
gn	*ny* (onion)
gué, gui	*gay, ghee* (good)
h (ahsh)	(not pronounced)
i (ee)	*ee* (see)
im	*eh(nh)* (rang)
in	*eh(nh), een* (before the vowel) (seen)
j (zhee)	*zh* (pleasure)
k (ka)	(as in English)
l (ell)	(as in English)
-ll-	*y* (yes) (except *mille, ville, tranquille = l*)

French Alphabet	Approximate Pronunciation
m (em)	(as in English)
n (en)	(as in English)
o (oh)	*oh, aw* (over, law)
oi	*wa* (wander)
ou	*ooh* (tooth)
œil-	*oy* (joy)
œu	*uh* (the)
om, on	*o(nh); ohm, ohn* (before vowel) (song)
p (pay)	(as in English)
ps-	*ps* (*p* sounded)
q (kew)	*k* (king)
qu-	*k* (king)
r (air)	(aspirated in throat; often not sounded in final position)
s (ess)	(as in English; often not sounded in final position)
-s-	*z* (between vowels) (gaze)
-ss-	*s* (between vowels) (miss)
t (tay)	(as in English; often not sounded in final position)
th	*t* (tell)
u (ew)	*ew* (midway between *ee* and *ooh*)
um, un	*uh(nh); ewm, ewn* (before vowel)
v (vay)	(as in English)
w (double-vay)	*v* (very)
x (eeks)	*ks* (often not sounded in final position) (excel)
y (eegrec)	*ee* (as vowel) (see), *yuh* (as semi-consonant) (young)
z (zed)	(as in English; often not sounded in final position)

Abréviations (Français-Anglais)

Abréviation	Signification	Equivalent anglais	Abrév. anglaise

A

Abréviation	Signification	Equivalent anglais	Abrév. anglaise
ACF	Automobile-Club de France	French Automobile Club	
ADN	acide désoxyribonucléique	deoxyribonucleic acid	D.N.A.
AFP	Agence France-Presse	French news agency	
ALENA	Accord de libre échange nord-américain	North American Free Trade Agreement	N.A.F.T.A.
AME	Accord monétaire européen	European Monetary Agreement	E.M.A.
apr. J.-C.	après Jésus-Christ	Anno Domini, Current Era	A.D., C.E.
ARN	acide ribonucléique	ribonucleic acid	R.N.A.
av. J-C.	avant Jésus-Christ	Before Christ, Before Current Era	B.C., B.C.E.

B

Abréviation	Signification	Equivalent anglais	Abrév. anglaise
bcbg	bon chic bon genre	correctly stylish, trendy	
BD	bande dessinée	comic strip	
BEP	Brevet d'études professionnelles	vocational degree	
BEPC	Brevet d'études du ler cycle	elementary school diploma	
BN	Bibliothèque nationale	national library	
BP	Boîte postale	Post Office Box	P.O. (Box)

C

Abréviation	Signification	Equivalent anglais	Abrév. anglaise
CAC-40	Cotation assistée en continu - 40 valeurs	French stock market index - 40 stocks	

Abréviation	Signification	Equivalent anglais	Abrév. anglaise
c.-à-d.	c'est-à-dire	that is	i.e.
CAPES	Certificat d'aptitude au professorat de l'enseignement du second degré	secondary school teaching degree	
CCNE	Comité consultatif national d'éthique	national ethical consulting committee	
CCP	Compte chèques postal	postal checking account	
CD	Corps diplomatique	Diplomatic Corps	
CE	Conseil d'Europe	Council of Europe	
CEA	Commission à l'énergie atomique	Atomic Energy Commission	A.E.C.
CEE	Communauté économique européenne	European Economic Community	E.E.C.
CEI	Communauté d'états indépendants	Commonwealth of Independent States (former U.S.S.R.)	C.I.S.
CES	Collège d'enseignement secondaire	middle school	
CE 1/2	Cours élementaire 1/2	second-/third-grade class	
CFDT	Confédération française démocratique du travail	French trade-union association	
CFTC	Confédération française des travailleurs chrétiens	French trade-union association	
CGT	Confédération générale du travail	French trade-union association	
CGT-FO	Confédération générale du travail— Force ouvrière	French trade-union association	

Abréviation	Signification	Equivalent anglais	Abrév. anglaise
CHU	Contre hospitalier universitaire	teaching hospital	
Cie	Compagnie	Company	Co.
CM 1/2	Cours moyen 1/2	fourth-/fifth-grade class	
CNRS	Centre national de la recherche scientifique	national scientific research center	
CP	Cours préparatoire	first-grade class	
CPA	Cessation progressive d'activité	flexible retirement option	F.R.O.
CQFD	ce qu'il fallait démontrer	*quod erat demonstrandum*	Q.E.D.
CRS	Compagnie républicaine de sécurité	state security police	
CV	cheval-vapeur	horsepower	h.p.

D

Abréviation	Signification	Equivalent anglais	Abrév. anglaise
DEUG	Diplôme d'études universitaires générales	general college degree	
DOM	Département d'outre-mer	Overseas Department (district)	

E

Abréviation	Signification	Equivalent anglais	Abrév. anglaise
EDF	Electricité de France	French national electric company	
ENA	Ecole nationale d'administration	national school of management	
EUA	Etats-unis d'Amérique	United States of America	U.S.A.

F

Abréviation	Signification	Equivalent anglais	Abrév. anglaise
Fac.	Faculté	School (graduate, professional)	

Abréviation	Signification	Equivalent anglais	Abrév. anglaise
FLN	Front de libération nationale	National Liberation Front	N.L.F.
FMI	Fonds monétaire international	International Monetary Fund	I.M.F.
FO		(see CGT-FO)	
F.s.	Franc(s) suisse(s)	Swiss franc(s)	

G

GDF	Gaz de France	French national gas company	
GIGN	Groupe d'intervention de la gendarmerie nationale	(national) SWAT team	
GO	grandes ondes	long wave (radio)	L.W.

H

HEC	Hautes études commerciales	French business school	
HLM	Habitation à loyer modéré	low-cost housing	
h.t.	hors taxe	duty-free	

I

IFOP	Institut français d'opinion publique	French public opinion institute	
INSEE	Institut national de la statique et des études économiques	national institute for economic information and statistics	
IUT	Institut universitaire technologique	technical college	
IVG	Interruption volontaire de grossesse	(voluntary) abortion	

J

JO	Journal officiel	Congressional Record	

Abréviation	Signification	Equivalent anglais	Abrév. anglaise
JO	Jeux olympiques	Olympic games	

M

Abréviation	Signification	Equivalent anglais	Abrév. anglaise
M.	Monsieur	Mister	Mr.
M^e	Maître	lawyer, judge, notary	Esq.
MF	modulation de fréquence	frequency modulation	F.M.
MLF	Mouvement de libération de la femme	women's liberation movement	
Mlle	Mademoiselle	Miss, Ms.	Ms.
MM.	Messieurs	plural of Mister	Messrs.
Mme	Madame	Mrs., Ms.	Mrs., Ms.
Mo	Mégaoctet	megabyte	MB, Mb
MSF	Médecins sans frontières	Doctors Without Borders	

N

Abréviation	Signification	Equivalent anglais	Abrév. anglaise
N.-D.	Notre-Dame	Our Lady	
NF	Norme française	French standard of approval	

O

Abréviation	Signification	Equivalent anglais	Abrév. anglaise
OC	ondes courtes	short wave	S.W.
OCDE	Organisation de coopération et de développement économique	Organization for Economic Cooperation and Development	O.E.C.D.
OEA	Organisation des états américains	Organization of American States	O.A.S.
OFDT	Office française des drogues et des toxicomanies	Drug Enforcement Administration (French equivalent)	D.E.A.
OGM	organisme génétiquement modifié	genetically modified organism	G.M.

Abréviation	Signification	Equivalent anglais	Abrév. anglaise
OIT	Organisation internationale du travail	International Labor Organization	I.L.O.
OLP	Organisation de libération de la Palestine	Palestine Liberation Organization	P.L.O.
OMC	Organisation mondiale du commerce	World Trade Organization	W.T.O.
OMS	Organisation mondiale de la santé	World Health Organization	W.H.O.
ONG	organisation non-gouvernementale	non-governmental organization	N.G.O.
ONU	Organisation des nations unies	United Nations	U.N.
OPA	offre publique d'achat	Initial Public Offering	I.P.O.
OPEP	Organisation des pays exportateurs de pétrole	Organization of Petroleum Exporting Countries	O.P.E.C.
OTAN	Organisation du traité de l'Atlantique nord	North Atlantic Treaty Organization	N.A.T.O.
OTASE	Organisation du traité de l'Asie du sud-est	South-East Asia Treaty Organization	S.E.A.T.O.
OVNI	objet volant non identifié	unidentified flying object	U.F.O.

P

Abréviation	Signification	Equivalent anglais	Abrév. anglaise
PCF	Parti communiste français	French Communist Party	
PCV	communication téléphonique payable par le destinataire	collect call	
PDG	Président-directeur général	Chief Executive Officer	C.E.O.

Abréviation	Signification	Equivalent anglais	Abrév. anglaise
PIB	Produit intérieur brut	Gross Domestic Product	G.D.P.
PJ	Police judiciaire	Federal Bureau of Investigation (French eq.)	F.B.I.
PM	police militaire	Military Police	M.P.
PME	Petites et moyennes entreprises	Small Business Administration (French eq.)	
PMU	Pari mutuel urbain	Off-Track Betting	O.T.B.
PNB	Produit national brut	Gross National Product	G.N.P.
PR	Parti républicain	(French) Republican Party	
PS	Parti socialiste	(French) Socialist Party	
P. et T.	Postes et télécommunications	postal/ telecommunications system	
PV	procès-verbal	summons, (traffic) ticket	

Q

QG	quartier général	headquarters	Hdqrs., H.Q.
QI	quotient intellectuel	Intelligence Quotient	I.Q.

R

RATP	Régie autonome des transports parisiens	Paris independent transit system	
RER	Réseau express régional	Paris regional express transit system	
RF	République française	French Republic	
RN	route nationale	national highway	

Abréviation	Signification	Equivalent anglais	Abrév. anglaise

S

Abréviation	Signification	Equivalent anglais	Abrév. anglaise
SA(rl)	Société anonyme (à responsabilité limitée)	Corporation, Incorporated, Limited	Corp., Inc., Ltd.
SAMU	Service d'assistance médicale d'urgence	Emergency Medical Service	E.M.S.
SICAV	Société d'investissement à capital variable	mutual fund	
SIDA	Syndrome immunodéficitaire acquis	Acquired Immune Deficiency Syndrome	A.I.D.S.
SM	Sa Majesté	Her (His) Majesty	H.M.
SMIC	Salaire minimum interprofessionnel de croissance	minimum wage	
SNC	service non compris	service not included	
SNCF	Société nationale des chemins de fer	French National Railway	
Sté	Société	Corporation	Corp., Inc.
svp	s'il vous plaît	please	

T

Abréviation	Signification	Equivalent anglais	Abrév. anglaise
télé	télévision	television	T.V.
TGV	Train à grand vitesse	high-speed train	
TOM	Territoire d'outremer	Overseas Territory	
TTC	toutes taxes comprises	all taxes included	
TVA	Taxe sur la valeur ajoutée	Value Added Tax	V.A.T.

U

Abréviation	Signification	Equivalent anglais	Abrév. anglaise
UA	Union africaine	African Union	A.U.
UC	unité de commande (ordinateur)	central processing unit (computer)	C.P.U.
UMP	Union pour un mouvement populaire	French conservative political party	

Abréviation	Signification	Equivalent anglais	Abrév. anglaise
US	Union sportive	athletic club, association	A.C.

V

Abréviation	Signification	Equivalent anglais	Abrév. anglaise
vf	version française	French language version (film)	
VIH	virus immunodéficitaire humain	human immunodeficiency virus	H.I.V.
vo	version originale	original language version (film)	
VRP	Vendeur (ou: voyageur) représentant placier	(traveling) sales representative	

Z

Abréviation	Signification	Equivalent anglais	Abrév. anglaise
ZAC	Zone d'aménagement concerté	consultative development zone	
ZEP	Zone d'environnement protégé	protected environment zone	
ZEP	Zone d'éducation prioritaire	priority education zone	
ZI	Zone industrielle	industrial zone	
ZIP	Zone industrielle portuaire	industrial port zone	
ZUP	Zone à urbaniser en priorité	priority urbanization zone	

(Poids et mesures)
Weights and Measures

U.S. Measure   (Mesures U.S.A.)

Weights
(Poids)

grain	0,0648 gramme	grain	0.0648 gram
once	28,35 grammes	ounce (avoirdupois)	28.35 grams
livre	0,4536 kilogramme	pound	0.4536 kilogram
tonne (U.S.)	907,18 kilogrammes	ton (U.S.)	907.18 kilograms

Linear
(Linéaire)

mil(l)e	1,609 kilomètres	mile	1.609 kilometers
nœud	1,853 kilomètres/ heure	knot	1.853 kilometers per hour
yard	0,914 mètre	yard	0.914 meter
pied	0,3048 mètre	foot	0.3048 meter
pouce	2,54 centimètres	inch	2.54 centimeters

Capacity
(Contenance)

quart de gallon (liq.)	0,9463 litre	liquid quart	0.9463 liter
quart de gallon (sec)	1,1 litres	dry quart	1.1 liters
gallon	3,785 litres	gallon	3.785 liters
boisseau	35,24 litres	bushel	35.24 liters

Volume
(Volume)

pouce cube	16,387 centimètres^3	cubic inch	16.387 cubic centimeters
pied cube	0,0283 mètre^3	cubic foot	0.0283 cubic meter
yard cube	0,765 mètre^3	cubic yard	0.765 cubic meter

(Poids et mesures)
Weights and Measures

U.S. Measure   (Mesures U.S.A.)

Area

(Surface)

acre	0,4047 hectare	acre	0.4047 hectare
mil(l)e carré	259,0 hectares	square mile	259.0 hectares
yard carré	0,836 mètre^2	square yard	0.836 square meter
pied carré	929,03 centimètres^2	square foot	929.03 square centimeters
pouce carré	6,45 centimètres^2	square inch	6.45 square centimeters

(Poids et mesures)
Weights and Measures

Mesures métriques   (Metric Measure)

Poids
(Weights)

tonne	2204,6 livres (am.)	ton	2204.6 pounds
quintal	220,46 livres	quintal	220.46 pounds
kilo(gramme)	2,2046 livres	kilogram	2.2046 pounds
gramme	15,432 grains ou 0,035 once	gram	15.432 grains or 0.035 ounce
centigramme	0,1543 grain	centigram	0.1543 grain

Linéaire
(Linear)

kilomètre	0,62137 mil(l)e	kilometer	0.62137 mile
mètre	39,37 pouces	meter	39.37 inches
centimètre	0,3937 pouce	centimeter	0.3937 inch
millimètre	0,03937 pouce	millimeter	0.03937 inch

Contenance
(Capacity)

centilitre	0,0106 quart ou 0,338 once liquide	centiliter	0.0106 quart or 0.338 fluid ounce
litre	0,264 gallon ou 33,814 onces liquides	liter	0.264 gallon or 33.814 fluid ounces

Volume
(Volume)

mètre cube	35,315 pieds^3 ou 1,308 yards^3	cubic meter	35.315 cubic feet or 1.308 cubic yards
centimètre cube	0,061 pouce^3	cubic centimeter	0.061 cubic inch

(Poids et mesures)
Weights and Measures

Mesures métriques   (Metric Measure)

Surface
(Area)

kilomètre carré	0,3861 mil(l)e^2	square kilometer	0.3861 square mile
hectare	2,471 acres	hectare	2.471 acres
mètre carré	10,764 pieds^2 ou 1,196 yards^2	square meter	10.764 square feet or 1.196 square yards
centimètre carré	0,155 pouce^2	square centimeter	0.155 square inch

Index

A

C

E

349

G

H

I

J

L

355